suhrkamp taschenbuch
wissenschaft 81

Alfred Lorenzer, geboren 1922 in Ulm, Professor für Sozialisationstheorie an der Universität Frankfurt am Main, hat bisher folgende Bücher im Suhrkamp Verlag veröffentlicht: *Sprachzerstörung und Rekonstruktion. Vorarbeiten zu einer Metatheorie der Psychoanalyse* (1970); *Kritik des psychoanalytischen Symbolbegriffs* (1970); *Zur Begründung einer materialistischen Sozialisationstheorie* (1972); *Über den Gegenstand der Psychoanalyse oder Sprache und Interaktion* (1973); *Die Wahrheit der psychoanalytischen Erkenntnis. Ein historisch-materialistischer Entwurf* (1974).

Quer zum Gang seiner bisherigen Publikationen hat Lorenzer Aufsätze und Vortragsmanuskripte verfaßt, die in doppelter Hinsicht als Einführung in sein Konzept gelten können. Sie verdeutlichen in knappen Skizzen die Grundlinien und sie schneiden die Thematik in verschiedenen Perspektiven an, sie versuchen damit, die Zusammenhänge herzustellen, die in den großen Arbeiten aus analytischen Gründen getrennt worden waren: Die Zusammenhänge zwischen individuell-subjektiver Struktur und objektiv-gesellschaftlicher Struktur, zwischen Sprache und Unbewußtem, Sprache und sinnlich-unmittelbaren Praxiselementen.

Alfred Lorenzer

Sprachspiel und Interaktionsformen

Vorträge und Aufsätze zu Psychoanalyse, Sprache und Praxis

Suhrkamp

suhrkamp taschenbuch wissenschaft 81
Erste Auflage 1977

Druck: Nomos, Baden-Baden
Printed in Germany.
Umschlag nach Entwürfen von
Willy Fleckhaus und Rolf Staudt.

CIP-Kurztitelaufnahme der Deutschen Bibliothek
Lorenzer, Alfred
[Sammlung] Sprachspiele und Interaktionsform. – Frankfurt am Main : Suhrkamp, 1977. (Suhrkamp-Taschenbücher Wissenschaft ; 81)
ISBN 3-518-07681-7

Inhalt

Einleitung

Der vorliegende Band versammelt Seminarpapiere, Aufsätze und Vorträge. Alle Arbeiten sind in sich geschlossen und für sich zugänglich. Bei den Aufsätzen und Vorträgen ergab sich dies aus dem jeweiligen Anlaß, die Originalarbeiten habe ich so weit durch Zwischenbemerkungen angereichert, daß auch weniger Informierte einen Einstieg finden.

Natürlich resultieren daraus einige Wiederholungen, die aber insofern auch Neuigkeitswert haben, als sie das mehrfach Erörterte in jeweils neuer Richtung (entsprechend der Perspektive des Themas) darbieten.

Meine Absicht war, in den Aufsätzen nicht nur in überschaubarer Weise den Zugang zum Konzept der Interaktionsformen zu erschließen, sondern die Themenkreise – Metatheorie des psychoanalytischen Verfahrens, Neurosentheorie und Entwicklungslehre in sozialisationstheoretischer Sicht – in jener Einheit wiederherzustellen, die in den größeren Publikationen – von der »Kritik des psychoanalytischen Symbolbegriffs« bis zur »Wahrheit der psychoanalytischen Erkenntnis« – aus analytischen Gründen aufgetrennt worden war.

Wie gelegentlich schon erwähnt, folgte der Gang der Untersuchungen dem Gang meiner Selbstverständigung. Er begann – aus Gründen, die hier nicht zur Diskussion stehen – mit der Auseinandersetzung um die psychoanalytische Traumalehre (problematisiert von der unbegriffenen Erfahrung der Beschädigung erwachsener Individuen in den nazistischen Konzentrationslagern) und der Auseinandersetzung mit dem psychoanalytischen Symbolbegriff (problematisiert von der ganz und gar ungeklärten Frage der sozialpsychologischen Bedeutung der Architektur als Symbolsystem). Beide Untersuchungslinien drängten zu der beidemal gleich wichtigen Frage »was für eine Wissenschaft« denn Psychoanalyse sei – was sie befähige, Erkenntnisse da zu gewinnen, wo die herkömmlichen psychiatrischen und psychologischen Methoden erkennbar scheitern. Aus dieser einen Frage entfalteten sich aber zwei verschiedene Fragestellungen, nämlich

– die Frage nach dem »psychoanalytischen Gegenstand« im Gegensatz von symbolischen zu nicht-symbolischen Strukturkomplexen. (Ausgangspunkt war die Symboldebatte, die in den letzten Jahrzehnten innerhalb und außerhalb der Psychoanalyse ablief.) Und

– die Frage nach dem »psychoanalytischen Verfahren«. (Ausgangspunkt waren dabei die Versuche einer »neukantianischen« Bestimmung der Psychoanalyse wie sie in den zwanziger Jahren vor allem Binswanger und Hartmann anhand des Gegensatzpaares von Verstehen und Erklären vornahmen.)

Daß beide Fragen nur beantwortet werden können, wenn man das Terrain der psychoanalytischen Begrifflichkeit überschreitet, war von vornherein klar. Desgleichen wurde schnell deutlich, daß eine Beantwortung nur möglich ist im Zuge einer Kritik nach beiden Richtungen, und d. h., nicht nur einer Kritik *der* psychoanalytischen Positionen, sondern auch einer Kritik *von* der Psychoanalyse her: Die traditionellen Lösungsformeln waren – auf beiden Fragefeldern – mit dem Grundproblem der »Bewußtlosigkeit des Unbewußten« zu konfrontieren. Die »Bewußtlosigkeit des Unbewußten«, diese provokative Grundannahme der Psychoanalyse, widersprach ebenso entschieden einer umstandslosen Verschmelzung des psychoanalytischen mit allen sprachphilosophischen Symbolbegriffen wie auch einer weiteren Duldung des bequem-unvermittelten Nebeneinanders beider. Die »Bewußtlosigkeit des Unbewußten« widerstand aber auch allen Versuchen, das psychoanalytische Verfahren dem Erklären oder einer der klassischen Formen des Verstehens (logisches Verstehen oder Nacherleben) zuzuschlagen. Das, was der Psychoanalytiker macht, läßt sich nicht im »Erklären« aber auch nicht in dem einen noch dem anderen »Verstehen« unterbringen; es gehört gewiß in den Bereich des Verstehens, enthält dabei aber offensichtlich Elemente beider Verstehensarten auf eine Weise, die ich mit dem Begriff des »szenischen Verstehens« gekennzeichnet habe. Und es geht das Begreifen aus dem Verstehen in einer Weise hervor, die sich klar abgrenzt von den Verfahren beobachtungswissenschaftlich-erklärender Erkenntnisbildung.

Die Resultate der ersten Etappe der Auseinandersetzung, nämlich das Konzept von »Symbol versus Klischee und Zeichen« und das »Konzept des szenischen Verstehens« wurden in meiner (1967 abgeschlossenen) Arbeit »der Prozeß des

Verstehens in der psychoanalytischen Operation« vorgelegt. Die Arbeit wurde in der Folgezeit zerlegt in die beiden Teile, die 1970 unter dem Titel »Kritik des psychoanalytischen Symbolbegriffs« und »Sprachzerstörung und Rekonstruktion« erschienen. In dieser Fassung wurden beide Konzepte im Anschluß an Wittgensteins Sprachspielmodell in den Zusammenhang einer Sprach- und Handlungstheorie gestellt.

Aber schon auf diesem Stande wurde – am Ende der Überlegungen zu »Sprachzerstörung und Rekonstruktion« – der Rahmen des Wittgensteinschen Sprachspielmodells mit der Formulierung der These vom »aufgespaltenen Sprachspiel« überschritten; wobei die »Aufsprengung des Wittgensteinschen Sprachspielmodells« zugleich signalisiert, daß die metatheoretische Position, von der her die Kritik der Psychoanalyse geführt worden war, sich verändert hatte. Anstelle einer sprach- und handlungstheoretischen Begründung von Psychoanalyse trat eine kritische Vermittlung psychoanalytischer Erfahrungen mit den Erfahrungen einer – aus der Kritik der politischen Ökonomie erwachsenen – Analyse der gesellschaftlichen Wirklichkeit.

Auch diese – gleichsam zweite – Runde der Auseinandersetzung vollzog sich wiederum

– im Versuch einer Bestimmung des psychoanalytischen Erkenntnisgegenstandes: nun als Gefüge symbolischer Interaktionsformen versus desymbolisierte Interaktionsformen (Klischees und Zeichen). Und weiterhin

– in Erkundung des psychoanalytischen Verfahrens: nun begriffen als kritisch-hermeneutische Analyse beschädigter individueller Struktur.

Und auch auf dieser Stufe war eine Auftrennung der Frage nach dem Gegenstand und der Frage nach dem Verfahren unvermeidlich und wurde demgemäß abgehandelt einerseits in einer sozialisationstheoretischen Perspektive (»Über den Gegenstand der Psychoanalyse oder Sprache und Interaktion« und »Zur Begründung einer materialistischen Sozialisationstheorie«) und andererseits in einer wissenschaftstheoretischen Analyse des Vorgehens der Psychoanalyse (»Die Wahrheit der psychoanalytischen Erkenntnis«). Solange das Verfahren der Psychoanalyse nicht als »Analyse – objektiv bedingter – subjektiver Struktur« durchsichtig gemacht ist, muß auch die

Untersuchung des Gegenstandes von der Untersuchung des Verfahrens unterschieden werden, weil jede vorschnelle Verbindung beider Fragen in die falsche und verhängnisvolle Einheit auf dem Boden einer dogmatischen Begründung der Psychoanalyse umschlüge.

Die ursprüngliche Absicht, in diesem Band auch begleitende Aufsätze zur ersten Etappe der Auseinandersetzung vorzulegen (also Nachschriften und Seminarpapiere, wie sie in dem Raubdruck »Zur kritischen Theorie des Subjekts« gesammelt worden waren), wurde aufgegeben. Als Einführung in die vergangene Auseinandersetzung sind diese Schriften zu unvollständig, als Beiträge zur gegenwärtigen Diskussion sind sie überholt. Ergänzungen wie Kommentare hätten sich nicht gelohnt. Die Aufsätze, die hier gesammelt sind, gehören mithin allesamt in die »Etappe« der Überwindung der Grenzen des Sprachspielkonzepts und d. h.: der Entfaltung der Theorie der Interaktionsformen.

Eines sei aber zu der inhaltlichen Thematik insgesamt auch hier angemerkt: dem Trend, vorschnell Hals über Kopf in eine Analyse der konkreten »subjektiven Situation« zu springen, noch bevor jene kategorialen »Fallen«, Kurzschlüsse und Mystifikationen im Verständnis der logischen Struktur des Verhältnisses von Individuum und Gesellschaft beseitigt sind, wurde auch hier widerstanden. Lediglich in dem Aufsatz »Das Sprachspielmodell und die Matrix individueller Praxis« wurde *angedeutet*, wie eine Klärung der »bereichseigenen« Logik der Sozialisationsprozesse immer schon mit einer historischen Analyse der individuellen Strukturbildung einhergeht. Aber gerade in seiner Skizzenhaftigkeit sollte dieses Beispiel zeigen, daß eine analytische Bestimmung der individuellen Strukturbildung in gegenwärtiger Situation drei nicht zu einem einzigen Arbeitsgang zusammenschweißbare Analysen verlangt:

– die analytische Erhebung der gegenwärtigen *Persönlichkeits*profile als Niederschlag zwischenmenschlicher Interaktionsformen,

– die Darstellung der Strukturierung der Sozialisations*instanzen* im gesellschaftlichen Gesamtzusammenhang gegenwärtiger Produktionsweise und

– die Ausweisung der gegenwärtigen Persönlichkeitsprofile als *Produkte besonderer Produktionsprozesse* in diesen Sozialisationsinstanzen. Die Begriffe des Konzeptes der Interaktionsformen sollen die Verbindung dieser drei Analysen ermöglichen: Das Konzept ist gegen alle gängigen psychoanalytischen, und d. h. individualistisch-subjektivistischen wie auch gegen alle gängigen objektivistischen (leichthändig analogisierenden) Kurzschlüsse gerichtet, um die bloße *Behauptung* eines (beschädigenden) Zusammenhanges zwischen individueller Struktur und gesellschaftlichen Prozessen (gegenwärtiger Produktionsweise) durch den genauen Begriff dessen zu ersetzen, *wie* dieser Zusammenhang hergestellt wird und *wie* er sich in der individuellen Struktur äußert. Auch wenn sich der Produktcharakter individueller Strukturelemente abstrakt mit einer bloßen Anreicherung des psychoanalytischen Vokabulars verdeutlichen läßt (indem man z. B. die Persönlichkeit als »Summe von Objektbeziehungsmustern« und diese wiederum als »Produkt von Sozialisation« bezeichnet), so muß ein solcher Begriffskonservativismus spätestens beim nächsten Schritt scheitern und auf die Begrifflichkeit der Interaktionsformen – zumindest der Sache nach – einschwenken. Dann nämlich, wenn die zwei *Qualitäten* der Beziehungs- und Handlungsmuster, die in ihrer Mischung die konkrete Wirklichkeit der Individuen bilden, auszuweisen sind: symbolische versus desymbolisierte Interaktionsformen. Die Verankerung des Problems der Auseinandersetzung von Psychoanalyse und historischem Materialismus am Punkte der *Unterscheidung von symbolischen und desymbolisierten Interaktionsformen* heißt angesichts der Geschichte des hier vorgestellten Konzeptes: Gingen die Überlegungen von einer Kritik des psychoanalytischen Symbolbegriffs aus, so kehren sie nun wieder zur Ausgangsproblematik zurück, zur Unterscheidung zwischen bewußtseinsfähigen und nicht bewußtseinsfähigen Strukturu rteilen. Die Überlegungen werden nun aber angeleitet von dem Interesse, mit Hilfe dieses Unterschiedes die gesellschaftliche Beschädigung der Subjektivität (die eine bestimmte gesellschaftliche Situation kennzeichnet) mit den Profilen individuellen Subjektverlustes (der in aktuellen Analysen erscheint) vermitteln zu können. Ziel jeder materialistischen Sozialisationstheorie muß sein: Die Beschädigung der Individuen in ihrer konkreten Unmittelbarkeit zu verstehen *und den Weg der Vermittlung* zu begreifen.

I.
Sprache und Unbewußtes

1. Wittgensteins Sprachspiel-Konzept in der Psychoanalyse

In den letzten Jahren sind zunehmend Schriften zum Problem »Sprache und Psychoanalyse« entstanden; die meisten mit dem emphatisch geäußerten Gefühl, ein sehr altes Thema der Psychoanalyse aufzuwecken und einer aktuellen, spannenden Diskussion einzufügen. Da diese Emphase in der Tat berechtigt und dementsprechend ein zunehmender Widerhall unter den Analytikern insgesamt nicht verwunderlich ist, möchte ich auf gewisse Schwierigkeiten zu sprechen kommen, die m. E. bereits zu einer nachhaltigen Belastung bzw. Verwirrung der Diskussion geführt haben.

I

Zunächst ein paar Bemerkungen zur psychoanalytischen Diskussion überhaupt. Psychoanalytiker rekrutieren sich, wie bekannt, zumeist aus den Reihen der Mediziner, seltener aus denen der Psychologen, kaum aus anderen. Zeichnen sich die Denkfiguren der Mediziner durchwegs durch eine Neigung zu handfestem Pragmatismus aus – nicht selten kontrastiert durch bildungsbürgerliche Idealismen –, so gerät die Vorbildung der Psychologen zunehmend unter den Einfluß einer empirisch-positivistischen Richtung (auch da allenfalls von Resten bürgerlich-geisteswissenschaftlicher Menschenkunde durchsetzt). Unterstellt, daß diejenigen Mediziner und Psychologen, die sich der Psychoanalyse zuwenden, aus der Selbstgewißheit beider Fächer erkennbar herausfallen – sie lassen sich immerhin auf Fragen ein, auf die in der Schulmedizin und Schulpsychologie vorweg Antworten bereitgehalten werden –, so dürften sie in zweierlei Hinsicht von der *déformation professionelle* beider Ausbildungssysteme nicht verschont geblieben sein: Von einer gewissen Blindheit für *soziale Phänomene* und von der Abneigung, Begriffe anders denn als Zeichen einer Erfahrungswelt von unproblematischer Unmittelbarkeit zu nehmen. Beides gehört bekanntlich zusammen.

Was sich beim galleschneidenden Chirurgen – fast – verständlich ausnimmt, was bei der experimentellen Psychologie als auffallende, aber leicht durchschaubare Berufseinrichtung sich präsentiert, führt in der Psychoanalyse freilich zu Widersprüchen. Immerhin ist der Gegenstand der Psychoanalyse ein sozialer und sind die psychoanalytischen Begriffe insgesamt Teile eines theoretischen Systems, dem weder Fuß noch Hand entsprechen und dem nur auf Umwegen meßbare Daten zugeordnet werden können. Psychoanalyse verrät sich schon auf den ersten Blick und ohne sonderliche Reflexionsbemühung als ein Interpretationssystem, das vom Konsens einer geschichtlich-gesellschaftlich genau zu ortenden »Interpretationsgemeinschaft« abhängt. Kurz gesagt: Nach »Gegenstand« wie Begriffssystematik ist die psychoanalytische Erkenntnis gesellschafts-, epochenspezifisch; sie ist an einen geschichtlichen Prozeß gebunden. Dies zu verkennen, ist ein Moment jener Mystifikationen, die das »szientistische Selbstmißverständnis«[1] und andere Facetten biologistischer Borniierung ausmachen.

Allerdings läßt sich die Geschichte der Psychoanalyse nicht nur als kontinuierliches Festhalten an szientistischer Borniertheit lesen, sondern auch als ein nie zur Ruhe gekommener, die Beschränkung schrittweise usurierender Versuch, unterdrückten Gehalten Geltung zu verschaffen. Daß die Spannung zwischen ideologischem Selbstmißverständnis – der mystifizierenden Deutung sozialer Sachverhalte als »natürlicher« und der Enthistorisierung der Begriffe im Sinne einer naiven Abbilddogmatik – einerseits und dem Aufklärungsvermögen der Psychoanalyse anderseits besonders hoch ist, liegt an der Brisanz der psychoanalytischen Aufgabe: Erlebnisfiguren werden in ihrer *sozial hergestellten lebensgeschichtlichen* und d. h. immer auch geschichtlichen Fülle einem Verstehen unterworfen, das als hermeneutischer Prozeß Merkmale eines kritischen Verfahrens trägt. Es verwundert keineswegs, sondern versteht sich von selbst, daß diese exponierte Position auch bei ihren Verfechtern durch Abwehrhaltungen eingeschränkt wird und auch bei ihnen eine Tendenz zur Einschränkung der emanzipativen Diskussion – wie das Mystifikationen aufbrechende wissenschaftliche Vorgehen hier genannt werden soll – sich findet. Um nur einige Indizien anzuführen: Die Ausklammerung »heißer Eisen« aus zentralen Erörterungen, der Verzicht auf Polemik in Auseinandersetzungen in der Öffentlichkeit, die Einrichtung von Ingroup-Diskussionsnischen, die sich gegenseitig respektieren oder ausklammern, eine Abgrenzung nach außen weniger durch aggressive Stellungnahme als durch Verständigungsschwund im Sinne einer selbst auferlegten Ghettoisierung (die sich an die Berührungstabus, die von außen gegenüber der Psychoanalyse aufgerichtet werden, unmittelbar anlehnen kann) usw. Angesichts der ideologisch und ideologiekritisch exponierten Situation der Psychoanalyse mindert sich bei der eingangs erwähnten medizinisch-psychologischen Kandidatenselektion die Plausibilität eines »Fachzwanges«, verliert sich der Anschein wissenschaftsgeschichtlicher Zufälligkeit. Doch bleiben wir beim bloßen Notieren: Dem ideologischen Selbstverständnis der Theorie als einer unproblematisch *Natur* abbildenden, deren Begriffe als »bare Münze« genommen werden, korrespondiert eine Ängstlichkeit, eine Scheu, Widersprüchlichkeiten oder auch nur Unterschiedlichkeiten theoretischer Auffassung offen und polemisch auszutragen. Es besteht ein erhöhter Vereinheitlichungszwang und eine Neigung, approbierten Begriffen Homogenität zuzubilligen, umgekehrt inhomogenen Begriffen diskussionslos die Approbation zu verweigern oder zu entziehen. Begriffe, die in der psychoanalytischen Theoriediskussion ihre Approbation gefunden haben, gelten als Bestandstücke eines stabilen Theoriekorpus, der einem konsistenten Gegenstandsbereich zugeordnet erscheint, wobei die Zurechnung einer Denkfigur zur Theorie nun wiederum der Zurechnung des betreffenden Theoretikers zu einem ausgewiesenen Platz in den konzentrischen Rängen der Hierarchie korrespondiert. Die Homogenisierung der Theorie steht also mit der Gruppenzurechnung in einem gegenseitigen Versicherungsverhältnis.

Dieser letztgenannte Sachverhalt geistert innerhalb des »linken Gerüchts über die Psychoanalyse«[2] und – konvergierend – im Verdacht der Unwissenschaftlichkeit der Psychoanalyse im konservativen Lager in vergröbert-unheimlicher Gestalt als Projektion eines geheimbündlerischen Theoriekartells der Freudschen Orthodoxie herum. Das ist eine *simplification terrible*. Den Vereinfachern entgeht der rationale Kern dieser eigentümlichen Institutionalisierung der Theoriebildung, ihre erkenntnisfunktionale, ja, die *emanzipative Diskussion sichernde* Leistung, weil Gegner wie Anhänger sich über die Operationsweise der Psychoanalyse als einer kritisch-hermeneutischen nicht genügend im klaren sind. Unklar bleibt ihnen, daß der Konsens über die »lebenspraktischen Vorannahmen« des kritisch-hermeneutischen Vorgehens der Psychoanalyse die Achillesferse des Verfahrens ist, der Zwang zum Konsens, zur Einheitlichkeit der Theorie mithin besonders groß sein muß. Die Auseinandersetzungen mit den Dessidenten – von den einen so gerne dem »persönlichen Starrsinn« Freuds zugerechnet, von den anderen wiederum als institutionalisierte Intoleranz (im Dienste herrschender Ideologie) angesehen, müssen unter diesem hier nicht zu erörternden Aspekt gesehen werden (Näheres dazu in meiner Untersuchung der psychoanalytischen Erkenntnisbildung[3]). Das eingestandene wie das uneingestandene Streben nach Homogenität der Theorie hat bessere Gründe, als die Kritiker (so auch Fromm[4]) und die Psychoanalytiker selbst annehmen.

Dem Vereinheitlichungszwang kommt dabei entgegen, daß eine bestechend geschlossene Untersuchungspraxis das Fundament der Theorie abgibt. Das gilt nicht nur für den engeren Bereich der »Psychoanalytiker«, sondern auch für benachbarte Gruppen. Nicht nur innerhalb der orthodoxen Psychoanalyse nämlich wurden Methode und Technik in den wichtigsten Linien kaum verändert durchgehalten. Von wenig bedeutsamen Besonderheiten abgesehen, sind die Charakteristika psychoanalytischer Hermeneutik auch bei den Dissidenten (im engeren Sinne) erhalten geblieben. Theorie-Differenzen zwischen Psychoanalyse und Jungscher, Adlerscher usw. Psychologie lassen sich deshalb stets auf einen gemeinsamen Nenner bringen; alle Vergleiche können unproblematisch davon ausgehen, daß die Praxisebene weitgehend die gleiche ist. Die tiefenpsychologischen Theoreme haben – quer durch die unterschiedlichsten Schulen und quer durch die verschiedenartigsten Sachgebiete von der Individual- bis zur Sozialpsychologie und psychoanalytischen Kulturtheorie oder auch Ethnologie, von der Neurosenlehre, Psychopathologie bis zur Entwicklungspsychologie – in der Tat einen übereinstimmenden Gegenstandsbereich, nämlich den einer »Persönlichkeitstheorie«.

An diese Eigentümlichkeit, an die einheitliche Praxis, den einheitlichen Gegenstandsbereich der Theorie und den hier wirksamen besonderen Konsistenzdruck war zu erinnern, weil angesichts dieser Vorerfahrung einer wie selbstverständlichen Eindeutigkeit der Begriffe die Konfrontation der Psychoanalyse mit dem Thema »Sprache« zu fataler Kollision führen muß. Um das zu verstehen, ist kurz auch auf die »Sprachdiskussion« (mit welchem Ausdruck die verschiedenartigsten Beschäftigungen mit Sprache gefaßt werden sollen) einzugehen. Ich möchte hier keine Rekonstruktion der Vorgeschichte der heutigen Sprachdiskussion geben. Es müßte dann ohnehin von vielen Vorgeschichten gesprochen werden, weil von *einer* Sprachdiskussion gar nicht, und von einer *Diskussion* auch nur sehr ungefähr die Rede sein kann. Lediglich das Thema ist hier gemeinsam: die Sprache.

Schon diese wenigen Bemerkungen deuten an, wie ganz anders die Situation auf diesem Terrain verglichen mit der Psychoanalyse ist. Gilt für die letztere, abgekürzt gesprochen, daß einem einheitlichen Verfahren ein mehr oder minder einheitlicher Theoriekorpus zugeordnet ist, so ist im Bereich der Sprachthematik »Sprache« allenfalls die Kammer für Begriffssysteme unterschiedlichster Provenienz bei schroffem Gegensatz im Wissenschaftsverständnis und (explizit oder implizit) höchst differenten Einstellungen zur Dialektik von Individuum und Gesellschaft.

Die Positionen bilden ein Spektrum vom strengsten Positivismus (man erinnere sich der Beiträge des Wiener Kreises, des logischen Empirismus) bis zu den verschiedenen, wie immer auch mit Marx vermittelten historisch-materialistischen Sprachtheorien und bis zum Neukantianismus; von der Ordinary-Language Philosophy bis zum Formalismus, von der Sprachpsychologie des Behaviorismus über Pawlow bis zur Allgemeinen Semantik, die als kaum verhüllte Weltanschauung figuriert. Die Thematik der sprachwissenschaftlichen Nachfolger de Saussures kontrastriert in der Bundesrepublik mit sprachphilosophischen Figuren bei Heidegger und mit Gadamers Hermeneutik, während Apel die Brücke zur Wittgenstein-Rezeption der Frankfurter Schule schlägt. Der amerikanische Strukturalismus ist wohl zu unterscheiden vom französischen, der in kompliziertem Verhältnis zu Lacan steht und damit die Psychoanalyse berührt, – wirkt aber auch, vor allem über Althusser, auf die Marxismus-Diskussion ein. Alle haben an einem Arbeitsthema »Sprache« teil; anzunehmen, sie säßen alle im gleichen Boot, sprächen dieselbe Sprache, ja sprächen wenigstens ineinander übersetzbare Sprachen, ist schlechterdings absurd. Anzunehmen, dem sei leichthin abzuhelfen, wäre naiv.

Diese Lage hat Folgen für jede unbefangene Annäherung an das Thema: Alle Beteiligten gehen von demselben Grundvokabular aus, und wieviel Spezialterme auch eingeführt werden, wie sehr das Gewicht der Formulierungen darauf verlagert wird, Begriffe wie »Aussage«, »Satz«, »Wort«, »Name«, »Symbol«, »Zeichen« tauchen im einen wie im anderen Konzept auf. Der Unterschied bleibt also nicht nur an den ausdrücklich eingeführten und definierten Bezeichnungen hängen, sondern durchsetzt verwirrend die scheinbar unverfänglich-harmlosen Begriffe, unkenntlich, wenn man nicht alle Begriffe, alle Statements, alle zitierten Aussagen im jeweils zugehörigen Theorierahmen sich vergegenwärtigt. »Symbol« bedeutet beim frühen Wittgenstein etwas anderes als beim späten, hat bei Cassirer eine gänzlich andere »Struktur« als bei de Saussure, befindet sich bei Wygotski natürlich in einem anderen gnoseologischen Kontext als bei Skinner, usw. Wird über diese Differenzierungen hinweggesehen und werden bei einem Brückenschlag zwischen Psychoanalyse und Sprachtheorie in der Art einer umfassend-fleißigen Übersicht über die Thematik alle Begriffe zu einem Eintopf verkocht, so werden die entscheidenden Bedeutungsdifferenzen der Begriffe vollends verschleiert. Unter dem Einfluß der Verknüpfung mit der so einheitlichen psychoanalytischen Theorie und Praxis, unterm Druck der geschilderten problematischen Vereinheitlichungstendenz psychoanalytischer Diskussionen entsteht derart ein völlig verzerrtes Bild. Die bildungsbürgerliche Sitte, bei Exkursionen ins Nachbarterrain Lesefrüchte an einem psychoanalytischen Gedankenfaden zu einem gefälligen Fruchtkranz zu knüpfen, verliert so ihre Belanglosigkeit und wird zur Unsitte. Abhandlungen, die in schöner Vollständigkeit ihres Literaturverzeichnisses von Austin über Bernstein bis Weisgerber, Whorf, Wittgenstein und Wygotski zunächst alles auf *einen* Theorie-Nenner bringen, um das derart »Geordnete« dann zu einer homogenen Theorie, nämlich der psychoanalytischen Persönlichkeitstheorie, in Beziehung zu bringen, leisten der Auseinandersetzung mit der Sprachproblematik wie auch der Selbstdarstellung der Psychoanalyse den denkbar schlechtesten Dienst.

Bei früherer Gelegenheit bin ich auf Verzerrungen eingegangen, die der Sache angetan werden, wenn Psychoanalyse mehr oder minder umstandslos ins Prokrustesbett einer sprachpsychologischen Eingleisigkeit gezwängt wird[5]. Hier gilt es, darauf aufmerksam zu machen, welche Gefahren aus einem, gleichsam nach allen Seiten hin offenen, Brückenschlag zwischen Psychoanalyse zur Sprachtheorie resultieren. Ich will meine Kritik an solchem Vorgehen genauer erläutern:

Gliedern wir die Verbindung von Psychoanalyse und Sprachtheorie zunächst auf, indem wir (ohne erschöpfend zu systematisieren) fünf Möglichkeiten auseinanderhalten:

1. Eine Sammlung psychoanalytischer Beiträge mit explizierter (oder unmittelbar im Rahmen psychoanalytischer Theorie explizierbarer) Sprachthematik. Also: Wie nimmt sich das Problem Sprache von der Psychoanalyse her aus?

2. Querverbindungen zwischen Psychoanalyse und sprachpsychologischen Untersuchungsresultaten, sei es in Anwendung der psychoanalytischen Erkenntnis auf Sprachpsychologie, sei es umgekehrt.

3. Untersuchung psychoanalytischer Dokumente und Verfahren mit Hilfe linguistischer Methoden.

4. »Psychoanalyse als Sprachprozeß« – sprachtheoretische Deutung der Psychoanalyse als Selbstauslegung des psychoanalytischen Verfahrens.

5. »Psychoanalyse als Sprachprozeß« in der Perspektive übergreifender anthropologischer oder gesellschaftstheoretischer Bestimmungen.

Wie man auf den ersten Blick sieht, sind die Abgrenzungen zwischen den einzelnen Punkten von unterschiedlicher Strenge. Dabei ist erkennbar, daß die Beziehung Psychoanalyse und Sprache in jeweils unterschiedlicher Weise angelegt ist, Psychoanalyse je unterschiedlich tangiert wird. Befinden sich die Resultate im ersten Falle auf psychoanalytischem Terrain, handelt es sich also um psychoanalytische Aussagen, so trifft dies bereits im zweiten Fall nicht mehr zu, sofern Schlüsse auf dem Boden der Sprachpsychologie gezogen werden. Für Punkt 3 ist dies ohnehin deutlich.

Die Relevanz dieser Unterscheidung ist freilich nicht für jedermann gleich plausibel. Wer die Problematik nach Art der positivistischen Einheitswissenschaft betrachtet, wird kaum einsehen können, weshalb davon Aufhebens gemacht wird. Gegenstände sind ihm bei grundsätzlicher Gleichartigkeit aller wissenschaftlichen Verfahren konvertierbar, allenfalls durch Umfangsänderungen der Aussagen verändert. Anders steht es, wenn man ein dialektisches Verhältnis von Gegenstand und Methode unterstellt und eine grundlegende Andersartigkeit etwa zwischen nomothetischer Psychologie und Psychoanalyse als kritisch-hermeneutischem Vorgehen annimmt. Dann ist eines nicht mehr möglich: Aussagen, außerhalb der Psychoanalyse gewonnen, umstandslos als psychoanalytischen Erkenntnisgewinn vorzuweisen. Sie müssen vielmehr unter Klärung der Wissenschaftsdifferenz erst mit der Psychoanalyse »vermittelt« werden.

Die Abgrenzung von Punkt 4 und 5 mag fraglich sein. Ich habe die Unterscheidung nur getroffen, weil ich annehmen möchte, daß sich einige Forscher (so Lacan) aus Gründen, die hier nicht diskutiert werden sollen, nicht dazu verstehen könnten, unter Punkt 5 subsumiert zu werden. Was 4 und 5 auf jeden Fall gemeinsam haben, ist, daß die Resultate der Untersuchung keineswegs in die psychoanalytische Theorie gehören, vielmehr Aussagen »über« Psychoanalyse sind, einen Platz »hinter« der psychoanalytischen Theorie beanspruchen. Bei 5 ist – im Falle einer Analyse in gesellschaftskritischer Perspektive – dieser Platz genau zu bestimmen: es ist die Vermittlungsebene zwischen einer Persönlichkeitstheorie und der Theorie objektiver gesellschaftlicher Prozesse. Was zu Punkt 2 und 3 gesagt wurde, wiederholt sich: Vertreter eines einheitswissenschaftlichen Standpunktes innerhalb oder außerhalb der Psychoanalyse werden dem Problem nur begrenzte Aufmerksamkeit zuwenden. Sie werden einräumen, daß die hier gewonnenen Aussagen nicht mehr zur psychoanalytischen Theorie im engen Sinne zählen, werden auch zugeben, daß damit einschneidende Unterschiede zwischen Punkt 2 einerseits und anderen Punkten bestehen, sie werden auch zugestehen, daß das psychoanalytische Erfahrungsgut an je unterschiedlicher Stelle angeschnitten, im Zugriff verschiedener (z. B. sozio-linguistischer, wissenschaftstheoretischer) Verfahrensweisen in differenten Bezügen thematisiert, zu soziologischen bzw. zu wissenschaftstheoretischen Aussagen transformiert wird. Die Zurechnung der Inhalte zur Psychoanalyse bleibt nach ihrer Auffassung davon aber unberührt.

Einem kritisch-dialektischen Wissenschaftsverständnis stellt sich die Sachlage grundlegend anders dar. Hier kann es nicht zweifelhaft sein, daß mit der Beseitigung der falschen Trennung von Inhalt und Methode auch die Beliebigkeit der Verbindung von Einzelwissenschaften entfällt und an ihre Stelle die Aufgabe einer begrifflichen Vermittlung tritt. Ich werde darauf zurückkommen und möchte hier darauf verzichten, weitere Ausführungen zur Problematik der Vermittlungsebene in Abgrenzung von der »psychoanalytischen Theorie selbst« zu machen. Die Diskussion soll nachstehend vielmehr an einem speziellen Problem, der Interpretation von Wittgensteins Begriff des »Sprachspiels«, weitergeführt werden.

Der Geltungsbereich meiner Kritik ist damit abgesteckt: Sie gilt nur unter der Voraussetzung, daß die Subjektproblematik – Psychoanalyse eingeschlossen – in der Dimension der historisch-materialistischen Gesellschaftstheorie gesehen wird, dann freilich unbedingt. In dieser Perspektive müssen alle Nachlässigkeiten im Durcheinanderschieben nicht-vergleichbarer Vermittlungslinien, muß jeder unbedenkliche Eklektizismus im Terrain von Psychoanalyse und Sprache abgewiesen werden.

Ein Eklektizismus von Begriffen, die nach Gutdünken miteinander verknüpft werden, destruiert die offenen Möglichkeiten. Schlimmer noch, er stellt jene Konvergenz der Mystifikationen her, die die psychoanalytische Erkenntnis von einem geheimen zum offenen Positivismus drängt. Wird zum einen dem psychoanalytischen Symbolverständnis die Kommunikationstheorie einverleibt und werden zum anderen de Saussures Begriffe signifiant und signifié umstandslos integriert, so verbündet sich die Gesellschaftsblindheit der Kommunikationstheorie aufs fatalste mit einem Begriffspaar, dem unreflektiert die Spaltung von Gebrauchswert und Tauschwert innewohnt.[6] Gesellschaftsblindheit wird damit affirmiert an einer Stelle, an der – wie zu zeigen sein wird – Mystifikationen durch psychoanalytische Erfahrungen aufschließbar sind.

II

Daß das Wittgensteinsche »Sprachspiel« nicht nur ein gut durchschaubarer, sondern auch ein zentral wichtiger Topos im Rahmen der soeben angeschnittenen Problematik ist, kann erst im Laufe dieser Untersuchung erkennbar gemacht werden. Daß er in meiner »Sprachzerstörung und Rekonstruktion« und den nachfolgenden Arbeiten eine Schlüsselrolle spielt, daran darf erinnert werden. Auch in der Schrift »Sprache und Psychoanalyse« von Goeppert u. Goeppert wird er – in kontrastierender Weise – exponiert. Ich möchte darauf ausführlich eingehen, um am Kontrast der Auffassungen die Bedeutung des Sprachspielbegriffs für die Psychoanalyse zu präzisieren, auch wenn die Bezugnahme auf Wittgensteins Sprachspielkonzept bei G. u. G. nur kurz ist. Immerhin wird der Begriff von ihnen pointiert in Anspruch genommen, wird ihm doch vorweg die Funktion zugewiesen, umfassender Generaltitel der psychoanalytischen Operation zu sein.

Psychoanalyse ist, G. u. G. zufolge, ein »Sprachspiel«. Ja, Psychotherapie insgesamt wird als »besonderes Sprachspiel« definiert:

»Die Sprache bzw. das Wort als Mittel zur Bezeichnung von Gegenständen und Sachverhalten, als Name, als Träger der Bedeutung abstrakter Inhalte verschiedenen kognitiven, emotionalen und triebhaften Gehalts (Denken, Urteilen; Gefühle, Wünsche; sexuelle Spannungen) hat in Psychoanalyse und Psychotherapie schon immer eine gewichtige Rolle gespielt. Ist doch die Rede des Patienten und des Arztes dasjenige Medium, durch das die Therapie vorwiegend in Gang gebracht wird und in dem sie sich entfaltet und vollendet.

Die Sprache als sozial bedingte Verhaltens- und Kommunikationsform wird im psychotherapeutischen Geschehen, einer speziell vereinbarten kommunikativen Beziehung zwischen Arzt und Patient, zu einem besonderen Sprachspiel mit Regeln, Gesetzmäßigkeiten und Übereinkünften, die zum Teil vorgegeben sind, zum Teil neu bestimmt und bisweilen hinterfragt werden können. Das Sprachspiel, das in jeder Redekonstellation an bestimmte psychosoziale Voraussetzungen und Bedingungen geknüpft ist, wird in der psychoanalytischen und psychotherapeutischen Kommunikationssituation im Übertragungs-Gegenübertragungskontext der Interaktion zwischen Arzt und Patient analysiert«.[7]

Der Begriff »Sprachspiel« wird jedoch nicht nur an hervorgehobener Stelle – als Leitfaden der Problemstellung – präsentiert, sondern diese Rolle des Konzepts wird auch ausdrücklich begründet. Wir wollen die vorgetragene Begründung Schritt für Schritt durchgehen:

»Den Terminus Sprachspiel gebrauchen wir gemäß der These von L. Wittgenstein (1960, S. 7, 43, 421, 432), nach der die Bedeutung eines Wortes sich nicht so sehr nach dem Gegenstand richtet, für den das Wort steht, sondern nach seinem Gebrauch und seiner Verwendung in der Umgangssprache«.[8]

Mit anderen Worten: Die Unterscheidung von Zeichen und Bezeichnetem klingt an; der Bezug auf den Gegenstand wird der Verwendung in der Umgangssprache gegenübergestellt, was im nächsten Satz eine Wendung erhält, die zunächst widerspruchsvoll anmutet. Der Bezug zum Gegenstand wird ausgeweitet auf »Handlungs-, Wirkungs- und Funktionszusammenhang«, auf »soziale Kontexte«, welchem Komplex die Systematik der Symbole, die Eigengesetzlichkeit der Sprache gegenübergestellt wird.

»Sprachspiele stehen also einerseits in einem Handlungs-, Wirkungs- und Funktionszusammenhang, eingebettet in soziale Kontexte, wie ›Institutionen‹ (a.a.O., Wittgenstein, S. 337), andererseits gehorchen sie den Wohlgeformtheits- und Adäquatheitsbedingungen der Sprache«.[9]

Dann aber wird doch wieder der Bezug zum Gegenstand auf eine enge Fragestellung, nämlich die nach der Möglichkeit, ontologische Aussagen über den Gegenstand zu machen, eingeschränkt:

»Auch wenn Wittgenstein bei seiner Definition der Sprachspiele sich am Wortgebrauch bzw. der Sprachverwendung orientiert, ließ er dennoch eine Bestimmung des bezeichneten Gegenstandes zu, d. h. es bestand für ihn die Möglichkeit ›ontologischer Aussagen über die in einem Sprachspiel vorkommenden Gegenstände«.[10]

Der abschließende Satz bringt die Lösung des Widerspruchs: Der Begriff »Sprachspiel« soll – so G. u. G. – einerseits die Determiniertheit der Sprache vom »sozialen und biologischen Kontext« (der ontologische Gegenstandsbezug dient hier wohl als Achse) verdeutlichen, andererseits aber die »Freiheit« der Sprache betonen:

»Gerade der Doppelaspekt der sprachlichen Kommunikation, welcher einmal in der Gebundenheit an die Sprachregeln im sozialen und biologischen Kontext, zum anderen in der Freiheit beim Entwurf des sprachlichen Handelns liegt, kommt in dem Begriff ›Sprachspiel‹ unseres Erachtens besonders gut zum Ausdruck«.[11]

Anders gesagt: das Sprachspielmodell soll die Gebundenheit der Sprache an Natur und Umwelt einerseits und die Freiheit des Geistes andererseits zum Ausdruck bringen. Daß die Gebundenheit an die Natur des Menschen und an die Umwelt dabei ganz im Sinne positivistischer Psychologie und Soziologie gemeint ist, macht die erläuternde Fußnote zu den »Voraussetzungen und Bedingungen« klar:

»Unter die psychosozialen Voraussetzungen zählen wir einerseits die biologisch bedingte individuelle Disposition (Begabung) des Menschen, worunter z. B. seine Lern- und Sozialisationsfähigkeit, die Kreativität, das Handlungs- und Vorstellungsvermögen, das Gedächtnis, die Emotions- und Sprachfähigkeit zu rechnen sind, andererseits die soziokulturell erworbenen Erfahrungen und Normen (die Verhaltensstruktur), die sich durch Begriffe der soziologischen Rollentheorie (Rollenstruktur, Position, Status) und durch die Ausbildung von Techniken, Erkenntnissen, Raum-Zeit-Orientiertheit usw. erklären lassen [. . .]. Weiterhin ist hier eine allgemeine Verhaltensmotiviertheit des einzelnen zu nennen, durch die das Zusammenwirken von Disposition und aktuellen Erfahrungen ermöglicht wird«.[12]

Daß der Begriff »Freiheit« ganz auf der Linie eines Sprachidealismus zu suchen ist, darf vermutet werden. Doch wir wollen nicht in eine Kritik der Fundamente dieser Argumentation eintreten, sondern prüfen, wie es mit der Triftigkeit dieser Wittgenstein-Interpretation steht, ob Wittgenstein das, was G. u. G. meinen, tatsächlich »zum Ausdruck« bringen will.

Davon kann nun freilich keine Rede sein. Natürlich ist das Sprachspielmodell nicht verschlossen gegen die – vor Wittgenstein ja längst schon vielfach bedachte – Determiniertheit der Sprache durch Natur und Geschichte. Das Sprachspielmodell will keineswegs kulturrelativistische Einsichten aufwärmen, es will vielmehr auf die Verankerung von Sprache in konkreter, »materieller« Praxis verweisen. Wittgenstein sagt es im ersten Halbsatz des § 7 ganz unmißverständlich:

»In der Praxis des Gebrauchs der Sprache ruft der eine Teil die Wörter, der andere handelt nach ihnen«.[13]

In dem erläuternden Paragraphen 2 heißt es:

»Denken wir uns eine Sprache, für die die Beschreibung, wie Augustinus sie gegeben hat, stimmt: Die Sprache soll der Verständigung des Bauenden A mit einem Gehilfen B dienen. A führt einen Bau auf aus Bausteinen; es sind Würfel, Säulen, Platten und Balken vorhanden. B hat ihm die Bausteine zuzureichen, und zwar nach der Reihe, wie A sie braucht. Zu dem Zweck bedienen sie sich einer Sprache, bestehend aus den Wörtern: ›Würfel‹, ›Säule‹, ›Platte‹, ›Balken‹. A ruft sie aus; – B bringt den Stein, den er gelernt hat, auf diesen Ruf zu bringen. Fasse dies als vollständige primitive Sprache auf«.[14]

Wittgenstein geht es mithin – mit der zentralen Intention, die dem Sprachspielmodell zugrunde liegt – nicht um die Probleme von Gegenstandsbezug und Sprachsystem nach Art des Zusammenspiels von Zeichen und Bezeichnetem. Die Trennung wird vielmehr unterlaufen und der Blick auf jenes Problem gerichtet, das mit dieser Trennung zugedeckt wird: das der Begründung von Sprache in menschlicher Praxis.

Wie aber paßt danach Wittgensteins »Sprachspiel« als Signet für die »Verhaltens- und Kommunikationsform« der psychoanalytischen Sitzung?

Der Paragraph 7, den ich vorstehend zu zitieren begann, geht so weiter:

»... im Unterricht der Sprache aber wird sich *dieser* Vorgang finden: Der Lernende *benennt* die Gegenstände. D. h. er spricht das Wort, wenn der Lehrer auf den Stein zeigt. – Ja, es wird sich hier die noch einfachere Übung finden: der Schüler spricht die Worte nach, die der Lehrer ihm vorgesagt – beides sprachähnliche Vorgänge«.[15]

»Gebrauch der Sprache« ist in einem Sinne gemeint, der in der Goeppertschen Adaptation des Sprachspielbegriffs verwischt wird:
(a) Der eine ruft – der andere handelt danach,
(b) der eine zeigt – der andere benennt,
(c) der eine spricht vor – der andere spricht nach.

Wo findet sich in der Psychoanalyse eine Situation, die in ihrer Erscheinung so offenkundig dem Sprachspielmodell entspricht, daß man Wittgensteins Begriff umstandslos und plakativ-stimmig als Etikett benutzen kann?

Ich hoffe, nirgendwo. Diese Struktur von »Rufen-Handeln, Zeigen-Benennen, Vorsprechen-Nachsprechen« kennzeichnet nämlich die Situation in Suggestiv-Verfahren, in der Verhaltenstherapie, in allen Therapien, bei denen ein Autoritätsverhältnis aufgerichtet und durchgehalten, nicht aber zur Diskussion gestellt wird wie in der Psychoanalyse. Eben das macht die Spezifität des psychoanalytischen Verfahrens aus, daß die »einsozialisierten Strukturen« der Sprachspiele in Frage gestellt werden: Die Sprachspielstrukturen des Patienten werden durch den hermeneutischen Einsatz der »subjektiven Sprachspielformen« des Analytikers als »Vorannahmen« verändert. Oder anders formuliert: Psychoanalyse ist das Verfahren der kritischen *Untersuchung* und *Veränderung* von Sprachspielstrukturen.

Das aber ist – wie andernorts ausführlich dargestellt – nur möglich, indem in der psychoanalytischen Situation das wichtigste Moment des Sprachspielmodells, nämlich die Aktualisierung aufgehoben wird. Man kann das auf die pointierte Kurzformel bringen: Die Psychoanalyse kann das Sprachspiel des Patienten verändern, weil sie selbst nicht als Sprachspiel funktioniert.

Der gewitzte Kenner der Psychoanalyse kann nun zweierlei einwenden. Zunächst: Trifft dann aber nicht doch die Bezeichnung der Psychoanalyse als eines Sprachspiels zu, insofern mindestens am Anfang der Patient ein Sprachspiel präsentiert und mindestens am Ende ein verändertes Sprachspiel resultiert? Ja, geschieht das nicht unablässig, tausendmal? (Denn schließlich wird nicht *ein* Sprachspiel, wird nicht ein deformierter Handlungs- und Bewußtseinskomplex zur Debatte gestellt; die freie Assoziation ist ja eben ein Verfahren, zwanglos die Fülle von Sprach- und Verhaltensformen, also die Vielzahl der subjektiven Sprachspiele des Individuums zu aktivieren.)

Wenn unser – imaginärer – Gesprächspartner zugleich seinen Wittgenstein kennt, kann er den folgenden Einwand zur Verschärfung nachschicken: Nun, wenn das so ist (und daran ist nicht zu zweifeln): Wie kann man anders Sprachspiele präsentieren, als daß man sie spielt: Läßt sich so nicht mit vollem Recht sagen: Die psychoanalytische Situation ist ein fortwährendes Spielen von Sprachspielen? Agieren ist ja nichts anderes als »Spielen eines Sprachspiels«, und am Agieren setzt das Spiel von Übertragung und Gegenübertragung an, wobei in der Sprachrekonstruktion die »analytische Dyade« die beiden Grundschritte der infantilen Bildungsgeschichte nachzeichnet: die Einigung auf bestimmte Interaktionsformen in der Mutter-Kind-Dyade und die Benennung dieser bestimmten Interaktionsformen in der »Einführung von Sprache«. Trifft aber nicht gerade für die letztgenannte Situation genau die vorher erwähnte szenische Anordnung zu: auf einen Gegenstand zeigen – benennen – nachsprechen? Und: trifft die Bezeichnung der Psychoanalyse als eines Sprachspiels damit nicht genau den Punkt, an dem eine Theorie des psychoanalytischen Verfahrens (als Sprachoperation) mit Sozialisationstheorie konvergiert – gerade in der Perspektive meines eigenen Konzeptes?

Nur auf den ersten Blick erscheint dies so. Aus zwei Gründen ist der Begriff an dieser Stelle abzuweisen:

Wenn man den Wittgensteinschen Sprachspielbegriff mit der Psychoanalyse vermittelt, dann zunächst so, wie Wittgenstein selbst es in seinen Aussagen über die »therapeutische« Veränderung von Sprachspielen vorgesehen hatte, also in Sprachoperationen, bei denen das Sprachspielmodell auf der *Gegenstandsseite* des Verfahrens erscheint. Wittgensteins therapeutisches Modell der Veränderung von Sprachspielen ist häufig genug mit der Psychoanalyse verglichen (und von ihr abgegrenzt) worden, um zu sehen, wo zwischen den Polen »Kennzeichnung des Verfahrens« und »Kennzeichnung des Gegenstandes« wir das Sprachspielmodell einzusetzen haben. Zu wählen haben wir nämlich. Auf beiden Seiten würde der Einsatz des Sprachspielmodells absurd: Die Feststellung »die Psychoanalyse ist ein besonderes Sprachspiel zur Veränderung von Sprachspielen« entlarvt sich als leere Phrase, wäre so trivial wie: Die Psychoanalyse ist eine zwischenmenschliche Beziehung zur Veränderung von zwischenmenschlichen Beziehungen. Der Vergleich deckt noch etwas Weiteres auf. Die psychoanalytische Operation bleibt beim Verständnis des Sprachspiels als Gegenstand eine *frag*-würdige, wobei die Frage zu einer metatheoretischen Bestimmung weiterführen kann. Im Falle der Etikettierung des Verfahrens als Sprachspiel wird hingegen allenfalls eine Exegese auf Grund eines willkürlichen Wittgenstein-Bezugs möglich. Die Etikettierung schneidet die – wie ich meine – dringende Frage, die Aufklärung der sich selbst mißverstehenden Psychoanalyse über ihr Verfahren ab, sie verdichtet den Schleier über dem psychoanalytischen Prozeß.

Nehmen wir an, der imaginäre Gesprächspartner meldet sich nun zu Wort mit der Frage, ob die Einführung des Wittgensteinschen Sprachspielbegriffs überhaupt soviel Aufwand und solchen Begriffspurismus rechtfertige. Warum ich der Meinung bin, daß die Mühe sich verlohnt, gilt es zu zeigen, und auch, daß es sich (wie Rossi-Landi in der gleichen Angelegenheit sagte) um mehr handelt als darum, »auf das Niveau dessen herunterzugehen, der den Champion in der eigenen Mannschaft haben will«. Kurzum, es ist nicht nur der fehlerhafte Gebrauch des Konzepts zu monieren, sondern auch wenigstens in Umrissen zu zeigen, welche Funktion das Sprachspielmodell durch meinen Gebrauch erhält.

Gehen wir aus von dem Grundsachverhalt psychoanalytischer Therapie: Bewußtmachung als Mittel einer Verhaltensänderung. Analysiert man das psychoanalytische Vorgehen als eine Sprachoperation, so wird zur Präzisierung der Aussagen zweierlei notwendig – falls wir uns nicht auf Deskription und linguistisches Registrieren beschränken wollen. Der Zusammenhang von psychoanalytischem Vorgehen, verändertem Bewußtsein und Verhaltensänderung muß auf ein Sprachmodell projiziert werden können, das die Einheit von Bewußtseinsfiguren und Handlungsentwürfen als Ineinander von Sprache und Praxis darstellt, in der Darstellung der Einheit zugleich aber dem Vorgang der »Aufspaltung« wie auch dem der »Wiederherstellung« ein Raster anbietet. Genau das leistet der Sprachspielkomplex, der als »dialektische Einheit von Sprachgebrauch, Lebenspraxis und Weltverständnis« zu interpretieren ist.[16] Die Einheit schließt den »Widerspruch zwischen ihren konstitutiven Momenten« (ebd.) nicht aus, sie bringt ihn vielmehr zum Ausdruck. Diesen Widerspruch erschließt ausdrücklich die von mir vorgeschlagene Gegenüberstellung von »intaktem und aufgespaltenem Sprachspiel«. Auf diese Weise lassen sich darauf sowohl die menschlichen Strukturierungsvorgänge wie auch die therapeutischen Eingriffe abtragen. Das »Wie« der Bildungsgeschichte und das »Wie«

der therapeutischen Veränderung kann namhaft gemacht werden. Das schließt ein: In *einem* Bilde kann so die Praxisrelevanz der Verdrängung wie die verhaltensändernde Funktion der Sprachoperation erkennbar werden. Voraussetzung dafür ist freilich, das Sprachspielmodell nicht als ein Etikett für das psychoanalytische *Vorgehen,* sondern als ein Modellblatt zu verwenden, auf dem die therapeutischen Prozesse einerseits und die psychischen Deformationsvorgänge andererseits eingezeichnet werden können.

Es geht bei alledem um weit mehr als darum, die Angemessenheit des so benutzten Sprachspielmodells für den Gegenstand der Psychoanalyse, seine Brauchbarkeit für eine Deutung der Psychoanalyse nachzuweisen. Stünde nur zur Debatte, ob man so verfahren *kann,* nicht aber ob und weshalb man so verfahren *muß,* so würde sich der Aufwand an Argumentation in der Tat nicht lohnen. Um es kurz zu sagen: das Sprachspielmodell liegt auf dem Schnittpunkt der Vermittlungsebenen, die den Gegenstand und die Problematik der Psychoanalyse als sozial hergestellte subjektive Strukturen ausweisen. Das Modell verklammert, auf der Seite des »Gegenstandes« eingesetzt, Sprache und Bewußtsein, Bewußtseinsfiguren und menschliche Praxis. In die Deutung der psychoanalytischen Praxis eingeführt, ermöglicht es das Sprachspielmodell, deren Erfahrungen in die Perspektiven eines Sprachverständnisses einzurücken, wie es das folgende Zitat zum Ausdruck bringt:

»... Die Sprache *ist* das praktische, auch für andere Menschen existierende, also auch für mich selbst erst existierende wirkliche Bewußtsein, und die Sprache entsteht, wie das Bewußtsein, erst aus dem Bedürfnis, der Notdurft des Verkehrs mit anderen Menschen«.[17]

Daß das Wittgensteinsche Sprachspielmodell auf der Ebene einer historisch-materialistischen Persönlichkeitstheorie widerspruchsfrei entfaltbar ist, kann in wenigen Worten freilich nicht aufgezeigt werden. Vielleicht hat es aber einigen Bestätigungswert, darauf zu verweisen, daß auch Rossi-Landi die *Möglichkeit* einer geschichts-materialistischen Verständnisweise des Wittgensteinschen Sprachspielmodells hervorhebt. Meine These lautet: Das Wittgensteinsche Sprachspielmodell erlaubt es in bevorzugter Weise, psychoanalytische Erfahrungen in geschichtsmaterialistischer Perspektive zu formulieren. Das Sprachspielmodell bezeichnet den Punkt, an dem die subjektiven Strukturen und die objektiven Strukturen vermittelbar werden. Freilich erweist es sich in seiner ursprünglichen Konzeption als zu eng. Sobald wir die Frage nach der »Hergestelltheit subjektiver Strukturen« stellen, zeigt sich die Gesellschaftsblindheit Wittgensteins. Rossi-Landi stellt fest: Wittgenstein besitzt »Öffentlichkeit«, ohne Gesellschaft zu besitzen, ». . . öffentliche Entwicklung wird . . . nicht als *gesellschaftliche* gesehen«.[18]

Mit anderen Worten: dem Sprachspielmodell ist das Fundament abgeschnitten, solange man nicht der Frage nach der Konstitution des Sprachspiels als Konstitution der Struktur des Verhältnisses von Individuum und Gesellschaft nachgeht.

Allerdings bedient sich Rossi-Landi einer »anthropologischen« Wendung, wenn er eine Vergesellschaftungsstruktur »feststellt«, die es erst kritisch zu analysieren gilt:

> »Kurz, der Gedanke, der sich Wittgenstein nie dargeboten zu haben scheint oder dies nicht als wesentlicher, ist, daß die Individuen sich gesellschaftlich gerade unter anderem deshalb zu formieren begannen, weil sie miteinander zu sprechen anfingen«.[19]

Er korrigiert sich aber, indem er seine Kritik variiert:

> »Die Konzeption des Sprachgebrauchs bezieht sich auf etwas schon Produziertes, sie besteht von daher; es ist z. B. ein bestimmtes Wort gegeben, es wird gebraucht, dies ist dann seine Bedeutung. Auch das Kind, das beim Lernen eines Worts dieses zum erstenmal gebraucht, übt dieses Verhalten an etwas ihm Vorausliegenden (das es also auch zwingt, einen Teil der Realität auf bestimmte Weise zu perzipieren)«.[20]

Von Wittgenstein sagt Rossi-Landi:

> »Er geht vom sprachlichen Objekt aus, aber nicht hinter das sprachliche Objekt zurück. Die Instrumentarien, derer wir uns bedienen, um zu kommunizieren, betrachtet er als gegebene und damit ›natürliche‹: Sie stellen eine Art des Reichtums dar, über den wir frei verfügen. Seine Position ist eine auf die Sprache angewandte physiokratische (in einer Reihe von Aufsätzen über den Sprachgebrauch hat Gilbert Ryle eine merkantilistische Wendung derselben vollzogen)«.[21]

Ohne auf Unterschiede in unserer Auffassung einzugehen, möchte ich die Problematik so formulieren: Gerade wenn Bewußtseinsinhalte und Sprache nicht voneinander getrennt werden können, und gerade wenn Sprache jenes Moment von Eigenständigkeit hat, gleichwohl aber Sprache und Bewußtsein im Sinne des Sprachspielkonzepts mit Praxis verklammert gesehen werden, muß die Konstitution der Sprachspiele als Teil der Konstitution subjektiver Strukturen unter objektiven Bedingungen formulierbar sein. Das Sprachspiel muß genetisch hinter sich zurück verweisen können – nicht nur bedingungsanalytisch auf objektiv-gesellschaftliche Prozesse, sondern auch strukturanalytisch durch Klärung des Weges, »wie« das Sprachspiel unter gegebenen Bedingungen sich bildet.

Nun eröffnet das Sprachspielmodell in seiner Struktur bereits die Richtung, die hinter die Spracheinführung zurückweist. Die Rede von der *Aufspaltung des Sprachspiels* soll eben diese Tendenz freigeben. Als (aus der Analyse des hermeneutischen Verfahrens der Psychoanalyse entwickelte) »negative« Aussage reicht sie aber nicht aus, den Vorgang der *Produktion subjektiver Strukturen* begrifflich zu fassen. Aus diesem Grunde war das Konzept der *»Interaktionsformen«* einzuführen und war das Sprachspielmodell in diesen Rahmen zu stellen. Die ontogenetische Sequenz in der infantilen Entwicklung ist:

1. Produktion erster individueller Verhaltensstrukturen dadurch, daß kindlicher Körperbedarf und gesellschaftliche Praxis, vermittelt durch die praktisch-gestische Reaktion der Mutter, zur »bestimmten Interaktionsform« werden. Diese ist die individuelle Synthesis von gesellschaftlicher Praxis in der Naturauseinandersetzung mit der inneren Natur des Kindes.

2. Die bestimmte Interaktionsform wird in Sprache eingeführt als deren erster Gegenstand, der von der Disjunktion von Subjekt und Objekt noch nicht betroffen ist. Die Spracheinführung folgt dabei den in § 7 von Wittgensteins »Philosophischen Untersuchungen« schon aufgeführten Linien – nun aber nicht schon in Voraussetzung »fertiger Individuen«, sondern als Stufe der Differenzierung von Subjekt und Objekt bei der Bildung individueller Strukturen. Die symbolische Interaktionsform wird zum Sprachspiel.

Die Begriffe symbolische Interaktionsform und Sprachspiel decken sich dabei nicht ganz, insofern die symbolischen Interaktionsformen die Kontinuität der noch nicht aufgetrennten Subjekt-Subjektbeziehung im Augenblick der Symbolbildung markieren, während das Sprachspiel bereits über voll differenzierte Subjekt-Objektrepräsentanten verfügt.

Deshalb hat es einen Sinn, am Sprachspielmodell auch innerhalb einer Theorie der Interaktionsformen festzuhalten. Der Begriff kennzeichnet jenes reife Abschlußstadium der Bildung symbolischer Interaktionsformen, das Ansatz und Endpunkt der jeweiligen kritisch-hermeneutischen Operationen der Psychoanalyse ist. Orientiert man sich daran, so läßt sich formulieren: Psychoanalyse ist eine kritisch-hermeneutische Veränderung von Sprachspielen.

K. Steinbacher schreibt (in seinem Nachwort zu den Abhandlungen von Rossi-Landi): »Im Lichte der Aufdeckung der materialistischen Ansätze bei Wittgenstein erweist sich die Wittgenstein-Rezeption, wie sie sich seit etwa einem Jahrzehnt in Westdeutschland vollzog, als ideologisch präformiert«.[22] In unserem Zusammenhang gilt es zu sehen, daß die fatale Konvergenz der ideologischen Präformierungen innerhalb der Psychoanalyse und »außerhalb« sich ganz von selbst herstellt, sofern man nicht die interdisziplinäre Öffnung der Psychoanalyse einer unnachsichtigen Prüfung unterzieht.

Ist im Sprachspielmodell aus mehr als einem Grund eine Kreuzungsstelle zwischen der in der Psychoanalyse enthaltenen »Analyse der subjektiven Strukturen« und einer Analyse des objektiven Bedingungszusammenhangs vorbereitet, so ist dieses »vorbereitete« Gelenkstück nur dann nicht »ideologisch präformiert« und bornierend, wenn das Sprachspielmodell in seinen Möglichkeiten weiterentwickelt wird. Dazu muß der Sprachspielbegriff auf der »Gegenstandsseite« eingesetzt werden, um aufzeigbar zu machen, wie sich die einsozialisierten Handlungsentwürfe im hermeneutischen Zugriff ändern. Dazu muß zu allererst jedoch der konkretistische Bezug von »Sprachspiel« auf ausschließlich reale Interaktion gelöst werden. Der Sprachspielbegriff taugt:

a) Nicht zur Kennzeichnung von Erscheinungen menschlichen Verhaltens, sondern nur als Begriff vom menschlichen »Wesen«. Genauer: Das Sprachspielmodell ist als Begriff individueller Struktur anzusehen. Als Strukturbegriff faßt er die Grundelemente von Sprache *und* Handeln, beide als Niederschlag konkreter Interaktionen (als symbolische Interaktionsformen).

b) Indem die Konstitution der Grundelemente von Sprache und Handeln begriffen wird, kann die individuelle Struktur als Produkt des besonderen Produktionsprozesses »Sozialisation« durchsichtig werden, können Bewußtseinsfiguren wie Handlungsentwürfe als Synthesis von Natur und gesellschaftlicher Praxis begriffen werden.

c) Im Rahmen einer Strukturtheorie gibt das Sprachspielmodell – in der Spannweite zwischen seinen Konstituentien »Praxis« und »Sprache« – eine Folie ab, auf der die Bildung von Bewußtseinsfiguren aus der (in konkreten Interaktionen realisierten) Praxis darstellbar wird.

Von dieser Trias her – »Sprachspiel« als Begriff subjektiver Struktur, hergestellt in einem Konstitutionsprozeß, der von bewußtlosem Verhalten zu sprachlich reguliertem Handeln aufsteigt – wird auch verständlich, weshalb die Bezeichnung der Psychoanalyse als Sprachspiel den Kern der psychoanalytischen Operation nicht nur verschleiert, sondern weshalb diese Verwendung unzutreffend ist: Die Herstellung bzw. die Wiederherstellung intakter Sprachspiele ist nur möglich, weil das psychoanalytische Verfahren den Sprachspielrahmen überschreitet. Dies geschieht in dreifacher Hinsicht:

1. Als Aufgabe, »Unbewußtes bewußt zu machen«, überschreitet die psychoanalytische Operation mit Hilfe von szenischem Verstehen und unbewußter Teilhabe am szenischen Spiel den Bereich der Sprache, um ins Gebiet der Aussprache exkommunizierter Verhaltensfiguren vorzudringen. Dieses Vordringen ist natürlich eingebettet in Sprachoperationen. In der Tiefenhermeneutik ist der vertikale hermeneutische Vermittlungszug in notwendiger Beziehung zur »horizontalen« Hermeneutik der Sprachvermittlung angelegt. Die Sprachgemeinschaft ist selbstverständlich nicht völlig suspendiert; die unmittelbare szenische Teilhabe hinge anders ja gleichsam in der Luft. Punktuell ist aber am relevanten Problem der Verdrängung, am »Punkt der analytischen Operation« also, das Sprachspiel im Wittgensteinschen Sinne unterbrochen.

2. Kennzeichnet den ursprünglichen Wittgensteinschen Begriff das Zusammenspiel von mindestens zwei Subjekten, wobei hinsichtlich der Wiederherstellung punktuell aufgebrochener Sprachspiele nur von *einem* Subjekt die Rede sein kann: dem *kreativen Subjekt der analytischen Dyade.* Eben

weil an diesem Punkte der Zerstörung von Sprache Bewußtsein erloschen ist, ist momentan Subjektivität verschwunden. Die Restitution von Subjektivität kann weder aus eigener Kraft geleistet, noch auch von einem anderen Subjekt (dem Analytiker) verfügt oder geschenkt werden. Die Konstitution der – punktuell – ausgelöschten Subjektivität folgt analog zur Subjektivität der Mutter-Kind-Dyade als produktive Leistung eines dyadischen Subjekts. Auch darin sprengt die psychoanalytische Praxis den Wittgensteinschen Rahmen. Sie entwickelt ihre Sprengkraft allerdings in einer Richtung, die bei Wittgenstein schon im ersten Ansatz angelegt ist, denkt dieser ja schon in Richtung eines nicht-individualistischen Subjektbegriffs, der freilich erst in der Perspektive des historischen Materialismus eindeutig wird. Dieser Unterschied muß scharf festgehalten werden.

3. Die Fruchtbarkeit des Wittgensteinschen Sprachspielbegriffs kann nur entfaltet werden, indem die Sprachspiele in ihrem gesellschaftlichen Bedingungsrahmen und d. h. als »produzierte Sprachspiele« gesehen werden. Nur in der Verwendung als subjektiv-struktureller Begriff und nur unter Radikalisierung des Praxismoments im Begriff des »aufgespaltenen Sprachspiels« kann von Sprachspiel als einem Wiederherzustellenden in diesem Zusammenhang die Rede sein. Spätestens da wird erkennbar, weshalb die Tautologie »Psychoanalyse ist ein Sprachspiel zur Wiederherstellung von Sprachspielen« die ideologische Präformierung abdichten würde. Die Formel verleugnet den objektiven Praxiszusammenhang der psychoanalytischen Operation: in ihrem Kern ist die psychoanalytische Therapie unmittelbar *»Arbeit«*. Die Resymbolisierung ist als Wiederherstellung von Sprachspielen Konstitution individueller Struktur, nicht Handlungsanweisung, Befehl, Zuruf, sondern *Produktion*. Wie, das läßt sich nicht mehr im Rahmen des Wittgensteinschen Sprachspielmodells, sondern nur im Ausweis von Psychoanalyse als Teil historisch-materialistisch begriffener Sozialisationsprozesse darstellen.

Anmerkungen

1 Jürgen Habermas, *Erkenntnis und Interesse*, Frankfurt/M. 1973, S. 300.

2 Helmut Dahmer, *Wer hat Angst vor der Psychoanalyse?*, in: Dahmer u. a., *Das Elend der Psychoanalysekritik*, Frankfurt/M. 1973, S. 7-22.

3 Alfred Lorenzer, *Die Wahrheit der psychoanalytischen Erkenntnis*, Frankfurt/M. 1974.

4 Erich Fromm, *Die Krise der Psychoanalyse*, in: *Analytische Sozialpsychologie und Gesellschaftstheorie*, Frankfurt/M. 1970, S. 193-228.

5 Alfred Lorenzer, *Sigmund Freud – ein Lerntheoretiker?*, in: *Psyche* XXVI/1972, S. 156-168.

6 Jean-Joseph Goux, *Marx und die Inschrift der Arbeit*, in: J.-L. Baudry u. a. *(Tel Quel), Die Demaskierung der bürgerlichen Kulturideologie*, München 1971, S. 91 f.

7 Sebastian Goeppert und Herma C. Goeppert. *Sprache und Psychoanalyse*, Hamburg 1973, S. 11, Fn. 1.

8 A.a.O., bei den im Zitat angeführten Seiten handelt es sich um die entsprechenden §§ des Textes von Ludwig Wittgenstein, *Philosophische Untersuchungen*, Teil 1, in: *Schriften* (I); Frankfurt/M. 1960 (A. L.).

9 A.a.O.; es handelt sich wiederum nicht um S ., sondern um § 337, vgl. Anm. 8 (Anm. d. Red.).

10 A.a.O.

11 A.a.O.

12 A.a.O., Fn. 2.

13 Wittgenstein, a.a.O., S. 292.

14 A.a.O., S. 290.

15 Ebd.

16 Vgl. K. O. Apel, *Wittgenstein und das Problem des hermeneutischen Verstehens*, in: *Z. f. Theol. u. Kirche*, 63, 1966, S. 49-87.

17 Karl Marx und Friedrich Engels, *Die deutsche Ideologie, MEW 3*, Berlin 1959, S. 30.

18 Feruccio Rossi-Landi, *Sprache als Arbeit und als Markt*, München 1972, S. 111 f.

19 A.a.O., S. 112.

20 A.a.O.

21 A.a.O., S. 113

2. Sprache, Praxis, Wirklichkeit – in der Perspektive einer Analyse subjektiver Struktur

Ein psychoanalytischer Beitrag zum Thema »Denken, Sprache und Wirklichkeit« kann verschiedene Ausgangspunkte wählen:

– einen wissenschaftsgeschichtlichen, der bei Freud und dessen Aphasielehre beginnend die vielfachen Abhandlungen und Bemerkungen zum Thema »Sprache und Psychoanalyse« sammelt,

– einen wissenschaftstheoretischen, der davon ausgeht, daß die Psychoanalyse ein hermeneutisches, sprachanalytisches Verfahren ist (das von denjenigen, die solche Zurechnung bestreiten, zumindest als verstehendes, also sprachlich operierendes Vorgehen angesehen wird),

– oder aber einen »sachlichen« Ausgang, der sich am Gegenstand und an der Aufgabe psychoanalytischer Erkenntnis orientiert unter der These, Psychoanalyse hebe als »Bedeutungsanalyse« auf das Verhältnis von Zeichen und Bezeichnetem ab und sei als Therapie darauf aus, privatistische Bedeutungsverzerrungen zu bereinigen.

Ich wähle den letzteren Weg und verweise darauf, daß nicht von ungefähr die erste große und – absichtlich – anspruchsvoll mit dem säkularen Datum »1900«[1] ausgestattete Buchpublikation der jungen Psychoanalyse der Deutungsarbeit, genauer der »Traumdeutung« gewidmet war. In dieser Arbeit findet sich auch der berühmte – und fürs psychoanalytische Wissenschaftsverständnis gewiß grundlegende Satz – »Die Traumdeutung aber ist die via regia zur Kenntnis des Unbewußten im Seelenleben« (Sperrung im Original).[2]

Damit ist nicht nur ein sprachanalytisches Vorgehen – die Deutung – herausgestellt, ist nicht nur psychoanalytische Aufgabe als Klärung des Verhältnisses von Sprachzeichen und jener »Wirklichkeit«, die sie bedeuten, ausgewiesen, sondern ist auch schon ausgesagt, welch besonderes Verhältnis von Sprache und Wirklichkeit im Mittelpunkt der Theorie steht: das Verhältnis zum Unbewußten.

Freilich ist dieses Verhältnis in der ursprünglichen psychoanalytischen Darstellung zunächst enthalten im Gegensatz von Bewußtsein und Unbewußtem, also »denkbaren« und »nicht-denkbaren«, weil »verdrängten«, aus dem Bewußtsein ausdrücklich ausgeschlossenen psychischen Inhalten. Es bedarf heutzutage – und im Zusammenhang der Aufsätze dieses Buches zumal – aber wohl kaum langwieriger Begründungen, um klarzustellen, daß das Unbewußte als Verdrängtes wie auch als systematisch Unbewußtes die aus der Sprache ausgeschlossenen, sprachlich exkommunizierten Erlebnisinhalte sind.

Das psychoanalytische Therapieziel der Bewußtmachung unbewußter Inhalte heißt mithin: die von Sprache abgekoppelte, aus der Sprache exkommunizierte »Wirklichkeit« wieder zurückzuholen in den Sprachzusammenhang, den man mit anderen teilt. Die Therapie zielt also auf

– Wiederverständigung mit anderen mittels gemeinsamer Symbole und
– Wiederverständigung mit sich selbst in symbolvermitteltem Handeln anstelle sprachlos blindem Verhalten, das sich unbemerkt – hinterrücks durchsetzt.

Psychoanalyse ist demnach Sprachoperation in einem sprachüberschreitenden Sinn. Die Kennzeichnungen als Bedeutungsanalyse und bedeutungsänderndes Vorgehen deuten auf eine Wirklichkeit hinter den Sprachzeichen. Auf diese verborgene Wirklichkeit strebt die Psychoanalyse als praktisch-änderndes Vorgehen durch Sprache hindurch (in Problematisierung der Bedeutungen), um die erreichte Wirklichkeit mit den Sprachzeichen so zu verbinden, daß bewußtes Erfahren und Entäußern, also sprachliches, symbolvermitteltes Denken und Handeln wieder möglich sind.

Schon in dieser sehr vage umschreibenden Formulierung enthält unsere Aussage 2 wichtige Feststellungen über die Eigenart dieser »Wirklichkeit«.

1. Die Wirklichkeit, auf die hier Sprachzeichen bezogen sind, ist in psychoanalytischer Sicht eine »innere Wirklichkeit«. Ereignisse und »äußerlich Faktisches« sind über »Erlebnisse«, über »Repräsentanzen«, die als Schemata der Erfahrung, als »Modelle« des Denkens und als »Handlungsmuster« zugleich fungieren, mit Sprachzeichen verknüpft. Das Be-

zeichnete liegt allemal auf der Ebene der »inneren Welt«, und d. h. in klassisch psychoanalytischer Terminologie: innerhalb der Instanzen Ich-Es-Überich, – liegt also innerhalb des synchron entfalteten Gerüsts der Persönlichkeit und ist diachron eingespannt in den lebensgeschichtlichen Bildungsgang eines Individuums.

Sollen diese Repräsentanzen, sollen synchrone Systematik der Persönlichkeit und diachrone Lebensgeschichtlichkeit nicht subjektivistisch (und letzten Endes dann solipsistisch) abgetrennt von der Realität begriffen werden, dann müssen diese »inneren Repräsentanzen« der »Welt« freilich als Resultate einer praktisch-dialektischen Auseinandersetzung mit der »Realität«, und d. h. als Elemente »menschlicher Praxis« angesehen werden. Wohlverstanden: als menschliche Praxis, die sprachliche Praxis im Sinne des Wittgensteinschen Sprachspielmodells ist (bzw. im Sinne der Interpretation von Rossi-Landi).[3]

2. Dieses Wittgensteinsche Sprachspielmodell wird freilich von der Psychoanalyse problematisiert und muß als in zwei Anteile zerlegt gedacht werden. Das Bezeichnete steht im einen Falle ja mit der Sprache in Verbindung. Es ist verhaltenswirksam *und* bewußtseinsfähiges Erlebnismuster. Es ist in anderen Fällen aber *nur* verhaltenswirksam, erfüllt also alle Funktionen der Verhaltensregulierung mit Ausnahme derjenigen Leistungen, die bei menschlicher Praxis an Sprache gebunden sind: reflektiertes Denken, Handeln und Bewußtsein. Als Anteil eines Sprachspiels beweisen sich diese sprachlosen Praxiskomplexe aber spätestens dann, wenn ihre Sprachexkommunikation aufgehoben ist und die unbewußten d. h. desymbolisierten verhaltensbestimmenden Praxismomente wieder resymbolisiert, wieder Teil sprachfähiger Praxis wurden. Dieses Verschwinden und Wiederauftauchen individueller Praxisbestandteile (und dazwischen diese episodische oder dauerhafte Verborgenheit einstmals gebildeter und dann verschwundener, aber immer noch rekonstruierbarer) Sprachanteile kann – will man nicht das Sprachspielmodell als ganzes verabschieden – nur so verstanden werden: in jedem Falle gibt es 2 Strukturanteile »im« Sprachspiel, die »normalerweise« miteinander verflochten, unter besonderen Umständen aber separiert werden können.

Selbstverständlich bliebe eine solche Feststellung abstrakt und unverbindlich, ließen sich nicht die Prozesse der Bildung, Mißbildung und (etwa therapeutischen) Rekonstruktion der Struktur der Sprachspiele en detail aufzeichnen.[4]

Wir haben den Begriff »Praxis« hier eingeführt als eine dem Sprachspiel zugrunde liegende Matrix, deren Elemente von den Sprachzeichen »bezeichnet« werden. Im kompletten, nicht deformierten Sprachspiel ist diese Praxis mit dem Begriff so verschmolzen, daß der vorsprachlich lebenspraktische Anteil des Gebildes in seiner ontogenetischen Selbständigkeit unsichtbar wurde. Nur im pathologischen Fall wird die Existenz dieses geheimnisvollen Anteils als Bereich des Unbewußten erschließbar. Die Enträtselung des Unbewußten ist das operativ-analytische Gegenstück zur sozialisationstheoretischen Sicht auf Bildung und Mißbildung der Sprachspiele. Mit der Aufklärung der Bildungsprozesse wird sich sein Geheimnis weitgehend lüften. Bevor wir daran gehen, ist aber noch eine grundsätzliche Bemerkung zum Begriff »Praxis« nötig. Wir führen mit diesem Stichwort eine Begrifflichkeit in die Psychoanalyse (bzw. psychoanalytische Metatheorie) ein, die uns zwingt, Abschied von einigen Grundunterstellungen der klassischen Psychoanalyse zu nehmen, vor allem von der biologistisch-ontologischen Position, die der alten Freudschen Lehre vom systematisch Unbewußten (vom Es) zugrunde lag. Sie zeigt sich unverblümt, wenn Freud Groddecks Terminus zur Kennzeichnung des »Unpersönliche(n) und sozusagen Naturnotwendige(n) in unserem Wesen« adaptiert. Berücksichtigt man, daß in den psychoanalytischen Auffassungen von Freud und seinen Nachfolgern dieses Es das Erleben auch und gerade inhaltlich determiniert, dann wird deutlich, daß das Es, »unbekannten, unbeherrschbaren Mächte(n)«, von denen wir »*gelebt* werden«[5], unterworfen, von Freud als gesellschaftlich unbestimmter, geschichtsloser Urgrund angesehen wurde.

Dies bestimmt die psychoanalytische Position bis hin zur Gegenwart, und sogar bis hin noch zu Jacques Lacan, der den Freudschen ontologisch-ungeschichtlichen Standpunkt in dieser Frage auf dem Boden der Heideggerschen »Geschichtlichkeit« reformulierte[6], letztlich also vom historisch-materialistischen Begriff gesellschaftlicher Bestimmtheit individueller

Persönlichkeitsstruktur (aller Schichten des Psychischen) abgrenzte.

Wird das Unbewußte als von *nicht-sprachlichen Praxiselementen* gebildet begriffen, dann muß dieser Bereich der »Triebe«, der »unbewußten Wünsche«, ohne Abstrich als Resultat von Bildungsprozessen einer bestimmten Gesellschaft auf diesem oder jenem geschichtlichen Stand angesehen werden. Freilich muß mit derselben Entschiedenheit, mit der dies Unbewußte ein Resultat *sozialer Prozesse* genannt wird, auch daran festgehalten werden, daß es *Natur* ist. Biologistischer Gesellschaftsblindheit wie kulturistischer Verflachung der objektiv-sozialen Bestimmtheit der Persönlichkeit zur bloßen Milieuabhängigkeit muß gleichermaßen entgegengetreten werden. Die Grundelemente menschlichen Verhaltens sind auch in ihrem vorsubjektiven Anteil – dem Es – Ergebnisse eines geschichtlichen Moments, Resultat konkret praktischer Auseinandersetzungen zwischen innerer Natur und gesellschaftlichen Bildungsprozessen. Die wirkenden Bestandteile des Es sind Resultate von Sozialisationsprozessen, die in ihrer sozialen Postierung genau auszumachen sind. Genauer: Die Persönlichkeitsstruktur und ihre Grundelemente sind Resultate gesellschaftlicher Produktion. Einer *besonderen* Produktion freilich.

An anderer Stelle[7] wurde aufgezeigt, welche tiefgreifenden Besonderheiten den »besonderen Produktionsbereich« primärer Sozialisation auszeichnen und weshalb dennoch von Produkt, Produktionsmittel, Produzent usw. gesprochen werden muß. Dort wurden auch ausgiebig die Resultate dieses Produktionsprozesses, nämlich die psychischen Erlebnisformen besprochen, was allerdings nicht in der Perspektive der objektiven Formbildungsvorgänge geschah, sondern – andersherum gesehen – in der Perspektive einer subjektiven Analyse. Ich beschränke mich hier darauf, lediglich in Thesenform einige Grundmerkmale des Bildungsganges zu skizzieren.

Der erste Ansatzpunkt der Bildung der Grundelemente individueller Struktur ist selbstverständlich im früh-embryonalen Stadium zu suchen: an jenem Zeitpunkt, an dem zum ersten Male von einer systematischen Reaktion des Embryos gegenüber dem mütterlich-uterinen Funktionieren gesprochen werden kann. Ein Reiz-Reaktionsspiel läuft ab, das die Ausgangsposition weiterer Reaktionszirkel beeinflußt, und d. h.: einstellt. Die Vorgänge dieses einen – unbeobachtbar flüchtigen – Moments lassen sich in folgender Skizze festhalten:

kindliche Aktion/Reaktion mütterlicher Reiz

Interaktionsform (If)

Mit dem Terminus »bestimmte Interaktionsform« (If) wird das Resultat dieses bloß organismischen Zusammenspiels notiert, wobei der Begriff folgendes festhalten soll:

1. Das Reiz-Reaktionsspiel ist das Interagieren zweier Systeme – des mütterlichen und des sich eben erst organisierenden embryonalkindlichen. Dieses Interagieren ist das erste Glied einer langen Reihe von – pränatalen und postnatalen – Interaktionen in der Mutter-Kind-Einheit (Mutter-Kind-Dyade), im Zusammenspiel von Kind und Umwelt, Mensch und anderen Menschen usw.

2. »Interaktionsform« heißt das Resultat dieser Interaktionen, wobei die Bezeichnung »bestimmte Interaktionsform« zunächst darauf hinweisen soll, daß dieser Niederschlag des Zusammenspiels bestimmt ist von dem aktuellen Bedingungsgefüge der vorgegebenen »Natur« des Kindes und der mütterlichen »Praxis«. Beide sind in unterschiedlicher Weise gesellschaftlich formbestimmt, ihr Zusammenwirken jedoch spannt den Bogen praktischer Dialektik zwischen der »inneren Natur« des Kindes einerseits und gesellschaftlicher Praxis (die von der Mutter vermittelt wird) andererseits. Der Niederschlag des Interagierens ist deshalb sozialisierte Natur – Natur, die in dieser Mutter-Kind-Einheit zu einem konkreten Produkt, einem embryonalen *Verhaltensmuster* wurde.

3. Realisiert wird dieses Produkt »Interaktionsform« in der nächsten und allen späteren Interaktionen, in denen zugleich Repetitionen, Modifikationen und Neuansätze von Interaktionsformen die embryonale Verhaltensstruktur ausgestalten. Die einzelnen Interaktionsformen sind mithin Niederschläge abgelaufener und Muster zukünftiger Interaktionen. Wenn wir die konkreten Interaktionen nicht konkretistisch und familialistisch als letzten Erklärungsrahmen für die frühkindlichen Bildungsprozesse nehmen (wie das interaktionistische

und kommunikationstheoretische Lehrstücke nur allzugerne tun), sondern auch ihre soziostrukturelle Bedingtheit weiter hinterfragen, dann wird die Funktion des *Zusammenspiels von inszenierter Interaktion und Interaktionsform* bedeutsam als Gelenk im Prozeß der gesellschaftlichen Formvermittlung ins Individuum:

a) Interaktionsformen lassen sich genetisch auf reale Interaktionen zurückführen. Diese realen Interaktionen sind aber nichts anderes als konkrete Darstellungen, als Inszenierungen im Rahmen sozialer Organisationen und Institutionen, d. h. zugleich:

b) Interaktionsformen sind Niederschläge von realen Interaktionen, die wir ihrerseits als Realisierung von sozialen Verkehrsformen anzusehen haben. Die Ebene der Interaktionen vermittelt in der Genese den Zusammenhang von objektiver und subjektiv-individueller Struktur. Sie vermittelt diesen Zusammenhang auch funktional, denn individuelle Struktur und objektive Strukturen treten auf der Ebene von Interaktionen in Wechselbeziehung. Die Interaktionsformen realisieren sich in Interaktionen und wirken so als »subjektiver Faktor« ins sozial organisierte Zusammenspiel.

Wenn die Struktur individueller Praxis hergestellt wird über Interaktionen, die sich – in der Persönlichkeit – als Interaktionsformen niederschlagen (und so die Persönlichkeit bilden), wie kommt diese ontogenetisch-vorsprachliche Praxis in Beziehung zur Sprache? Wie wird die Sprachspieleinheit, die entfaltete menschliche Praxis ausmacht, hergestellt?

Die Frager haben vorweg zu beachten, daß nicht in Zweifel gezogen werden soll, daß das Gefüge der Sprachzeichen als ein generatives System dem Kind vermittelt wird, diese Vermittlung jedoch als Verknüpfung von vorsprachlichen Praxiselementen mit Sprachfiguren aufgezeigt werden muß. Die Elemente der individuellen Praxisstruktur, die Interaktionsformen, werden in der Tat mit Sprachfiguren verschmolzen.[8] Das hat folgende biologische Prozesse zur Basis: die sensomotorischen Reiz-Reaktions-Komplexe im kindlichen Organismus (als Niederschläge der Interaktion innerhalb der Mutter-Kind-Dyade) werden mit sprachmotorisch-akustischen Komplexen zusammengefügt, die in der Organisation der »Brabbellaute« sich herstellen.

Die Verknüpfung von Sprachfiguren und Interaktionsformen, und d. h. von »Zeichen« und »Bezeichnetem«, wird folgendermaßen gebildet: Die Mutter zeigt auf einen »Gegenstand« und versieht diesen Gegenstand mit einem Namen, der ein systematischer Teil der »Muttersprache« ist Dieser Gegenstand, auf den gezeigt wird, ist aber – wie sich aus dem Vorstehenden schon andeuten dürfte – kein in sich abgegrenztes Objekt. Wäre dies der Fall, so blieben die Momente der Welt individuell-menschlicher Praxis äußerlich. Die Vermittlung von Sprache trifft auf ein *bereits hergestelltes praktisches Verhältnis des Menschen zur Außenwelt.* Wenn nämlich auf die aktuelle Interaktion gezeigt wird, so wird zugleich die Interaktionsform »in der Persönlichkeit« mitgemeint. Weil im Akt der Interaktion »äußere Szene« und »innere Szene« in Gestalt der Interaktionsformen eine Einheit bilden, deshalb stellt sich ein Dreieck her:

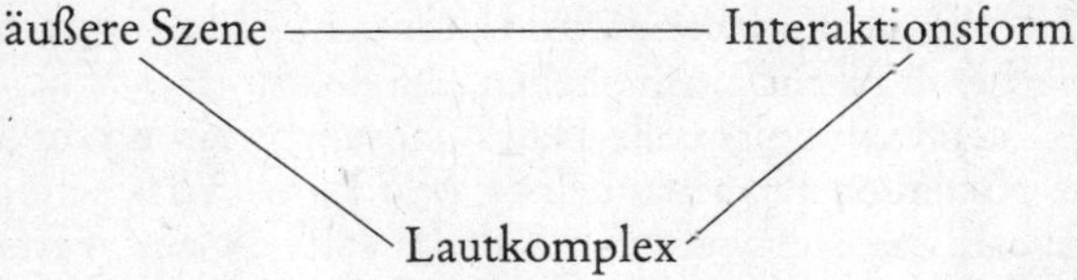

Halten wir fest: »außen« und »innen«, (äußere) »Interaktions«-Szene und (innere) »Interaktionsform« sind der »Gegenstand«, auf den gezeigt wird; er ist ein innerlich-äußerliches, szenisches Arrangement. Die Verknüpfung von innen und außen sowie die noch unaufgetrennte Einheit der (inneren wie äußeren) szenischen Figur mit den Polen »Ich« und »Gegenstände« wird also nicht nur von der Einheit von Interaktionsthemen und Interaktionsformen gewahrt, sondern ist beiderseits *in* dem Komplex verankert: Die szenische Verbindung von Kind und Mutter entspricht der szenischen Konfiguration der Interaktionsform als dem Abbild der konkreten Momente der Mutter-Kind-Dyade. Das heißt zugleich: worauf in der Spracheinführung gezeigt wird, ist stets das praktische Verhältnis der Auseinandersetzung von Kind und Umwelt. Wir stoßen auch an dieser Stelle auf die These: Das, was die Sprachfiguren bezeichnen, sind die Praxiskomplexe als Interaktionsformen.

Der Gewinn der Spracheinführung, die Einführung des Wortes »Mama« etwa[9], liegt – biologisch – in der »inneren« Doppelregistrierung. Die sensomotorischen Engramme der Interaktionsformen korrespondieren ja mit den sprachmotorisch-akustischen Engrammen der Sprachsphäre. Letztere – die Lautengramme – bieten dabei den Vorteil, den Schluß zwischen sensomotorischen Reizen und motorischer Antwort in eigener Machtvollkommenheit herstellen zu können. Während die den Interaktionsformen zugrundeliegenden Reiz-Reaktions-Schemata immer situationsabhängig bleiben, andere Individuen und objektive äußere Realitäten mitwirken (eben dies macht ja die Realitätsbezogenheit der Interaktionsformen aus), kann der Reiz-Reaktions-Zirkel des sprachmotorisch-akustischen Systems vom Hörer – Sprecher situationsunabhängig erschlossen werden. Die Vorteile der Doppelregistrierung brauchen und können hier nicht detailliert dargestellt werden. Ich möchte lediglich zwei Punkte herausgreifen.

1. Das eigene Verhalten wird durchsichtig als System sinnvollen, der Einsicht zugänglichen Handelns.

2. Es kann eine planvolle Handlungsvorbereitung im Sinne des »denkenden Probehandelns«, wie Freud[10] das schon genannt hat, geleistet werden. Und das schließt ein: Verhalten wird verzögerbar von der Systematik der Sprachsymbole in Schwebe gehalten.

Voraussetzung ist beidesmal die Existenz eines zweiten, selbständig-situationsunabhängigen Registriersystems, wobei der Verbalität nur eine führende, nicht der ausschließliche Rang eines solchen zweiten Systems zukommt.

Mit der Spracheinführung wird Praxis also sprachliche, und d. h. menschliche Praxis. Diese Feststellung muß gegen das Mißverständnis geschützt werden, als würde übersehen, daß bei der vorsprachlichen Bildung der Interaktionsformen insofern schon menschlich-sprachliche Praxis »anwesend« ist, als die Praxis der Mutter in der Mutter-Kind-Dyade immer schon sprachlich organisierte Praxis ist. Das ist wohl wahr, nur wird im Kind selbst die Interaktionsform nicht in einer Symbolstruktur abgelagert; es wird vielmehr eine vorsprachliche Verhaltensregulation als Schicht unmittelbar sensomotorisch-situationsbezogener Aktions- und Reaktionskomplexe hergestellt. Diese Schicht ist allein verhaltensbestimmend, solange noch keine Verbindung mit den Sprachfiguren stattgefunden hat. Sie ergibt dann Querverbindungen, die wir – physiologisch – in Verbindung von sensomotorischen Komplexen mit Lautkomplexen begründet sehen. Repräsentierte die Praxisorganisation der bestimmten Interaktionsformen ein eingleisiges Verhaltenssystem, so wird mit dem Zugewinn eines anderen »Registriergleises« die Praxismöglichkeit nicht nur erweitert, sondern potenziert, oder genauer ausgedrückt, es wird die Praxis auf ein qualitativ anderes, mit gänzlich neuen Möglichkeiten ausgestattetes Organisationsniveau gehoben. Aus den einfachen »bestimmten Interaktionsformen« werden »symbolische Interaktionsformen«.

Hier sind einige Kurzschlüsse abzuwehren. Weder auf der Ebene der physiologischen Grundlagen (auf welcher wir mit »sensomotorischen« und »lautmotorisch-akustischen Engrammen« rechnen) noch auf der Ebene der Sinnzusammenhänge (auf welcher wir von »bestimmten Interaktionsformen« und »Sprachfiguren« sprechen) wird die Symbolhaftigkeit der in Sprache eingeführten Interaktionsformen identisch mit dem Lautsystem. Die alte gängige Gleichsetzung von

Symbol = Sprachzeichen = Lautkomplex

erweist sich aus drei Gründen als unhaltbar:

1. die biologisch-somatische Grundlage der symbolischen Interaktionsformen besteht in der funktionalen Einheit von Lautzeichen *und* sensomotorischen Engrammen.

2. Wenn wir von »Symbolen« sprechen, bewegen wir uns nicht auf der biologischen Erklärungsebene, auf der mit physiologischen Begriffen gedacht wird, sondern suchen Sinnzusammenhänge in ihrer eigenen Begrifflichkeit zu fassen. Gehört der Begriff des Interaktionsengramms in jenen Bereich, so der Begriff der »bestimmten Interaktionsform« und der »symbolischen Interaktionsform« in diesen, wobei

3. auch auf dieser Ebene an die Stelle der alten einfachen Gleichsetzung von Symbolen = Sprachfiguren die Auffassung treten muß, daß Symbole – unter der Bezeichnung der »symbolischen Interaktionsform« – die Verbindung von Interaktionsformen *und* Sprachfiguren sind. Symbolische Interaktionsformen nennen wir die *Einheit*. Die Bezeichnung »symbolische *Interaktionsform*« soll dabei auf den Zusammenhang zu den vorsprachlich eingeübten Praxiselementen, die Be-

zeichnung als »*symbolische* Interaktionsform« auf den qualitativen Sprung, die Neuetablierung eines zweigleisigen Systems mit den Möglichkeiten der Symboloperation hinweisen. Die symbolischen Interaktionsformen sind Momente einer über Sprache verfügenden und von der Sprache regulierten Praxis. Die bestimmten Interaktionsformen waren deren Vorläufer – und sie sind die praktische Basis der sprachlichen Handlungsentwürfe.

Die Bildung der symbolischen Interaktionsformen erfolgt auf einer Stufe, auf der die szenische Einheit der Interaktionsformen noch durchaus gewahrt ist. Das kann auch gar nicht anders sein, trennt sich diese Einheit in der Abgrenzung von Selbst und Objekten, die den Menschen gegenüberstehen und gegenständliche Unabhängigkeit zu behaupten scheinen, ja erst in der Folge der Operation mit symbolischen Interaktionsformen auf. Andererseits, schon auf dem Stande der bestimmten Interaktionsformen ist eine Polarisierung zwischen einem Ich-Pol und Gegenstandspolen vorzufinden. Diese Polarisierung bestimmt den ersten Abschnitt des Prozesses, den wir von seinem Ziel her gesehen »Subjektbildung« nennen. Die Bildung der »Gegenstandsbedeutungen« als vorsprachliche Grundfiguren fällt in diesen frühen Zeitraum. Ich und Nicht-Ich treten *innerhalb* der noch nicht auseinandergetrennten szenischen Einheiten in ein Spannungsverhältnis. Das Ich gewinnt sein Profil, indem der eigene Stand in den Szenen identisch durchgehalten wird. Auf diese Weise bildet sich Identität heraus. Entsprechendes gilt von der Gegenseite, dem Gegenstandspol. Es versteht sich, daß die Herausbildung der Selbstidentität und die Entfaltung einer Objektwelt aus der Strukturierung der Interaktionsformen erwächst. Schon bei den ersten Schritten der Bildung von Interaktionsformen, also schon auf der Stufe der bestimmten Interaktionsformen, gilt für jede Interaktionsform: Sie fügt sich mit anderen zusammen zu einer hierarchisch neben- und übereinander gestaffelten Verhaltensstruktur.

Die Verhaltensstruktur ist insofern systematisch-konsistent, als sie nicht die Addition zusammenhanglos zufälliger Interaktionen ist, sondern innerhalb der Mutter-Kind-Einheit (und späterer Interaktionszirkel) die Äußerung eines bestimmten Formenrepertoires – der Interaktionsformen der regelmäßig Beteiligten – darstellt. Diese Beteiligten sind als Individuen Momente gesellschaftlicher Gliederung und nicht autonom-souveräne Einzelwesen. Die Interaktionen verlaufen mithin regelhaft und die Interaktionsformen gewinnen so bereits eine regelgegründete Struktur.

Diese Systematisierung wird auf der Stufe der symbolischen Interaktionsformen weitergeführt und dort gesteigert. Die Situationsunabhängigkeit der symbolischen Interaktionsformen macht ja eine durchgängige Vergleichung und ein Inbeziehungsetzen aller Interaktionsformen möglich. Auch diejenigen Interaktionsformen, die in der Realität niemals zusammentreffen würden, können – und müssen – nun systematisch miteinander verglichen werden. Das ist unvermeidliche Folge des Konsistenzzwanges des Systems.

Nun darf dieser systematische Konsistenzzwang nicht harmonistisch mißdeutet werden. Das Gegenteil ist der Fall: Das System selbst unterliegt Verzerrungen und systematischen Inkonsistenzen zwischen den Interaktionsformen, insofern sich auf dem angegebenen Wege die Widersprüche der objektiven Struktur ins subjektive System übertragen. Das wirft eine Problematik auf, die unmittelbar zum Kardinalpunkt der psychoanalytischen Bedeutungsproblematik führt: zur Desymbolisierung unter Konfliktdruck.

Bevor wir darauf eingehen, wollen wir der Frage des weiteren Schicksals der szenischen Einheit im Zuge der Entwicklung der symbolischen Interaktionsformen bis zu dem Endpunkt »normaler«, d. h. nicht pathologisch verzerrter Entwicklung nachgehen. Der Erwerb symbolischer Interaktionsformen steigert nicht nur die Systematisierung, sondern fördert auch die Polarisierung, die Abgrenzung von Ich und Gegenständen, die nun schärfer wird. Die Ansätze der Identität werden nun entschieden vorangetrieben und der qualitativ neuen Praxisstufe entsprechend umgestaltet. Die Reflexion auf die eigene Identität und die sprachliche Aufgliederung der Gegenstandskomplexe führt zur Ausbildung von Selbst- und Objektrepräsentanzen, die in der lebensgeschichtlichen Entwicklung entfaltet und verfestigt werden. So kommt es zu einer Abgrenzung von Selbst- und Objektrepräsentanzen. Freilich, dort wo die psychische Struktur sich auf der Höhe symbolischer Interaktionsformen befindet, steht der Reflexion auf den Zusammenhang von Objekt und Selbst kein unüberwindliches Hindernis entgegen. Das Individuum kann sich auf diesem Stande die genetische und funktionelle Einheit von Selbst und Objekt vergegenwärtigen. Dies ändert sich schlagartig, wenn die Folgen der Desymbolisierung, der »Sprachzerstörung« eintreten. Greifen wir diese Problematik an der Stelle auf, die wir vorher schon berührt hatten, am Punkt ihrer Entstehung: dem Verhältnis von Konflikt und psychischer Inkonsistenz.

Formuliert man den »psychischen Konflikt«, der einer Persönlichkeitsstörung zugrunde liegt, als Situation einander widersprechender, antagonistisch-unverträglicher Interaktionsformen, so muß man freilich darauf aufmerksam machen, daß solche »Praxisinkonsistenzen« nicht erst auf der Stufe symbolischer Interaktionsformen möglich sind, d. h. auf einem Praxisstand, auf dem sich die Zerstörung individueller Praxis als Sprachzerstörung ereignen kann, sondern schon früher im vorsprachlichen Stadium auftreten können. Das kann nicht verwundern. Ein harmonisches Gefüge von miteinander verträglichen Interaktionsformen wäre ja nur unter zwei Bedingungen möglich:

– Wenn die Interaktionen der Mutter-Kind-Dyade, in die ja die Interaktionsformen der Mutter konstitutiv eingehen, Realisierung einer ganz und gar ausgeglichenen Struktur von Interaktionsformen bei der Mutter wären. Dies aber würde nicht nur eine »ideal gesunde« Mutter voraussetzen, sondern wäre nur denkbar in einer von Widersprüchen und Antagonismen freien gesellschaftlichen Praxis; die Mutter steht ja mit ihren Interaktionsformen im Gesamtzusammenhang gesellschaftlicher Praxis. Genauer: Die Mutter und die anderen primären Beziehungspersonen sind über ihre eigene Lebensgeschichte sozialisiert. Außerdem ist die Mutter durch ihre gegenwärtige Lebenssituation in Gruppen verortet. Sie wird mithin getroffen von gesellschaftlich bedingter Isolierung der Individuen voneinander und von Aufspaltung gesamtgesellschaftlicher Praxis entsprechend der Unvereinbarkeit der Positionen in einer antagonistischen Gesellschaft. –

– Zweitens wäre ein harmonisches Gefüge von Interaktionsformen nur dann möglich, wenn die Auseinandersetzung zwischen der inneren Natur des Kindes und gesellschaftlicher

Praxis (realisiert in den Interaktionen in der Mutter-Kind-Dyade und im Verhältnis von Kind und frühkindlichen Bezugspersonen) keinerlei individuelle Differenzen aufwiesen. Das ist in keiner denkbaren Gesellschaft der Fall. Stets wird die innere Natur von einer »realen« Partikularisierung der Individuen betroffen sein. Es kann niemals ganz übereinstimmende Ansatzpunkte in der inneren Natur für alle praktisch-dialektischen Auseinandersetzungen geben. Nichts spricht auch dafür, daß die objektiven gesellschaftlichen und die objektiv-biologischen Bedingungen irgendwann und irgendwo soweit verträglich sind, daß der Spannungsbogen (der Person zwischen innerer und äußerer Natur) nicht da und dort konflikthaft überzogen würde. Der Spielraum menschlicher Praxisentwürfe müßte dann alle Differenzen realer Partikularisierung gleichermaßen umgreifen.

Die inkonsistent-unvereinbaren Interaktionsformen (die wir mit der Formel If/If anzeichnen können) lassen sich nicht in Sprache einführen: Es findet sich ja keine Situation, die den Widerspruch überwinden und in Interaktionsentwürfen auf einen Nenner bringen könnte. Die nicht zu vereinbarenden Interaktionsformen bleiben aus dem Zusammenhang mit Sprache ausgeschlossen. Sie bleiben dann Anteile des Systems Unbewußtes, wenn die Spaltung selbst soweit systematisch ist, daß auch die inkompatiblen Interaktionsformen im Zusammenhang der einsozialisiert individuellen Praxis verbleiben. Dort, wo beide Anteile stark genug auf *einen* Situationsreiz sich melden, wird das eintreten, was uns die Psychosen präsentieren: paradoxe Verhaltensweisen.[11]

Eine andere Form von Praxiszerfall wird indes erst mit der Spracheinführung möglich. Sie stellt gleichsam den typischen Fall, auf den Psychoanalyse stieß, – die Neurose – dar. Der Vorgang läuft in folgendem Rahmen ab: Einsozialisierte Interaktionsformen werden im ständigen Wechselspiel mit Interaktionen, in denen dem Kind die frühkindlichen Beziehungspersonen gegenüberstehen, realisiert, womit rückwirkend eine jede profiliert, im Gefüge verfestigt, evtl. auch modifiziert wird. Wir können diesen Wechselprozeß zwischen realer Interaktion und Interaktionsform folgendermaßen signieren:

$$\text{If} \longleftrightarrow \text{I}$$

Indem dieser Wechselprozeß unablässig abläuft, wird nicht nur die einzelne Interaktionsform bestätigt oder modifiziert, sondern werden die Interaktionsformen insgesamt strukturiert und in ein regelrechtes Gefüge gebracht, entsprechend der Regelhaftigkeit der mütterlichen (und d. h. weiterreichend und letzten Endes allgemein gesellschaftlichen) Praxis.

Ganz abgesehen von den Spannungen und Brüchen auf Grund der Inkonsistenzen dieses ersten (vorsprachlich-praktischen) Systems (von dem vorstehend schon die Rede war) bildet sich eine zweite Verwerfungslinie mit der Spracheinführung. Auf das erste Praxissystem trifft ein zweites – enthält die Sprache ja ihrerseits Handlungsregeln (die in die Sprachstruktur eingelassen, mit ihr identisch sind) und sprachlich formulierte Handlungsnormen. Der Widerspruch der beiden Praxisstrukturen in der individuellen Ontogenese wird zu wechselseitigen Korrekturen führen – innerhalb einer systematischen Toleranzbreite der Sprache einerseits und einer Anpassungsmöglichkeit der Struktur der Interaktionsformen andererseits. Letztere wird dort zum Beispiel überfordert, wo sprachlich eingelassene Handlungsnormen herausgehoben-verhaltensdominanten Interaktionsformen eindeutig widersprechen. Beispiel: Dem kleinen Jungen wird im Zuge einer »libidinösen Amphimixis« (15), also einer Konzentrierung auf die Genitalzone und im Zuge genitaler Beziehungsmodalität die Mutter zur Geliebten. Diese Wendung erwächst »natürlich«, und d. h. strukturell-konsequent im bislang abgelaufenen Prozeß zwischen den Wechselbeziehungen von Interaktionsformen und Interaktionen. *Diese* Modalität entspricht also dem tatsächlich eingespielten Verhältnis, trifft im Drang zur Realisierung an eben dem Punkte, da es zur Inszenierung in aller Offenheit kommen müßte, auf ein gänzlich verschlossenes Handlungsbewußtsein. Im Bereich der sprachlich regulierten Praxis ist dafür kein Platz vorgesehen. Schlimmer noch, diese Interaktionsformen sind systematisch ausgeschlossen. Bereits alle vorbereitenden, daraufhin tendierenden Interaktionsformen, die bislang noch im Bewußtsein geduldet wurden, verfallen dem Ausschluß. Ganz abgesehen von der Unmöglichkeit einer genitalkörperlichen Inszenierung der oedipalen Interaktionsformen wird nun deutlich, daß im System der symbolischen Interaktionsformen diese nicht zusammen mit dem weitverzweigten Netz von Interaktionsformen bestehen können, die den Verkehr mit den Beziehungspersonen insgesamt (darunter z. B. dem Vater) regulieren und die eine feste und systematische Stelle in der sprachlichen Praxis einnehmen. Weil nun aber die verpönten »oedipalen Interaktionsformen zwischen Sohn und Mutter« weder aufgegeben (dazu sind sie ihrerseits zu relevant), noch auch zu symbolischen Interaktionsformen weiterentwickelt werden können (sie fügen sich der Sprache nicht ein), müssen alle schon symbolischen Interaktionsformen aus diesen Komplexen desymbolisiert werden. Darüber hinaus aber müssen auch alle noch nicht in die Sprache eingeführten Interaktionsformen auf die Ebene nicht sprachlich organisierter bestimmter Interaktionsformen fixiert werden. Damit wird eine Spaltung zwischen sprachlichem Handeln und unbewußtem Verhalten manifest, wird die Einheit der beiden Praxisebenen im Sprachspiel verhindert und wieder aufgelöst. Am Problempunkt finden wir danach

– ein unbewußtes Verhalten, reguliert von bestimmten Interaktionsformen, die vom Bewußtsein ausgeschlossen sind, weil ja die Verbindung zwischen Sprachfiguren und Interaktionsformen zerstört ist;

– »freie Sprachfiguren, Zeichen, denen keine Interaktionsform mehr zugeordnet ist, sondern die gleichsam »bodenlos« im Netz der Sprachfiguren hängen. Die beiden Pole der »symbolischen Interaktionsformen« sind auseinandergefallen. Desymbolisierte Klischees, die ohne Verbindung zum sprachlichen Symbolsystem sind, stehen emotional-leeren (weil von den »wirklichen« Interaktionsformen abgetrennten) Zeichen gegenüber. Sind jene »Verhalten ohne Bewußtsein«, so sind diese »Bewußtsein ohne Praxis«.

Derartig bilateral auseinandergebrochene Praxiskomplexe finden sich freilich nur dort, wo es schon zur Bildung von symbolischen Interaktionsformen gekommen war, wo also Desymbolisierung im engeren Sinne stattfinden konnte, nicht aber da, wo die Verbindung von verpönten Interaktionsformen mit Sprachfiguren verhindert worden war. Grund und Effekt beider Verläufe stimmen allerdings überein. Klischeebildung liegt also beidemal vor, weshalb wir keine Bedenken tragen sollten, da wie dort von »desymbolisierten Interaktionsformen« zu sprechen. Die Bedeutung des Verhaltens wird in beiden Fällen in gleicher Weise vernichtet, bzw. verwirrt. Tatsächlich kommt es nämlich nicht zu einem bloßen Bedeutungsverlust, einem lakunären Ausfall im Verhältnis von Sprachzeichen, Bezeichnetem (also bezeichneter Praxis) und Realität (z. B. einer Gegenständlichkeit in szenischem Rahmen). Eine derart glatt-eindeutige Darstellung der Sprach- und Praxissituation verbietet der Systematisierungsdruck der Sprache. Die qualitativ herausragende Leistung der Sprache bei der umfassenden und durchgreifenden Vergleichung und Vermittlung aller Interaktionsformen miteinander zeigt plötzlich ihre Tücke: Über den ausgefallenen Sprachfiguren schließt sich das Sprachnetz ebenso unauffällig, wie es bei der Nichtzulassung einer verpönten Interaktionsform ins System der Symbole seine Lückenlosigkeit durchhält. Rationalisierungen decken beidemal in gleicher Weise als falsche Sprachfiguren die Bewußtlosigkeit, die »Sprachlosigkeit« virulenter bestimmter Interaktionsformen ab. Von der Sprache her gesehen: Verhalten wird irrational, »unverständlich«, »unerklärlich«, »absurd«. Vom Verhalten her gesehen: Es erhält die falsche Bedeutung. Aus dem Bedeutungsverlust der Desymbolisierung wird unmittelbar eine Bedeutungsverwirrung. Sie wieder aufzuheben ist Ziel der psychoanalytischen Bedeutungsanalyse.

Damit sind wir wieder am Anfang unserer Überlegungen angekommen, können nun aber den besonderen Beitrag der Psychoanalyse zum Zusammenhang von Sprache-Denken und Wirklichkeit präzisieren.

1. Bewußte Operationen sind symbolvermittelt, wobei wir unter Symbolen die Elemente jener inneren Wirklichkeit verstehen, die als Bindeglied zwischen Sprachzeichen und Realitätswahrnehmung dienen (die wir weder agnostizistisch leugnen, noch dogmatisch hinnehmen). Das Gesamt dieser inneren Wirklichkeit nennen wird das System individueller Praxis. Die Elemente dieses Systems sind – in genetischer Hinsicht – Resultate der praktisch-dialektischen Auseinandersetzung des Menschen mit äußerer wie innerer Natur. Sie sind funktional Mittel dieser Auseinandersetzung, tragen also den gesellschaftlichen Prozeß der erkennenden und handelnden »Aneignung« der Natur durch den Menschen auf dem jeweils geschichtlichen Stand.

2. Diese Elemente individueller Praxis werden in der Ontogenese jedes Individuums hergestellt, und zwar über reale Interaktionen. Sie werden hergestellt in drei Prozeßschritten, deren niederster als Herstellung bestimmter Interaktionsformen zu bezeichnen ist, deren nächsten wir uns als Verbindung von bestimmten Interaktionsformen mit Sprachfiguren, und d. h. als Herstellung symbolischer Interaktionsformen, und deren dritten wir schließlich als Desymbolisierung – Wiederauftrennung von Sprachfiguren und Interaktionsformen – bezeichnet haben. Die These, daß die Elemente individueller Praxis in jeder Ontogenese hergestellt werden, verabschiedet den Scheingegensatz zwischen natürlicher und sozialer Bestimmtheit des menschlichen Verhaltens, und verabschiedet also die beiden Irrtümer eines

– (von der klassischen Psychoanalyse vertretenen) Biologismus oder
– seines kulturistisch-soziologistischen Gegenstückes.

Hergestellte Praxisfiguren sind (initial) Ergebnisse des praktisch-dialektischen Prozesses zwischen der inneren Natur und der Praxis der Mutter-Kind-Dyade, die von der gesamtgesellschaftlichen Praxis in ihren konkreten Ausformungen formbestimmt ist.

Diese These hebt auch den Gegensatz zwischen subjektivistischen und objektivistischen Alternativen auf – die hergestellte Struktur ist nicht Selbstentfaltung souveräner Subjektivität, sondern Konstitution der Subjektivität unter objektiven Bedingungen, und zwar im Rahmen der Selbstherstellung der Mutter-Kind-Dyade.

3. Die Herstellung der individuellen Praxiselemente (und die Strukturierung des Praxisgefüges) erfolgt auf zwei Ebenen:

a) einer vorsprachlichen durch die Bildung bestimmter Interaktionsformen, und zwar als Niederschlag von Interaktionen und als Entwurf für Interaktionen. Diese erste Schicht fundiert

b) die höhere: in der Interaktion der Spracheinführung wird die betreffende Interaktion mit einer Sprachfigur verbunden, indem der dabei evozierten »bestimmten Interaktionsform« ein »Prädikat« zugeordnet wird. Im Sprachspiel gibt es mithin zwei Elemente, bzw. Schichten, die zusammentreten müssen, um das Sprachspiel zu konstituieren.

Auch diese These überwindet zwei Scheinalternativen: die Alternative zwischen einer

– Verdünnung des Verständnisses von »Sprachlichkeit«, der Annahme, Sprache werde einer Praxisstruktur bloß übergestülpt, der Sprache würden ihre Regeln gleichsam unterschoben, und

– einer sprachidealistischen Verleugnung der Verortung jeder einzelnen Ontogenese an einem bestimmten gesellschaftlichen und geschichtlichen Platz. Die aktuell-geschichtliche Verankerung wird in dieser Sicht belanglos, die Sprache allein nimmt hier den Platz der vermittelten Praxis ein.

Beide Positionen werden aufgehoben im Konzept der Spracheinführung als Verschmelzung von Sprache mit individuell einsozialisierten Interaktionsformen. Zugleich wird damit klargestellt, daß Sprache zwar je individuell, aber nicht privatsprachlich-isoliert auftritt.

4. Der Gegensatz zwischen Privatsprache und Allgemeinsprache taucht im Problem privatistischer Vereinzelung an anderer Stelle auf: im Praxiszerfall als Sprachzerstörung. Dieser Vorgang macht deutlich, daß die in neurotischem bzw. psychotischem Verhalten zu tage tretende Doppelbödigkeit menschlicher Praxis in Verwerfungen innerhalb der Praxisstruktur begründet ist, und zwar in zweierlei Ausformung: zum einen in der Widersprüchlichkeit, die im vorsprachlichen Stadium im Gefüge der Interaktionsformen auftritt, und die wir unter der Formel If/If notiert haben, und zum anderen als das Auseinanderbrechen der Einheit der symbolischen Interaktionsformen; diese Auftrennung haben wir mit der Formel $\frac{If}{p}$ angezeichnet, um auf diese Weise den Zerfall der Einheit der symbolischen Interaktionsform in ihre Komponenten – die bestimmte Interaktionsform und die Sprachfigur – zu kennzeichnen.

Diese Formeln sind der Schlüssel zum Verständnis des Gegenstandes wie auch des Verfahrens der Psychoanalyse. Sie ermöglichen einen Zugang zu jener metatheoretischen Bestimmung des psychoanalytischen Erkenntnisprozesses, der klarmacht, auf welchem analytischen Wege – nämlich dem einer »Analyse subjektiver Struktur« – das Verhältnis von Sprache und individueller Praxis, Bewußtsein und ontogenetischer Konstitution von Subjektivität durchsichtig zu machen ist. Metatheorie der Psycho-analyse und psychoanalytische Persönlichkeitstheorie (die Entwicklungspsychologie und Neurosenlehre umfaßt) müssen zusammenhängen, weil die Logik des Verfahrens mit der Realgeschichte des Gegenstandes übereinstimmen muß. Dieser Zusammenhang kann in einer Sozialisationstheorie entfaltet werden, die der Ontogenese der Individuen nachgeht – von Anfang an und radikal: durch die Aufklärung des Zusammenhangs von Wirklichkeit und Erleben, von individueller und objektiver Struktur.

Anmerkungen

1 Sigmund Freud, *Die Traumdeutung*, Verlag Franz Denticke, Leipzig und Wien. Ges. Werke, London 1942, Bd. II/III

2 vgl. Anm. 1, a.a.O., S. 613.

3 Feruccio Rossi-Landi, *Sprache als Arbeit und als Markt*, München 1972.
Alfred Lorenzer, *Wittgensteins Sprachspiel-Konzept in der Psychoanalyse*, in diesem Band S. 15 ff.

4 Alfred Lorenzer, *Sprachzerstörung und Rekonstruktion*, Frankfurt 1976, Erscheinungsjahr der ersten Auflage: 1970.

5 Sigmund Freud, Ges. Werke, London 1940, Bd. XIII, S. 251; Unterstreichung im Original.

6 Vgl. dazu insbesondere Hermann Lang, *Die Sprache und das Unbewußte. Jacques Lacans Grundlegung der Psychoanalyse*, Frankfurt 1973.

7 Alfred Lorenzer, *Die Wahrheit der psychoanalytischen Erkenntnis*, Frankfurt 1974, Kapitel VII.

8 Vgl. Anm. 1, a.a.O., S. 605.

9 Alfred Lorenzer, *Zur Begründung einer materialistischen Sozialisationstheorie*, Frankfurt 1972, Kap. II.

10 Ebd. Kap. IV.

11 Näheres dazu aus der hier entfalteten Sicht: Alfred Lorenzer, *Antagonistische Interaktionsformen beim »Double-bind«*, in diesem Band S. 58 ff., sowie: Sandor Ferenczi: *Versuch einer Genitaltheorie*, Leipzig-Wien-Zürich 1924.

3. Antagonistische Interaktionsformen beim »Double-bind«

Psychiatrie und Soziologie waren vor zwei bis drei Jahrzehnten weitauseinanderliegende Provinzen wissenschaftlicher Arbeit. Dies hat sich in den beiden letzten Jahrzehnten deutlich geändert, nicht zuletzt unter dem Einfluß kommunikationstheoretischer Ansätze: Die Double-bind-Theorie und die sich daran anschließenden kommunikationstheoretischen Annahmen stellen so etwas dar wie ein Verbindungsstück zwischen Psychiatrie – einer dynamisch und psychogenetisch aufgeschlossenen Psychiatrie – einerseits und einer Soziologie, die Kenntnis vom Problem der subjektiven Vermittlungsprozesse bei der Persönlichkeitsbildung nimmt, andererseits.

Der Punkt, an dem sich die Intentionen treffen, ist das Unternehmen, individuelle Gestörtheit auf Beziehungsfiguren zwischen den Individuen, auf Interaktionen zurückzuführen. Und an eben diesem Punkt wird noch eine dritte Disziplin mit einbezogen: Die Psychoanalyse, aus deren Gedankengebäude ja die wesentlichsten Beiträge zur Verknüpfung von individueller Strukturbildung, individueller Strukturstörung und gestörten zwischenmenschlichen Beziehungen stammen.

Präsentiert sich derart eine Harmonie zwischen drei Gruppen, die im allgemeinen nur schwachen Kontakt untereinander halten, wird man genau sein und sorgfältig nachprüfen müssen, wie es mit der Übereinkunft wirklich bestellt ist. Ich beschränke mich bei meiner Überprüfung im wesentlichen auf den Konsens oder Dissens zwischen den kommunikationstheoretischen Annahmen, aus deren Mitte die Double-bind-Theorie stammt, und der Psychoanalyse, genauer einer aus Psychoanalyse herauswachsenden Theorie der Sozialisationsprozesse.

Wenn man, wie ich das eben getan habe, Psychoanalyse mit dem Anspruch herausstellt, paradigmatisch Beziehungspsychologie zu sein, und wenn man das Recht der Psychoanalyse auf »Urheberschaft« in der Reduktion psychischer Störungen auf zwischenmenschliche Verhältnisse anmeldet, so muß man allerdings zugeben, daß Freud hier nur mit Vorsicht als Gewährsmann reklamiert werden kann.

Der Begriff Objektbeziehungen taucht bei Freud bloß vereinzelt auf, er gehört »sicher nicht zu seinem begrifflichen Apparat«.[1] Im Freudschen Verständnis wird Persönlichkeitsbildung vorrangig unter anderen Gesichtspunkten gesehen, nämlich unter dem Gesichtspunkt der »Triebbestimmtheit individuellen Erlebens« und der Annahme, daß das menschliche Erleben einen Bildungsprozeß durchläuft, bei dem in der frühen Kindheit das Schicksal der zwischenmenschlichen Beziehungen geprägt wird. »Triebe und Triebschicksale«[2], so lautet gleichsam die Grunddevise der psychoanalytischen Persönlichkeitstheorie. Verfolgt man die kommunikationstheoretische Literatur, so kann man aber feststellen, daß eben diese Gesichtspunkte im Laufe der beiden Jahrzehnte seit der Formulierung der wichtigsten Grundannahmen zunehmend zurückgetreten sind. Es wird

1. keineswegs zwischen aktuellen und vergangenen Beziehungen unterschieden. In die Kommunikationstheorie ragen Annahmen einer systematischen Bildung der Persönlichkeit nur noch als spärliche Relikte einer ursprünglichen engeren Beziehung zur Psychoanalyse herein.

2. Erleben ist – so möchte ich es polemisch zugespitzt formulieren – in der Kommunikationstheorie weitgehend auf den Vorgang des Austauschs von Informationen verkürzt, und

3. die Verankerung des Erlebens in Triebschicksalen fehlt ganz und gar. Es fehlt übrigens auch eine Verbindung zur sozialen Struktur – kurzum, es ist alles beschränkt auf den Zusammenhang von psychischer Gestörtheit und beobachtbarem Interagieren hier und heute. Allenfalls peripher ist noch die Rede von Lebensgeschichte, nirgends aber von der Verankerung einer Lebensgeschichte im sozialen Ort als einem geschichtlich bestimmten Ort.

Alles in allem, der Kommunikationstheorie ist unter der Hand die Erkenntnis triebbestimmter und sozial determinierter Strukturbildung abhanden gekommen. Was das für positive oder negative Folgen hat, kann man sich natürlich erst zureichend klarmachen, wenn man sich einen Überblick über die frühkindlichen Bildungsprozesse gemacht hat. Meine Skizze geht von zwei Problemen aus:

1. Wie wird die kindliche Persönlichkeit beeinflußt, wie

gewinnt sie ihr unterschiedliches Profil in unterschiedlichen sozialen und kulturellen Zusammenhängen? Diese Frage ist wichtig; von den feldanthropologischen Forschungen sind wir ja nachdrücklich und im einzelnen belehrt worden, wie sehr die Formen und Inhalte des menschlichen Erlebens – bis hin zur Struktur der Wahrnehmung, des Denkens und der Eigenart der Wünsche und Phantasiebilder – kulturspezifisch, und d. h., gesellschaftsabhängig sind. Von dort her haben wir gelernt, falls es uns nicht aus anderen dringenden Erkenntniszusammenhängen her klargeworden war, daß es sich bei den Verschiedenheiten der Persönlichkeitsbildung nicht um bloße Variationen eines allgemein menschlichen Grundmusters handelt. Weil die Kategorien und nicht nur die Inhalte von Denken und Wahrnehmen diese Spezifität zeigen, müssen wir eine tiefgreifende Beeinflussung, schon der frühesten psychischen Struktur annehmen. Alle diese Annahmen drängen notwendig weit über das hinaus, was uns die Thesen einer Milieuabhängigkeit des menschlichen Erlebens abverlangen. Erleben muß radikaler verstanden werden als »immer wieder und gründlich neu hergestellt in den jeweiligen ontogenetischen Prozessen des betroffenen Menschen«.

Wie aber geschieht diese Beeinflussung? Oder sagen wir es genauer: Wie geschieht diese Herstellung der individuellen Struktur? Wie geht das vor sich angesichts eines anderen, gleichsam gegenläufig drängenden Problems, das von der Psychoanalyse in den Vordergrund gestellt wurde? Ich meine die psychoanalytische Grunderfahrung, derzufolge das menschliche Erleben, die Erlebnisinhalte und die Erlebnisformen gebildet werden in Abhängigkeit von den Trieben und Triebschicksalen. Wie verbinden wir diese beiden einander scheinbar so schroff widersprechenden Positionen, die *Gesellschaftsbestimmtheit* des menschlichen Erlebens einerseits und seine *Triebbestimmtheit* andererseits?

Der imponierend scharfe Kontrast erweist sich bei genauem Zusehen als ein simpler Scheingegensatz.

Betrachten wir uns doch einmal genau, was »Trieb« heißt. Es gibt nicht nur individuelle Körperprozesse, die der bloßen Erhaltung der Homöostasie des Organismus dienen, sondern auch solche, in denen sich der Organismus als offenes System mit anderen Organismen auseinandersetzt. Und es gibt in dieser Auseinandersetzung auch körperliche Prozesse, in denen die Abhängigkeit dieses Organismus von der Mitwelt und Umwelt erfahren und zur ständig drängenden Aufgabe wird.

Innerhalb des Gesamtspektrums von Körperprozessen gibt es also Prozesse, in denen die Beziehung des Gesamtorganismus zur Außenwelt organisiert wird; Körperprozesse, in denen der Organismus als »in Beziehung zu« erfahren wird, diese Erfahrung sich niederschlägt und den Niederschlägen entsprechend die Beziehung angestrebt wird. Triebe sind nichts anderes als solche Reaktionen des Organismus »in Beziehung zu«.

Auf dem Boden dieser Annahmen können wir leicht einen Zusammenhang zwischen Triebtheorie und Gesellschaftstheorie, zwischen der Lehre der Triebdeterminiertheit des menschlichen Erlebens und der Lehre der gesellschaftlichen Bestimmtheit der menschlichen Erlebnisstruktur folgendermaßen herstellen: Von beiden Positionen wird anerkannt, daß die gebildete Struktur das Ergebnis eines Bildungsprozesses ist. Von beiden Positionen her müssen hinsichtlich der Ontogenese die Erlebnisfiguren als lebensgeschichtlich hergestellt gesehen werden in einem Prozeß, bei dem Schritt für Schritt das Gefüge der Erlebnisse und der Erlebnisinstrumente aufgebaut wird. Beidemale muß anerkannt werden, daß späteres von früherem beeinflußt wird, die späteren Erlebnisformen aus dem früheren herauswachsen.

Die Übereinstimmung zwischen beiden Positionen läßt sich aber noch vertiefen. In beiden Perspektiven muß dieser Bildungsprozeß gedacht werden als konkrete Auseinandersetzung. Nämlich: Erlebnisinhalte und Erlebnisformen müssen als Niederschläge einer realen Interaktion zwischen dem Kind und seiner Mitwelt angesehen werden, woraus ja eben die Besonderheit einer jeden Lebensgeschichte sich ergibt als eine Einsicht, die auch nicht preisgegeben werden kann, wenn wir uns zureichend klar gemacht haben, daß alle einzelnen Lebensläufe nirgendwo aus dem gesellschaftlichen und geschichtlichen Zusammenhang herausfallen.

Versuchen wir diese Aussagen über die fundamentalen Zusammenhänge der Ontogenese der Persönlichkeitsstrukturen in einer einfachen Formel anzuschreiben. Wir stellen als Interaktanden z. B. Kind und Mutter, kindliche Reaktionen und mütterliche Reaktionen, einander gegenüber. Wenn wir die beiden mit einem RK bzw. RM kennzeichnen, sieht das folgendermaßen aus:

$$\underbrace{R_K \qquad\qquad R_M}$$

Der angezeichnete Bogen soll die Interaktion darstellen. Die aus der Interaktion resultierende Erlebnisform, d. h. also der Niederschlag dieses Interagierens wollen wir »Interaktionsform« nennen. Wir vervollständigen dementsprechend das Schema:

$$\underbrace{R_K \qquad\qquad R_M}_{\text{If}}$$

Und natürlich ist – wenn unsere Annahmen stimmen sollen RK seinerseits nicht vom Himmel gefallen oder aus dem Schoß der Natur gesprungen, sondern wiederum Resultat einer Herstellung, die wir uns folgendermaßen anzeichnen können:

$$\underbrace{\underbrace{R_K \qquad\qquad R_M}_{\text{If}\, =\, R_K} \qquad\qquad R_M}_{\text{If}}$$

Und natürlich läßt sich diese Reihe weiter fortsetzen, bis wir auf eine erste Interaktionsform stoßen und auf eine erste Interaktion, die ein allererstes Zusammenspiel zwischen dem Organismus eines Embryonen und dem mütterlichen Organismus ist – sich also ganz im Bereich bewußtloser Reiz-Reaktions-Zusammenhänge bewegt. An diesem Punkt haben wir gleichsam die Grundsituation getroffen, an der die kindliche Natur in einer ersten Aktion/Reaktion mit der mütterlichen Aktion/Reaktion zusammenspielt, um im Zusammenspiel die Synthesis zwischen der inneren Natur des Kindes und einer in gesellschaftlich-kulturellen Zusammenhängen stehenden mütterlichen Praxis zu bilden. Und auch dieses Grundverhältnis von RK und RM können wir weiter zurückverfolgen bis zu jenem Punkt, wo im Zusammentreffen von Samen und Eizelle das »Verhältnis« vor dem »Organismus« gegeben ist, ein Verhältnis zwischen – ihrerseits gesellschaftlich bestimmten – organismischen Einheiten den neuen Organismus aus sich heraustreibt – ohne Natur im »Verhältnis« aufgelöst zu haben. Ich komme darauf zurück.

Nun ist unsere einfache Stufenleiter gewiß komplizierter, als es die Skizze darstellt – selbst bei allergrößter Schematisierung. Wir haben ja den Faktor RM vernachlässigt, bzw. ihn als mit einem konstanten Inhalt gefüllt vorgestellt. Eben das kann nicht zutreffen.

Gerade wenn wir RM seinerseits als Moment einer lebensgeschichtlichen Praxis, nämlich der lebensgeschichtlichen Praxis *dieser* Mutter zu *diesem* Zeitpunkt, an *diesem* gesellschaftlichen Ort verstehen, so wird uns klar, daß RM_1, RM_2, RM_3 Momente eines individuellen Praxisgefüges sind.

Und da ist nun grundsätzlich zweierlei denkbar, nämlich

1. eine harmonische Praxisstruktur, bei der die RM und d. h. die Interaktionsformen der Mutter konsistent-harmonisch zusammenstimmen, und

2. eine disharmonische Praxissttruktur mit widersprüchlichen RM, d. h. widersprüchlichen Interaktionsformen.

Läßt sich die erste Möglichkeit, die wir eine konsistente Praxisfigur nennen wollen, so anzeichnen:

If – If

So sieht die Formulierung für Möglichkeit 2 aus:

If / If

Im Zusammenspiel von Kind und Mutter übertragen sich nun selbstverständlich die Konsistenz und die Inkonsistenz der Praxisfiguren. Als besonders drastische Illustration für eine inkonsistente Praxisfigur sei ein Fallbericht von René Spitz skizziert:

Es handelt sich um eine von Spitz beobachtete Mutter mit Stillschwierigkeiten, die in der Analyse ihres Verhaltens mittels Filmaufnahmen folgendes widersprüchliche Verhalten zeigte:

Die Mutter bot dem Kind die Brust, entzog ihm die Brustwarze aber in dem Augenblick, da der Saugreflex beim Kind einsetzte. Die Greifreaktion des Kindes fiel in sich zusammen, wurde von der sich wieder annähernden Brustwarze aber erneut ausgelöst – um den selben Verlauf wie beim ersten mal zu nehmen, usw.[3]

In unserem Zusammenhang heißt das: Eine Zuwendung wird begonnen. Noch bevor die Interaktion aber zu ihrem Ende gekommen ist, wird kontrastierend eine zweite, der ersten widersprechende Interaktion, nämlich eine Abwendung eingeführt.

Würde es sich bei den Interaktionen nur um aktuelle, momentane Arrangements handeln, so würden sich negative und positive Interaktionen zu null addieren, und d. h. aufheben. Weil aber die beiden Interaktionen sich auf einsozialisierte Strukturen, nämlich auf Interaktionsformen beziehen, Interaktionsformen evozieren, treffen hier zwei einander widersprechende Interaktionsformen antagonistisch aufeinander. Nicht Auflösung, sondern Fixierung eines Widerspruchs ist die Folge. Es gibt ja in dieser Interaktion keine dritte Möglichkeit und auch keinen Rückzug, kein Ausweichen des Kindes vor der Aktionsdominanz der Mutter. Fixiert wird also

I / I

als antagonistische Interaktionsfigur.

Diese strukturellen Widersprüche gehen, wie gesagt, von der Mutter aus. Deren inkonsistente Interaktionsfiguren stehen hinter der Interaktion. Sie setzt ja die Interaktionsfiguren in Interaktion um, erzwingt also immer wieder, daß eine widerspruchsvolle Szene auf Grund ihrer antagonistisch inkonsistenten Interaktionsfiguren inszeniert wird. Sie bringt das Kind in eine Lage, die durch dreierlei gekennzeichnet ist:

1. Das Kind ist in eine intensive Beziehung verstrickt, in der es für das Kind lebenswichtig ist, einen szenischen Ablauf zu finden.

2. die Praxisangebote bzw. das Praxisdiktat bestehen aus widersprüchlichen szenischen Verläufen, und

3. das Kind ist nicht in der Lage, eine Synthesis zu bilden. Die Interaktionsformen stehen antagonistisch wie eine These

und eine Antithese auf unvereinbare Weise einander gegenüber. Zugleich aber kann das Kind nicht ausweichen, eben weil die Situation lebenswichtig ist.

Diese Formulierung ist ein Plagiat. Ich habe mich nämlich unter der Hand der Formulierungen der Double-bind-Thesen bedient, wenngleich mit Änderungen, die zur Diskussion gestellt werden sollen. Die Orginalthese lautet in freier Formulierung folgendermaßen:

1. Das Individuum ist in eine intensive Beziehung verstrickt, in der es ihm lebenswichtig erscheint, ganz genau zu unterscheiden, welche Art von Botschaft ihm übermittelt wird, damit es darauf reagieren kann.

2. Die Botschaften sind widersprüchlich, eine hebt die andere auf.

3. Das Individuum ist nicht in der Lage, sich kritisch damit auseinanderzusetzen ... Es kann keine metakommunikative Feststellung treffen.

Bevor wir beide Fassungen gegeneinander abwägen, möchte ich denjenigen, die mit der Double-bind-Theorie weniger vertraut sind, ein bekanntes Beispiel von Haley vorstellen:

»Nehmen wir an, eine Mutter sagt zu ihrem Kind: ›Komm auf meinen Schoß.‹ Nehmen wir weiter an, sie hat diese Aufforderung in einem Ton gesagt, der anzeigt, daß sie am liebsten hätte, das Kind würde ihr vom Leibe bleiben. Das Kind wird sich dann der Botschaft gegenübersehen: ›Komm mir nahe‹, die inkongruent mit der Botschaft qualifiziert wird: ›Geh weg von mir‹. Das Kind kann diese inkongruenten Wünsche durch keine kongruente Reaktion befriedigen. Käme es ihr nahe, so würde sie ungemütlich werden, weil sie durch ihren Ton angezeigt hat, es solle sich fernhalten. Hielte es sich fern, so würde sie ungemütlich werden, weil sie es doch schließlich zu sich eingeladen hat. Die einzige Art, auf die das Kind diesen inkongruenten Wünschen begegnen kann, ist, auf eine inkongruente Weise zu reagieren: es wird zu ihr hingehen und dieses Verhalten mit einer Äußerung qualifizieren, die ausdrückt, daß es nicht zu ihr hingegangen ist. So wird es zum Beispiel zu ihr gehen, ihr auf den Schoß krappeln und dabei sagen: ›Oh, was hast du für einen schönen Knopf am Kleid!‹ Auf diese Weise würde es auf ihrem Schoß sitzen, sein Verhalten jedoch mit der Äußerung qualifizieren, daß es nur gekommen ist, um den Knopf zu betrachten. Da Menschen auf zwei Ebenen von Botschaften kommunizieren können, kann das Kind zu seiner Mutter gehen, während es zugleich leugnet, daß es zu ihr geht – schließlich ist es ja der Knopf, weshalb es ihr nahegekommen ist.«[4]

Die Verwirrung, die für den Patienten resultiert, entsteht im kommunikationstheoretischen Verständnis

1. daraus, daß es sich um eine Situation handelt, bei der das Opfer an die Beziehung gebunden ist, also nicht entkommen kann. Auch und gerade aus emotionalen Gründen;

2. daraus, daß die Situation widersprüchlich ist und entsprechend nur durch ein verrücktes Ausweichmanöver bewältigt werden kann. (Die Verrücktheit erscheint hier in einer sehr milden Form; selbstverständlich hat die Kommunikationstheorie auch massivere Beispiele zur Hand.)

Diesen beiden Punkten möchte ich rückhaltlos zustimmen. Das Spitzsche Beispiel, das ich Ihnen vorweg als Illustration meiner Darstellung widersprüchlicher Interaktionssituationen vorstellte, ist ja gleichfalls von den beiden Momenten, nämlich der totalen Abhängigkeit einerseits und der durchgreifenden Widersprüchlichkeit der Situation andererseits, gezeichnet.

Die Kommunikationstheoretiker halten jedoch eine weitere Deutung des Mechanismus bereit, wie Sie schon aus dem Haleyschen Kommentar entnehmen konnten. Nämlich

3. beide Verhaltensweisen werden als Botschaften begriffen, wobei Botschaft eines der Botschaft zwei widerspricht, und die zweite Botschaft zugleich Metakommunikation zur ersten ist.

Der drohende Ton der Mutter z. B. soll – so lautet die kommunikationstheoretische Deutung – eine Metakommunikation darstellen, er soll angeben, »wie« die Handlungen ausgeführt werden sollten. Als Kommentar, als Metakommunikation beansprucht die Botschaft zwei eine ranghöhere anweisende Geltung, sie bestimmt über Botschaft eins, spricht paradoxe Sanktionen aus.

Gegen diesen dritten Punkt, der der eigentliche kommunikationstheoretische Kern der Double-bind-Hypothese ist, habe ich eine Reihe von Bedenken anzumelden, von denen ich eines in einem kurzen Argumentationsstrang vorstellen will:

Wie das Spitzsche Beispiel zeigt, reichen inkompatible Verhaltenskombinationen weit hinter die Einführung von Sprachsymbolen in der kindlichen Entwicklung zurück. Bei der beschriebenen Interaktion zwischen Mutter und Kind von Botschaft und Mitteilung zu sprechen ist mehr als gewaltsam, es wäre dies nicht nur eine schlechte Metaphorik, sondern zerlegt die Aktionseinheit der frühen infantilen Phase, von der eingangs die Rede war, künstlich in ein Wechselspiel zwischen einander gegenüberstehenden Parteien. So stellt sich die frühe Aktionseinheit nur von außen gesehen dar.

Und natürlich kann vor Einführung der sprachlichen Systematisierung auch nicht von einem Aufbau der Praxis im Sinne von Sprache und Metasprache, Kommunikation und Metakommunikation geredet werden – sollen solche Begriffe einen Sinn behalten.

Gerade dieser Regreß auf die frühen vorsprachlich-vorsymbolischen Stufen der Kindheitsentwicklung ist aber unerläßlich für jede psycho- und soziogenetische Interpretation von Psychosen. Psychotische Störungen lassen sich nur begreifen als verankert in den basalen Strukturen. Das gilt auch für eventuelle traumatische Eingriffe im späteren Alter, die über eine bloße Provokation und Abrufung zugrundeliegender Strukturdefekte hinaus nur als ein Durchschlagen auf die basale Struktur plausibel sein können.

Die zunehmende Vernachlässigung der Strukturbildungen der neueren kommunikationstheoretischen Arbeiten, insbesondere bei Watzlawick, hat denn auch zu einer seltsamen Trivialisierung der Double-bind-These und der pragmatischen Paradoxien geführt. Entstünden Psychosen bloß aus der Virulenz paradoxer Handlungsvorschriften in Situationen, denen man sich auch emotional nicht entziehen kann, so würde es mit dem allgemeinen Wohlbefinden von uns allen katastrophal stehen.

Nun kann zwar nicht bestritten werden, daß die psychotische Interaktion, das Interagieren der Psychotiker und ihrer familialen Beziehungspersonen, in der Zerfallenheit logischer Strukturen durchaus im Sinne der Paradoxien sich präsentiert. Aber dieser Zerfall ist seinerseits Folge und nicht Ursache einer inkonsistenten Praxis.

Beide Beispiele, das von mir vorgestellte, wie auch das Haleysche, lassen sich unschwer folgendermaßen deuten:

Die »Brustgeben« und die Einladung auf den Schoß zu klettern sind Teile einer Interaktion, die auf bestimmte Signale hin in Gang gesetzt wird – und zwar entsprechend den einsozialisierten Verhaltensmustern, d. h. dem Komplex von Interaktionsformen der Mutter selbst. Das Gefüge dieser

Interaktion eins widerspricht der anderen gegenläufigen, aber zugleich intendierten Interaktion zwei, die von anderen Signalen eingeleitet wird, nämlich der Interaktion, »nicht auf den Schoß zu klettern«. Der Ablauf beider Interaktionen wird zugleich erzwungen.

Das Stichwort von den »einsozialisierten Verhaltensmustern« bringt uns auf die systematische Lücke im kommunikationstheoretischen Verständnis, die wir eingangs schon streiften: Die Kommunikationstheoretiker nehmen den Zusammenhang von Interaktion und Verhalten konkretistisch, so als ob Verhalten der ständige Reflex auf Botschaften und Interaktionsangebote wäre und nicht ein Gefüge von Niederschlägen vergangenen Interagierens. Zu Beginn der kommunikationstheoretischen Analysen gehörte die lebensgeschichtliche Sicht zu den selbstverständlichen Voraussetzungen, die von der Psychoanalyse übernommen worden waren. Auch jetzt zählt »Persönlichkeit« noch zu den verschwiegenen – aber nicht begriffenen – Vorannahmen, und auch weiterhin wird von der »schizophrenogenen Mutter« geredet (und damit der primären Sozialisation Reverenz erwiesen); aber im Konzept der Kommunikationstheorie schrumpft der pathogene Zusammenhang zum momentanen Wechselverhältnis von

Interaktion (I) und Verhalten (V)

zusammen. Wir sollten demgegenüber die Persönlichkeitsstruktur als das in jeder Lebensgeschichte hergestellte Vermittlungsglied zwischen I und V einschieben, indem wir das Schema vervollständigen:

(äußere) Interaktion (I) – (innere) Interaktionsform (If) – Verhalten (V)

Das gilt für die Mutter, deren Beitrag zur Interaktion wir so anzeichnen können:

Interaktionsformen (Ifn) → Interaktion (I)

wie auch für das Kind, das eine Interaktion »verarbeiten«, »in sich aufnehmen« muß entsprechend der Formel:

$$I \rightarrow If$$

Geht man mit diesen Formeln an unser Beispiel heran, dann wird klar, daß wir die eben angezeigte Idealformel einer mehr oder weniger reibungslosen »Verarbeitung« der Interaktion in Interaktionsformen da nicht annehmen können. Die in sich widersprüchliche Praxisstruktur der Mutter unseres Beispiels, die wir in der Formel

$$If/If$$

einzeichnen können, läßt sich zurückführen auf widersprüchliche Interaktionsstrukturen nach der Formel

$$I/I.$$

Läßt sich dieses Gemisch von freundlichen und feindlichen Impulsen, von annäherungsweckender und zugleich abneigungsprovozierender Interaktion entzerren, so entsteht bestenfalls für das Kind die Aufgabe, »Ambivalenz« in die (schon entfaltete) Persönlichkeit zu integrieren und mit einiger Mühe die fragwürdige »Synthesis« einer spannungsvollen »Harmonie« (deren »Spannung« wir mit + gegen − anzeichnen können):

$$(+ If) - (- If)$$

zu bewerkstelligen.

Im schlimmeren Falle aber entstehen Brüche im Gefüge der Interaktionsform. Brüche, die man, wie oben schon angezeichnet, so formulieren muß

$$If/If.$$

Diese Brüche können mehr punktuell-unsystematisch sein. Sie können aber auch zum Ansatz einer »Ichspaltung im Abwehrvorgang«[5] werden, wie das Freud in einer seiner letzten Arbeiten genannt hat (bemerkenswerterweise mit der Vorbemerkung):

»Ich befinde mich einen Moment lang in der interessanten Lage nicht zu wissen, ob das, was ich mitteilen will, als längst bekannt und selbstverständlich oder als völlig neu und befremdend gewertet werden soll. Ich glaube aber eher das letztere.«

Unser von Spitz entliehenes Beispiel geht aber darüber hinaus. Hier wird eine in sich widersprüchliche Situation in ihrer Antagonistik gegen jede Lösung nach der einen oder anderen Seite, dem einen oder anderen Interaktionsteilangebot verhindert und die Gesamtgestalt der antagonistischen Szene festgehalten. Die unaufhebbare Widersprüchlichkeit wird – wie Joachim Holder das in einer Arbeit zeigen wird[6] – bis zum Erlöschen des Zusammenspiels (letal dann im Hospitalismus) als geschlossene Gestalt fixiert. Dementsprechend gilt die Formel

$$I/I \rightarrow If/If$$

Diese Formel trifft unseres Erachtens genau das Double-bind-Dilemma. Die Zerstörung der Grundelemente individueller Praxis im angezeichneten Sinne ist der entscheidende Punkt der »psychotischen Persönlichkeit«, die auf irgendwelche Auslöser hin psychotisch dekompensiert. Die Sprachstörungen sind *Folgen dieser basalen Matrixstörung*. Wenn etwa, wie in anderen Double-bind-Beispielen, ein verbaler Kommentar gegeben wird, so heftet der sich notwendig an eine – und vermutlich an die sozial weniger anstößige – Interaktionsform. Der Zerfall von Praxis und Sprache ist dabei Folge und nicht Ursache einer tiefliegenden Strukturstörung, Folge inkonsistenter Praxisfiguren, die eben wegen ihrer Inkonsistenz in der frühkindlichen Entwicklung nicht mit Sprachsymbolen verbunden werden können. Doch auf dieses Thema möchte ich hier so wenig wie auf die Problematik der Neuroseabgrenzung gegen das psychotische Modell eingehen.

Wohl aber möchte ich noch auf ein Problem kommen, das so etwas wie eine Gretchenfrage der Psychiater ist. Es handelt sich um den Gegensatz zwischen somatisch-biologischer und psychogener Verursachung der Psychose (lassen wir die Problematik um den Begriff »Ursache« auf sich beruhen – Begriffsgenauigkeit ist jetzt nicht wesentlich).

Ich möchte ganz parallel zu der eingangs angeschnittenen Frage zwischen »natürlicher« und »gesellschaftlicher« Determiniertheit der menschlichen Strukturbildung sagen: Auch hier haben wir einen entbehrlichen Scheingegensatz vor uns.

Wir haben uns klar gemacht, daß die Grundelemente der Persönlichkeitsstruktur Niederschläge konkreter Aktionszirkel sind. Diese Niederschläge – die Interaktionsformen – sind die Synthesis einer praktisch-dialektischen Auseinandersetzung zwischen gesellschaftlicher Praxis, die in diesem Interaktionsspiel vermittelt wird, und der Natur dieses Kindes. Wir haben uns weiterhin klar gemacht, daß jede dieser Synthesen Bausteine eines Gefüges darstellen, das mehr oder weniger konsistent angelegt wird. Weil diese einzelnen Bausteine Resultate einer konkreten Auseinandersetzung zwischen der »Natur«, wie sie sich im Kinde in dieser seiner körperlichen Besonderung präsentiert, und gesellschaftlicher Praxis sind, spiegelt sich notwendig in den gelungenen wie mißlungenen Struktureinheiten die *Vermittlung* zwischen Natur und gesellschaftlicher Objektivität wieder. Die tatsächlich vorhandene Struktur ist das untrennbare Ergebnis beider. Wird die natürlich-somatische gegen die sozial-psychogene Bedingtheit – oder umgekehrt – ausgespielt, so wird das Anathema gegen die Erfahrungen der anderen Partei vorurteilshaft in den Gegenstand hineingetragen. Was immer als Ergebnis einer naturwissenschaftlichen Untersuchung einerseits und einer psychodynamischen Analyse individueller Struktur andererseits herauskommt, – jedes der beiden Verfahren kann nur Aussagen im eigenen Geltungsrahmen machen.

Wer die Erlebnisstruktur nach dem Modus der Naturwissenschaften untersucht, filtert die individuelle Wirklichkeit weg und bekommt die biologisch-gattungsspezifischen Grundzusammenhänge vor Augen. Es mag möglich sein – und dies ist bei dieser oder jener »psychischen« Krankheit fraglos der Fall – daß dabei kausalgenetische Zusammenhänge zwischen biologischen Prozessen und psychischer Erkrankung als conditio-sine-qua-non zutage gebracht werden. Nur, der formbestimmende Einfluß sozialer Prozesse kann damit nicht als irrelevant abgetan werden. Schon deshalb nicht, weil bereits vom ersten Moment der Bildung vorpsychisch-physiologischer Reiz-Reaktions-Komplexe an »natürliche« und »soziale« Bedingungen verschmolzen werden zu einer natürlich-sozialen »individuellen« Wirklichkeit. Nur eine ausdrückliche Thematisierung des sozialen Bedingungszusammenhangs im Längsschnitt der Lebensgeschichte wie im Querschnitt der Lebenssituation der Individuen könnte darüber Aufschluß geben.

Umgekehrt gilt selbstverständlich Analoges: Hat sich etwa kommunikations- oder interaktionsanalytisch eine einleuchtende Verbindung von gewissen Beziehungsauffälligkeiten – wie z. B. der »schizophrenogenen« Mutter-Kind-Beziehung – ermitteln lassen, so schließt dies gewiß keine biologische Bedingung aus. Will man Aufschluß über beide Bedingungszusammenhänge gewinnen, so wird man beidseitig, und d. h. auf je verschiedenen methodischen Wegen, je verschiedenen Gegenstandsebenen vorgehen müssen, wobei man sich auf beiden Seiten davor zu hüten hat, die methodisch-gegenständliche Eigenart der gewählten Untersuchungsform dogmatisch zu verabsolutieren.

Diese Gefahr besteht aber nicht nur im Gegensatz von naturwissenschaftlicher und »psychodynamischer« Psychiatrie, sondern läuft durch beide Bereiche, je nachdem, ob ein blindes Gesellschaftsbild oder kritische Reflexion zur gesellschaftlichen Ortsbestimmung der Psychose herangezogen werden.

Daß Psychosen »Sozialstörungen« sind, den einzelnen isolieren, beziehungslos machen, bezweifelt niemand. Solche und ähnliche Feststellungen implizieren aber den Hinweis, daß in der Psychose das Verhältnis von Individuum und Gesellschaft auf besondere Art problematisiert ist. Unvermeidlicherweise gehen also Vorannahmen über Persönlichkeit und Persönlichkeitsbildung als Sozialisation in die Psychosentheorien ein. So liegt der Leugnung der Soziogenese bei strikt-somatogenetischen Lehren zwangsläufig ein insgeheimes Gesellschaftsbild zugrunde, das eben dieser Leugnung wegen stereotyp und unreflektiert an ein gängiges Alltagsbewußtsein verfallen ist. Nicht viel anders steht es mit der anderen Seite, mit jenen kulturistisch-mentalistischen Positionen, in denen der soziale Bezugsrahmen des Individuums konkretistisch auf beobachtbare Beziehungsfiguren verkürzt und der Zusammenhang der sozialen Verkehrsformen mit den gesamtgesellschaftlichen Prozessen dabei übergangen wurde.

Doch auch da, wo die soziostrukturelle Bedingtheit psychotischer Persönlichkeitsstörungen sowohl in ihrem genetischen wie in ihrem funktionalen Wechselspiel unverstellt gesehen wird, droht eine Verzerrung, bei der die psychotische Thematisierung von »beschädigter Subjektbildung« und »Subjektzerstörung« objektivistisch verkürzt wird. Wenn eine objektive Analyse der gesellschaftlichen Prozesse die Individuen nur als Momente der Gesellschaftsvorgänge sieht, dann ist sie im Recht in *ihrem* Aufgabenrahmen einer Analyse objektiver Struktur. Jeder, der dieses Erkenntnisziel verfolgt, muß sich aber klarmachen, daß das Problem der Herstellung individueller Strukturen und damit das Problem der Konstitution von Subjektivität »objektiviert« wurde. Objektive Bedingungen der Subjektbildung lassen sich so angeben; die konkrete, nämlich die individuelle Ontogenese eines empirischen Subjektes dagegen wird ungreifbar abstrakt übergangen – wie dies bei einer Objektivierung der Subjektivität nicht anders möglich sein kann. Soll das Verhältnis von Individuum und Gesellschaft nicht objektivistisch einnivelliert werden, so müssen die Individuen in ihrer sinnlich greifbaren Subjektivität analysiert werden. Nur über eine Analyse der individuellen Struktur als einem Gegenstück zur soziostrukturellen Bedingungsanalyse können Bildung und Mißbildung individueller Erlebnisweise und Erlebnisinhalte, kann der Persönlichkeitsstatus »wirklicher« Individuen erschlossen werden. Nur eine Untersuchung der individuellen Ontogenese gibt die Ebene her, auf der die individuellen Formen in ihrer gesellschaftlichen Formbestimmung gesehen werden können. Wer sich nicht mit der Einsicht begnügen will, »daß« die Individuation im Netz der Naturgesetzlichkeit abläuft und Resultat sozialer Prozesse ist, sondern wer erkennen will, »wie« diese Bildung, »wie« die Vermittlung gesellschaftlicher Formen, »wie« die Synthesis von Natur und Geschichte vonstatten geht, der wird einen von naturwissenschaftlicher Untersuchung ebenso wie von einer Analyse objektiver Struktur abweichenden Weg einer Analyse der individuellen Strukturerhellung einschlagen müssen. Exemplarisch stehen in unterschiedlicher Weise dafür phänomenologische und psychoanalytische Untersuchungen von Lebensgeschichte und Lebensverlauf. Die Konzentration auf die einzelne Lebensgeschichte ist nicht mit individualistischer Gesellschaftsblindheit zu verwechseln, sofern der Begriffsrahmen solcher Analyse nicht (wie es für die beiden Vorgehensweisen noch zutrifft) gesellschaftliche Erfahrung ausblendet.

Anmerkungen

1 J. Laplanche, I. B. Pontalis, *Das Vokabular der Psychoanalyse*, deutsche Ausgabe, Frankfurt 1972, S. 340.
2 Sigmund Freud, *Triebe und Triebschicksale*, Ges. Werke, London 1946, Bd. X.
3 Vgl. Alfred Lorenzer, *Zur Begründung einer materialistischen Sozialisationstheorie*, Frankfurt 1972, Kap. IV.
4 Bateson, Jackson, Laing, Lidz, *Schizophrenie und Familie*, Frankfurt 1969, S. 105.
5 Sigmund Freud, *Die Ichspaltung im Abwehrvorgang*, Ges. Werke, London 1941, Bd. XVII, S. 59.
6 Joachim Holder, unveröffentlichtes Manuskript.

4. Das Sprachspielmodell und die Matrix individueller Praxis

Die Aufsätze 1. und 2., die in diesem Band vorstehend abgedruckt sind, berühren aus sehr unterschiedlichem Anlaß und in verschiedener Perspektive das Sprachspielkonzept. Auch auf die Gefahr hin, daß ich einige Überlegungen wiederhole, möchte ich nochmals auf das Sprachspielkonzept eingehen, um Nutzen und Grenzen des Modells im Zuge einer metatheoretischen Reflexion auf die Psychoanalyse zu überprüfen.

Der Vorteil ist augenfällig. Das Modell verklammert Sprache und Bewußtsein, Bewußtseinsfiguren und menschliche Praxis; es macht energisch auf die Einheit von Sprache und Handlung (und zwar *in* den einzelnen Erlebnissen) aufmerksam. Kurzum, das Sprachspielmodell stellt menschliche Praxis als sprachliche Praxis dar.

Das Konzept bringt aber noch einen weiteren Grundsachverhalt menschlicher Praxis zur Sprache. Es betont die Einheit von Erlebnissen und Ereignissen und entzieht einer individualistisch verdinglichten Bewertung der Persönlichkeit den Boden, indem individuelles Verhalten als Teil eines Interaktionsspiels begriffen wird.

In beiderlei Hinsicht zeichnet also das Sprachspielmodell die Grundlinien einer Handlungstheorie gemäß der psychoanalytischen Erfahrung nach. Es erlaubt, wesentliche Momente des Verhältnisses von natürlich-körperlichem Bedürfnis und Normensystem, von individuellem Erleben und zwischenmenschlichen Beziehungen zu denken. Ja, die Entschiedenheit, mit der diese Problemfelder als sprachliche begriffen werden, führt psychoanalytische Positionen konsequent zu Ende und bringt damit sowohl die sprachanalytische Position als auch eine gegen Gesellschaft abgeriegelte psychoanalytische Position an die Grenze, vor der beide scheitern. Ich erinnere auch hier an Rossi-Landis Feststellungen:

»Wittgenstein besitzt ›Öffentlichkeit‹, ohne Gesellschaft zu besitzen. Seine Sprachspiele entwickeln sich zwischen zwei oder mehreren Personen. Es wird berechtigt der Mythos kritisiert, daß sie sich ›in‹ nur einer Person entfalten können: Die Sprache muß öffentlich sein, das heißt intersubjektiv kontrollierbar; sie erfordert ›*äußere* Regeln‹, die sogar dann zur Anwendung kommen, wenn man mit sich selbst spricht. Diese öffentliche Entwicklung wird jedoch nicht als gesellschaftliche gesehen. Die Position Wittgenstein entspricht desjenigen, der bei der Warenanalyse sich mit der Deskription verschiedener Tauschformen begnügen würde, sei es mit der stillschweigenden Intention, daß es immer möglich sei, innerhalb anderer Gruppen von zwei oder mehr Personen dieselben Tauschformen zu wiederholen. Er weiß, daß es all diese Personen gibt und insistiert sogar auf der Tatsache, daß es sie geben *muß*, aber Wittgenstein setzt sie als schon fertige Individuen voraus und untersucht, was geschieht, wenn sie untereinander zu sprechen beginnen; sogar wenn er die Weise beschreibt, in der Kinder sprechen lernen.«[1]

Die Kritik deutet mehrere Aspekte an. Verfolgen wir einen, nämlich denjenigen, der an der Wittgensteinschen Gesellschaftsblindheit das Fehlen einer Konstitution der Individuen moniert. Auch dazu Rossi-Landi:

»Die Konzeption des Sprachgebrauchs bezieht sich auf etwas schon Produziertes, sie besteht von daher; es ist z. B. ein bestimmtes Wort gegeben, es wird gebraucht, dies ist dann seine Bedeutung. Auch das Kind, das beim Lernen eines Wortes dieses zum erstenmal gebraucht, übt dieses Verhalten an etwas ihm Vorausliegenden (das es also auch zwingt, einen Teil der Realität auf bestimmte Weise zu perizipieren). Aber wie wurde dieses Wort ursprünglich produziert? Diese Frage unbeantwortet lassen, ist dem Unterlassen der Frage gleichzustellen, wie beispielsweise ein Messer produziert wurde. Die Assimilierung der Bedeutung eines Wortes an seinen Gebrauch ist einer Erklärung gleichzusetzen, die den Gebrauch des Messers (das ist seine Bedeutung) expliziert, ohne sich um die armen Messerschmiede zu bekümmern, ja auch unter Absehung von dem realen gesellschaftlichen Prozeß, der vom Zerfleischen zum Schneiden geführt hat. Mit anderen Worten, ich würde sagen, daß Wittgenstein die Arbeitswerttheorie fehlte: das heißt die Theorie des Werts eines bestimmten Objekts, in diesem Fall eines sprachlichen, als des Produkts einer bestimmten sprachlichen Arbeit. Er geht vom sprachlichen Objekt aus, aber nicht hinter das sprachliche Objekt.«[2]

Die Darlegungen von Rossi-Landi sind deutlich genug. Sie bedürfen als Kritik der Wittgensteinschen Gesellschaftsblindheit keines Zusatzes. Merken wir aber besonders die Sätze an: »Wittgenstein setzt ... fertige Individuen voraus« und »er geht ... nicht hinter das sprachliche Objekt zurück«. Ich komme auf diese Feststellungen zurück.

Und noch eine weitere Grenze ist auszumachen, an der das Wittgensteinsche Konzept innerhalb der Sprache verharrt, statt den Rubikon zur Praxis als *Hand*-lung zu überschreiten. Es ist dies das Problem der *Deformation* sprachlicher Praxis. Gehen wir auch hier von Rossi-Landi aus:

»Wittgenstein denunziert fortwährend verschiedene Aspekte philosophischer Entfremdung im Schatten der Sprache und vollzieht einige wesentliche Schritte in Richtung der Bestimmung dessen, was ich nicht zögern würde, als sprachliche Entfremdung zu bezeichnen. Aber er geht von den aufgewiesenen und analysierten Phänomenen nicht auf deren Ursachen zurück und ignoriert vollständig den umfassenden Bezugsrahmen der Theorie der Entfremdung. Es fehlt ihm eine Theorie der Gesellschaft und der Geschichte, auf der er seine Forschungen fundieren könnte.«[3]

Anders ausgedrückt, Wittgenstein bewegt sich allenfalls im Bannkreis des Hegelschen Entfremdungsbegriffs, die Deformation wird nicht an der Entfremdung antagonistisch organisierter kapitalistischer Produktionsweise festgemacht. Beim Problem der Deformation bleibt Wittgenstein oberhalb der gesellschaftlichen Wirklichkeit *und* oberhalb der von Psychoanalyse aufgedeckten Erfahrung der Destruktion von Sprache. Jener Verfall ans Sprachlose, an das Unbewußte, den die psychoanalytische Einsicht erschlossen hat, ist dem Wittgensteinschen Konzept fremd. Aber das ist nur die Seite, die der ausgefallenen Sicht auf die Konstitution individueller Struktur korrespondiert.

In beiderlei Hinsicht müssen wir das Wittgensteinsche Konzept aufbrechen und die hinter den Sprachspielen verborgene, sie konstituierende Matrix individueller Praxis aufsuchen, um die drei Fragen, die eine Sozialisationstheorie als Analyse der Unmittelbarkeit der Individuen (also in Untersuchung des konkreten Individuums in der Dialektik von Individuum und Gesellschaft) überhaupt rechtfertigen, zu erreichen.

Frage 1: Wie wird die individuelle Struktur hergestellt und wie wird sie beschädigt?

Frage 2: Wie wächst die psychische Struktur aus der physiologischen Struktur heraus? Und

Frage 3: Wie wird sprachliche Praxis in den Individuen aufgebaut aus vorsprachlichem Hantieren?

An dieser Stelle werden wir noch einmal des Vorteils und der Grenze des Sprachspielmodells gewahr. Einerseits eröffnet das Konzept uns die Möglichkeit, unsere Fragen zu vereinfachen und die drei Fragen zusammenzufassen zur einen: *Wie werden die Sprachspiele als Einheit von Denken und Handeln aufgebaut aus dem ursprünglich sinnlich-unmittelbaren Zusammenspiel des Embryonen/Kindes mit seinem Lebensfeld?*

Zum anderen werden wir gerade hier aber darauf aufmerksam, daß durch die Verleugnung der Frage nach der Konstitution der Erlebnisstruktur die beiden Ebenen, auf denen sich unsere Untersuchung differenziert bewegen muß, durcheinander gebracht bzw. verkittet werden:

(a) Die Ebene des Verhaltens bzw. der Interaktion, des »äußeren« Geschehens *zwischen* den Individuen und

(b) die Ebene der Verhaltensentwürfe *im* Individuum und d. h. der Interaktionsformen, die das innere Gefüge der Persönlichkeit ausmachen.

Diese zweite – innere – Ebene wurde von der Psychoanalyse unter dem Titel der (synchron entfalteten) »Persönlichkeitsinstanzen« und der »Lebensgeschichte« (als erlebtem, diachronem Niederschlag der Ereignisse) in Anspruch genommen. Mit der Konzentration auf die Schicht der inneren Handlungsentwürfe überschreiten wir aber den Boden des Sprachspielkonzeptes.

Ob diese Überschreitung im Begriff des Sprachspiel*entwurfs* legalisiert werden soll, mag offen bleiben. Der Begriff würde synonym mit dem Begriff der »symbolischen Interaktionsform« zu benützen sein (und würde inhaltlich ausgefüllt durch das Konzept der »Interaktionsform«).

Auf *dieser* Ebene wollen wir der Konstitution individueller Struktur nachgehen, wobei wir aus der Sicht einer Sozialisationstheorie[4] folgende Grundannahmen herleiten:

1. Der Aufbau der Sprachspiele bzw. der symbolischen Interaktionsformen bewahrt die ontogenetische Stufenfolge. Die Schicht der Niederschläge aus den vorsprachlichen Zirkeln von Agieren-Reagieren der Mutter-Kind-Dyade bleibt *Matrix* der Praxiselemente.

2. Die Beschädigung der entwickelten Praxiselemente verläuft umgekehrt zum Aufbau.

Fassen wir die beiden Thesen zu einem einzigen Satz als dem Kernpunkt unserer Überlegungen zusammen: Die individuellen Praxiselemente bestehen aus zwei Schichten, die im »guten« Falle miteinander verschmolzen, im »schlechten« Falle voneinander getrennt sind, in jedem Falle aber ontogenetisch nacheinander gebildet werden.

Das wirft interessante Probleme auf, die ich mit einer flüchtigen Illustration vorstellen möchte, um gleich einige Lösungsvorschläge für aktuelle Unterscheidungen in der Sozialisationspathologie anzudeuten.

Nicht von ungefähr ist der Psychoanalyse die Hysterie mit ihrer Akzentuierung der ödipalen Dramatik als erstes großes Problem vor Augen gekommen. Die Psychoanalyse hat daran nicht nur ihre Grundeinsichten in abweichendes Verhalten entwickeln können, sondern hat auch ihr Grundverständnis der »normalen«, »typischen« Entwicklung daraus gewonnen. Die »normale, die typische Entwicklung«, das mußte zum damaligen Zeitpunkt und im damaligen Terrain der Freudschen Erfahrungswelt heißen: »Die Entwicklung des Sohnes aus einer bürgerlichen Familie der bürgerlichen Gesellschaft im Europa des letzten Drittels des 19. Jahrhunderts.«

Tatsächlich, diese Typik wird in der psychoanalytischen Theorie herausgearbeitet. Die frühen Krankengeschichten drehen sich zwar um Frauen, die Konzepte der Entwicklungs- und Neurosenlehre dagegen thematisieren den Bildungsgang »des Knaben« – und schließlich wendet sich die Darstellung großer Einzelfälle auch bevorzugt den *Männern* zu.

Ich möchte diesen Sachverhalt ausdrücklich nicht aufgreifen, um einmal mehr einem ad personam oder an die Psychoanalyse gerichteten Ideologieverdacht nachzugehen, sondern nur um nach der Situation der Psychoanalyse-relevanten-Sozialisationsagenturen und d. h. (s. oben) der »bürgerlichen Familie« zu fragen. Es besteht:

– eine strikt familial-kleinfamiliale Kinderaufzucht,
– ein objektives Interesse der Eltern an der Aufzucht des Erben,
– eine ausgeprägte Unterscheidung von innerfamilialer Privatheit und öffentlichem Wirkungsraum,
– eine patriachalische Aufgabenteilung, die Frauen und Kinder in jenen privaten Bereich einweist,
– eine (mütterliche) Zuwendung von sinnlich-emotionaler Einfühlung im Gegensatz zu einer instrumentalistisch-kontrollierten Beherrschtheit (vom Vater her).

Verbunden ist diese Aufgliederung mit der victorianischen

Doppelmoral, d. h. der schon von Freud bemerkten Aufspaltung des Sexualobjektes der Männer und der Spannung zwischen frigider Zurückhaltung und »Phantasiewelt« bei den Frauen der Bourgeoisie.

Wie geht unter diesen Umständen die Mutter mit dem Sohn um? Versuchen wir einige Fingerzeige aus unserer groben Skizze zu gewinnen.

Dem objektiven Interesse entsprechend wird man ein hohes Maß an eigenem Einsatz und *persönlicher Zuwendung* (im Gegensatz zur Gleichgültigkeit der feudalen Mütter des 18. Jh.) erwarten dürfen. Innerhalb der abgeschirmten Privatheit des bürgerlichen Haushalts wird man nicht nur eine betont innerfamiliale Behütetheit vorfinden, sondern auch ein familiales Klima der *Intimität.*

Die Söhne sind aber nicht nur unmittelbar objektiver Zweck der Ehe (was für die Töchter nur auf vermittelte Weise gilt). Der Sohn ist zugleich das *subjektive »Lebensziel«* und die sinnlich-unmittelbare »Ersatz-«(Ersatz-?)Befriedigung der Frau in der bürgerlichen Ehe.

Das Verhältnis des Jungen zum Vater ist demgegenüber entschieden distanzierter und vom Vater her: relativ wohlwollend (innerhalb der Bourgoisie) und relativ frei von Rivalität *bis* zur ödipalen Phase. Bis zu dem Zeitpunkt nämlich, an dem sich das Interesse des Jungen an der Mutter totalisiert, und sexuell eindeutig in symbolischen Interaktionsformen ins Bewußtsein drängt, wobei sich die Doppelgeschlechtlichkeit des Menschen ausweglos deutlich über Sprache, die in Sprache eingelassenen und sprachlich formulierten Normen präsentiert: Doppelgeschlechtlichkeit mit monogamer Ausschließlichkeit und Intimität (im entwickelten Sinn) mit Vorbehalt und Widerspruch gegen diesen Sinn beim ausgeschlossenen Dritten, nämlich dem Sohn.

Wie konturieren diese Verhältnisse die prä-ödipale Beziehungssituation der Mutter-Kind-Dyade? Zweifellos als eine hochgetriebene Dramatik. Sie ist intensiv dramatisch wegen der Konzentration der Zuwendung auf das Kind bei relativer Abgeschlossenheit nicht nur nach außen, sondern auch *innerhalb* der Familie. Sie ist untergründig spannungsgeladen, weil sie aus einer deutlich horizontalen Schichtung im Gefühlshaushalt der Mutter-Kind-Dyade herkommt: das Privat-Intime ist zugleich das Sinnlich-Unbewußte. Der kleine Junge ist nicht nur der Liebhaber, sondern er ist der emotional *ausschließliche und verschwiegene* Liebhaber im Gegensatz zum Gatten, dem zwar die »Nutzung der Geschlechtsorgane« seiner Ehefrau, aber kaum deren Phantasien zustehen.

Dieser *»intimen«* Situation treten die in Sprache kodifizierten Normen in aller Schärfe gegenüber. Sie sind ihrerseits ausgezeichnet durch ein hohes Maß an Eindeutigkeit und den Anspruch einer lebenspraktischen Geltung, die im selben Maße gestiegen war, wie der Abbau feudaler Herrschaftsstrukturen die bürgerlichen Werte zur Geltung brachte und die persönliche Qualifikation des intelligent operierenden Bürgers erforderlich machte. Die Entfernung zum Vater wird mit der »vollen« Teilnahme am Gesamt der Sprachspiele verringert, der Junge wird zugleich aber in die gesellschaftliche Ordnung mit ihrer zentralen, aber verschleierten Antagonistik, mit der ad personam delegierten Rivalität innerhalb der bürgerlichen Klasse eingewiesen. Der Vater wird als der *erfolgreiche* »Dritte« wahrgenommen und *zugleich* wechselt die Organisationsebene der Praxis von der gestischen Unmittelbarkeit jener privaten Zweisamkeit der Mutter-Kind-Dyade auf die Ebene der »öffentlichen« Sprachgemeinschaft über. Gewiß, das Kind war lang vorher »in Sprache eingeführt« worden. Aber erst mit der Erweiterung des Spielraumes auf die Dreierbeziehung stimmten Erlebniswelt, Wahrnehmungswelt und Sprachstruktur soweit überein, daß die Organisation von Praxis aufs Sprachsystem übergeht.

Wie man sieht, vollzieht sich das Drama dieser Sozialisation in zwei deutlich voneinander abgehobenen Akten, oder besser gesagt, es spielt sich auf zwei verschiedenen dramatischen Ebenen ab. Eine erste, verschwiegen leidenschaftliche Dramatik wird in der Mutter-Kind-Dyade angelegt und phantastisch entfaltet. Sie wird in der ödipalen Konfrontation abgelöst und ins Dunkel eines individuellen Mythos verwiesen. An die Stelle der Regeln des alten Dramas treten nun sprachlich organisierte Normen und das impliziert: Die gebildeten Interaktionsformen werden auf der ödipalen Bildungsstufe mit einem geschlossenen und festen Normensystem konfrontiert und damit der unbeschränkten Systematisierung durch die sprachliche Organisation unterworfen. Diese Systematisie-

rung hat Konsequenzen für das Gefüge der Interaktionsformen:
– die Interaktionsformen, die vordem der Abfolge der Situationen gemäß aneinander gereiht waren, erfahren nun eine Gliederung, bei der die lebenspraktischen Handlungsanweisungen (der Sprachlichkeit entsprechend) übergreifend verklammert werden, wodurch
– jede Situation in Beziehung auf jede andere gesetzt, und
– die Polarisierung innerhalb der Interaktionsformen energisch vollendet wird.

Hat sich schon auf der vorsprachlichen Bildungsstufe eine Polarisierung in Ich und Nicht-Ich hergestellt, und zwar durch das Zusammentreten übereinstimmender Anteile des einen Pols innerhalb einer Interaktionsform (als einem Vorläufer von Ich-Identität) im Gegensatz zum anderen Pol der Interaktionsformen (als einem vorläufig noch diffusen Konglomerat von Gegenständlichkeit), so wird jetzt die situative Einheit aufgelöst zugunsten der begrifflichen Differenzierung in Ich und Nicht-Ich, selbstbewußter Identität da und profilierten Objekten dort. Das Ende der Entwicklung ist auffällig: Selbst- und Objektrepräsentanzen stehen scheinbar unmittelbar/natürlich einander gegenüber:
– die Interaktionsformen werden insgesamt auf einer neuen – der »sprachlichen« – Organisationsebene systematisiert. Das hat Folgen für die Konflikte.

Bei alledem verläuft die Entwicklung nämlich keineswegs harmonisch. Sie läuft in keinem Falle ohne Konflikt und Narben ab, wobei uns folgende prinzipielle Anordnung interessiert: dem Konflikt zwischen den *Regeln* der Mutter-Kind-Dyade und dem neuen *Normen*gefüge entsprechend zieht sich die Konfliktlinie zwischen der *sinnlich unmittelbaren Erfahrungsebene und den Sprachfiguren* hindurch. Der Gegensatz zwischen den beiden Sozialisationsstufen wird in der bürgerlichen Erziehung zum Widerspruch zwischen *vorsprachlicher* und *sprachlicher Organisation der Praxiselemente*. Die »Verdrängung« imponiert als führender Abwehrmodus, denn es müssen die »verpönten« Interaktionsformen wieder von Sprache abgekoppelt werden. Der Sprache muß der regulierende Einfluß auf Praxis »punktuell« wieder entzogen werden.

Kehren wir wieder zurück zu den *objektiven* Verhältnissen

der Sozialisationsagentur Familie: Daß die Familie einschneidende Umwandlungen bis hin zum Zerfall altgewohnter Strukturen erfahren hat, verrät uns der schlichte Augenschein. Wie tiefgreifend die Institution verändert wurde (und mit welch weitreichenden Konsequenzen), verdeutlichen uns alle neueren familiensoziologischen Untersuchungen. Besonders herausgreifen möchte ich die Untersuchung von Gunnar Heinsohn und Rolf Knieper[5], gerade weil sich diese Untersuchung auf die objektive Struktur als dem *Bedingungs*gefüge von Sozialisation konzentriert. Überlegen wir uns im Anschluß an diese Darstellung, was die Umgestaltung der Sozialisationsinstanz »Familie« im Gange der letzten Jahrzehnte (abgehoben also von den Verhältnissen, mit denen Freud in seiner Patientenschar zu rechnen hatte) nach sich zieht. Überlegen wir uns, was die Veränderung, was der Zerfall der Familienstruktur und das Verschwinden des objektiven Interesses am Kind mit sich bringen:

Eine Nivellierung der Differenz von Öffentlichkeit und Privatheit mit bemerkenswerten Folgen, wobei der Abbau des innerfamilialen Schonraumes potenziert wird durch die immer stärker sich durchsetzende schlechte Aufhebung der Dialektik von Individuum und Gesellschaft: Die gesellschaftlichen Antagonismen schlagen *in* die Mutter-Kind-Dyade durch, während sie vordem der frühen Entwicklung äußerlich geblieben waren. Machen wir uns nochmals klar: die klassenspezifisch-isolierte Ausbildung der Praxiselemente war damals erst mit der Einbeziehung in die sprachlich-gesamtgesellschaftliche Organisierung der Interaktionsformen im ödipalen Drama konflikthaft geworden (in den vorangehenden Stadien konnte sich ja ein weitgehend widerspruchsfreies Gefüge bilden). Daß diese Harmonie »Treibhauscharakter« hatte und von der mütterlichen Seite der Mutter-Kind-Dyade her gerade in wichtigen Anteilen von unbewußten Strebungen – »Klischees« – getragen wurde, führte erst zu dem Zeitpunkt zu Schwierigkeiten, da das in der Spracheinführung Schritt für Schritt aufgebaute Gefüge der *symbolischen* Interaktionsformen die Führung übernahm: in der ödipalen Phase.

Im Gegensatz zu diesem Verlauf mit seiner vorödipalen Schonzeit im »familialen Schonraum« dringen die gesellschaftlichen Antagonismen und deformationsrelevanten Widersprüchlichkeiten jetzt in die Mutter-Kind-Dyade ein. Wurde individuelle Praxis für die bürgerliche Familie vordem erst auf der Ebene der sprachlichen Interaktionsformen problematisch, so wird nun der Widersprüchlichkeit eine Bahn schon in die vorsprachliche Grundmatrix via Interaktion in der Mutter-Kind-Dyade eröffnet.

Diese Vermutung, die in jeder Hinsicht noch zu differenzieren wäre (und nicht mehr als eine heuristisch provokative Arbeitshypothese sein soll), wird immerhin von eigentümlichen Befunden auf der Seite der subjektiven Struktur gestützt. Schon seit geraumer Zeit wird ein Symptomwandel von den Psychoanalytikern beobachtet, der so einschneidend ist, daß Klaus Horn in seinem Überblick[6] davon als dem »für die Gegenwart ›spezifischen Elend der Massen‹« spricht. Dieses »Elend« geht – wie Horn das formuliert – nicht mehr auf einen *Konflikt,* sondern auf einen *Defekt* zurück. Das soll heißen: die Symptomveränderung ist Ausdruck einer allseitig verbreiteten, immer deutlicher hervortretenden und tiefgreifenden Änderung der Persönlichkeitsstruktur.

»Bellack (1961) sieht die narzißtische Charakterstruktur überhaupt als die der Zukunft der technisierten Gesellschaft an. Soweit bereits Fallmaterial zugänglich ist, sind in der Tat eine Reihe von Sachverhalten, insbesondere bevorzugte Abwehrtechniken, abstrahierbar, die sich zwanglos unserem Bild des ›subjektiven Faktors‹ unter den Bedingungen radikaler Entfremdung – und das heißt eben: auch durch Psychologie der Subjekte selber vermittelter Entfremdung – fügen: symbiotische Mutterbeziehungen (oder der Rückzug auf Ersatzphantasien); ein formal bleibendes Verhältnis zum Vater; Omnipotenzphantasien und Minderwertigkeitsgefühle zugleich im Umgang mit der Realität; mangelhaft im Realitätsprinzip begründete Selbstachtung; eine archaische Form von Identität . . .«[6]

In diesem Kurzportrait deuten sich zwei Merkmalsgruppen an, die von allen Beobachtern übereinstimmend gesehen und interpretiert werden (wie immer ihre theoretische Verarbeitung dann auch aussehen mag):

1. Das präödipal-frühinfantile »Bild« der Störung und des Persönlichkeitsgefüges,

2. der auffallende Strukturverlust der Persönlichkeit; eine Entdifferenzierung der Erlebnisse, die mit Begriffen wie »primitiv« »archaisch«, »diffus« usw. beschrieben wird und folgendes erfassen soll:

Während die Objektwelt im klassischen ödipalen Drama durch Plastizität und profilierte Vielfalt der Figuren sich auszeichnete, sind die Konturen der Beziehungsobjekte nun verschmolzen zu einem diffus-elementaren Gegenüber. Dieses Nicht-Ich bietet nur soviel Gegenständlichkeit, daß Anwesenheit und Abwesenheit empfunden werden können; mit einem »diffusen« Wohlbehagen, einer »Zuständlichkeit« bei Befriedigung oder mit »diffuser« Angst bei Frustration. Die »Objekte« sind austauschbar, reduziert auf die Funktion, jenen »ozeanisch zerfließlichen« Idealzustand der Fülle zu gewähren, »Sicherheit« zu geben.

Von »Objekten« zu reden ist, genau besehen, voreilig. Das Erlebnisfeld ist »objektlos« und – wie schon gesagt – nur soweit in Ich und Nicht-Ich entfaltet, um in vager Identität die Abhängigkeit von einem unsicheren Anderen spürbar zu machen und der raumlosen Verschmelzung die Sehnsucht nach unauflöslicher Verbundenheit beizustellen. Dabei ist dieses selbstlos und objektlos-zuständliche Kontinuum irreal abgegrenzt gegen die Wirklichkeit. Die Realität in ihrer Gesamtheit ist ausgeblendet, alles ist verdichtet zu einer allmächtig-allgegenwärtigen Unmittelbarkeit, die bald auf dem Ichpol – als Omnipotenzphantasie und Allmacht der Gedanken – bald auf dem Gegenstandspol als Idealisierung nach Art übergroßer Eltern-Imagines in Erscheinung tritt – oder über beides zugleich sich ausbreitet.

Das Gesamtbild dieser Persönlichkeitsstruktur ist, wie die vorstehende Skizzierung wohl andeutet, so eindrucksvoll »frühinfantil« und »undifferenziert«, daß alle psychoanalytischen Untersucher hier auf den Begriff der »narzißtischen« Störung zurückgriffen, so verwirrend der Begriff unter ihren Händen auch wird. So unerläßlich eine ausführliche begriffskritische Aufarbeitung der vielen Beiträge zu diesem Bild der »narzißtischen Persönlichkeit« auch wäre, wir müssen im Augenblick davon Abstand nehmen. Wir halten vielmehr das Übereinstimmende und übereinstimmend Gesicherte fest: Es handelt sich um eine Persönlichkeitsstruktur mit folgenden Merkmalen:

1. Fehlende Differenzierung zwischen den Objekten,
2. fehlende Differenzierung zwischen Ich und Nicht-Ich im Erlebnisraum,

3. Alternative zwischen diffuser Geborgenheit und diffuser Verlassenheitsangst.

In unserem Verständnis, und das heißt vom Konzept der Interaktionsformen her gesehen, weisen diese drei Merkmale eindrucksvoll auf die Situation der vorsprachlichen, vorsymbolischen Interaktionsformen hin, bei denen zwar eine Polarisierung von Ich und Nicht-Ich schon einsetzte, ein Ichpol zwar einem Gegenstandspol gegenübersteht, aber noch keine Differenzierung zwischen Selbst und Objekt (die erst auf dem Stande fertiggestellter Handlungsstruktur und symbolischer Interaktionsformen möglich wird) vorkommt. Zwar ist schon eine labile Kohärenz innerhalb des Ichpols gegeben, zwar schält sich die Gegenstandsseite aus dem ursprünglichen Kontinuum heraus, in sich sind beide Pole aber noch weitgehend ungegliedert, »diffus«.

Leicht begreifen läßt sich auch die Gefühlsalternative zwischen dem Wunsch nach Wiedererlangung der ursprünglichen Einheit im intrauterinen Kontinuum und der Angst vor der Abtrennung vom lebensnotwendigen Interaktionspartner (dem unerläßlichen »Anderen«); diese Entwicklung wurde ja problematisch auf dem Stande einer beginnenden inneren Differenzierung der Interaktionsformen. Die Ausblendung einer Außenwelt jenseits der Mutter-Kind-Dyade versteht sich dabei von selbst; die aktuelle Situation stellt, wie es in dieser Phase nicht anders sein kann, die »ganze Welt« dar. Demgemäß flottiert eine Allmachtsphantasie zwischen dem Ichpol und dem Nicht-Ichpol immer dann, wenn das problemlos-satte Kontinuum unbestrittener Harmonie gestört wird.

Brechen wir mit unserer Skizze ab. Für unsere ersten Überlegungen genügt es, sich klar gemacht zu haben, daß die beiden »problematischen Persönlichkeitsstrukturen« – das »Persönlichkeitsbild des klassisch ödipalen Konfliktes« an der Jahrhundertwende und in Freuds Patientenkreis einerseits und des »narzißtischen Persönlichkeitstypus« gegenwärtiger psychoanalytischer Erfahrung andererseits –, sich in folgender Hinsicht klar und unzweideutig voneinander unterscheiden:

(a) Damals dominierte der Konflikt zwischen zwei – idealtypisch in sich wohl organisierten – Ebenen: die frühinfantil entfaltete Dramatik der Mutter-Kind-Dyade, die solange in sich harmonisch war, wie der Systematisierungsdruck der Sprache fehlte und damit der komplizierende »Dritte« nicht ins Spiel kam, bereitete gerade dadurch den Konflikt vor, und zwar als einen Zusammenprall zwischen dieser unmittelbar sinnlichen Struktur von Interaktionsformen und den sprachlich repräsentierten Normen sozialer Beziehungen.

(b) Heute und für den Geltungsbereich der »narzißtischen Persönlichkeit« dagegen gilt: die Störung schlägt auf die vorsprachliche Matrix individueller Praxis durch und sistiert die Entwicklung noch auf der Stufe der Ausdifferenzierung der Interaktionsformen *vor* dem Hinzutreten von Sprache. Damit wird die Einführung von Sprache nicht verhindert, wohl aber von vornherein qualitativ verformt; die »objektive Struktur« der Sprache wird überall dort, wo eine Differenzierung der Interaktionsformen stillgelegt wurde, als emotional leeres »Zeichengefüge« den vorsprachlich fixierten Interaktionsformen übergestülpt.

Das Schema des Spaltes, der uns bei der »klassischen Neurose« die Aufspaltung des Sprachspiels andeuten sollte, nämlich

P   P
– anstelle von |
If   If

trifft auch hier zu. Nur: die Vorgeschichte ist eine andere. Kam es beim klassischen ödipalen Konflikt zur Desymbolisierung, wenn die bereits gebildeten symbolischen Interaktionsformen im sich organisierenden System sprachlicher Praxis problematisch wurden und aus Sprache bzw. der sprachlichen Organisation von Praxis ausgeschlossen werden mußten, so treffen jetzt schon in der Spracheinführung unentwickelt-defekte Interaktionsformen *inkompatibel* auf Sprachfiguren.

Im günstigen Falle kommt es zwar zu einer Verbindung auf *proto*symbolischer Ebene, verkoppelt werden da aber beiderseits defiziente Gestalten, nämlich

(a) undifferenzierte Interaktionsformen, die der sprachlichen Organisierung und Aufgliederung zu einem Gefüge von Selbst-, Objektbeziehungen und Objektrepräsentanzen nicht entsprechen können,

(b) Prädikatoren, die im Zuge der Aneignung der vermittelten Objektivität von Sprache nur in ihrer nicht-subjektiven,

d. h. emotional beziehungslosen »zeichenhaften« Gestalt mit den Interaktionsformen verkoppelt werden.

Im ungünstigen Fall kommt gar keine Verknüpfung zustande. Was der Desymbolisierung folgt, geschieht hier von vornherein: daß sich über den desymbolisierten Interaktionsformen (Klischees) die Sprache zeichenhaft schließt; »Zeichen« und narzißtische Interaktionsform werden einander insgesamt beziehungslos-abstrakt zugeordnet.

So umrißhaft vorläufig unsere Skizze veränderter Persönlichkeitsstruktur und veränderter Sozialisationsfelder ist, für unsere Überlegungen erbringt sie zumindest einen zuverlässigen Schluß. Sollen die gegenwärtig dominanten Persönlichkeitsstörungen begriffen werden, so muß das Sozialisationskonzept den Aufbau der Praxiselemente aus einem *vorsprachlichen sinnlich-unmittelbaren* Organisat heraus formulieren. Eben dies kann eine Sozialisationstheorie, die individuelle Praxis als ausschließlich sprachliche Praxis begreift, aber nicht leisten. Es ist nötig – wie wir uns mit Rossi-Landi klarmachen –, das Sprachspielkonzept zu überschreiten, um Handlungsfiguren als in *dieser* Gesellschaft auf *diesem* geschichtlichen Stande hergestellt denken zu können, und ebenso müssen wir das Sprachspielmodell aufsprengen, um die Bildung und den Zerfall individueller Praxisfiguren begreifen zu können.

Der Begriff der Aufspaltung des »Sprachspiels« war zureichend, um den Konflikt zwischen dem einen und dem anderen Teil des Sprachspiels negativ zu kennzeichnen. Für eine genaue Darstellung der Störungsstruktur innerhalb der Grundschicht reicht dies nicht einmal zur Signatur der Problemzone aus. Und das ist nun eine Erfahrung, die wir nicht erst angesichts der narzißtischen Persönlichkeitsstörung machen, sondern zu der wir schon bei der Betrachtung der Probleme der klassischen Neurose genötigt werden. Die Psychoanalyse als Psychopathologie und Neurosentherapie hat nämlich immer schon der Doppelstruktur individueller Praxis Rechnung getragen. In »Sprachzerstörung und Rekonstruktion« habe ich den *szenischen* Charakter des psychoanalytischen Verstehens herausgearbeitet und mit der szenischen Struktur der psychoanalytischen Situation verknüpft. Das heißt aber: schon beim ersten Ansatz auf der Ebene des Verständigtseins wird deutlich, wie sehr die Psychoanalyse

– gewiß nicht von ungefähr – sich auf die Struktureigentümlichkeit der *vor*sprachlichen Erlebnisorganisation einstellen muß. Die *Szene* ist nämlich die Grundfigur, der wir bei der Konstitution individueller Struktur als erster begegnen, und zwar in »äußerer Hinsicht« in der Interaktion, dem szenischen Zusammenspiel von mütterlichem und kindlichem Organismus (schon am intrauterinen Ausgangspunkt jeder Ontogenese), sowie in »innerer Hinsicht« in der Interaktionsform als dem Niederschlag dieser Szene und aller folgenden. Und so sehr die Grundelemente der Persönlichkeitsstruktur ihren Charakter im Prozeß der Ausbildung von Interaktionsformen auch gründlich ändern:

– im Übergang von den organismischen Grundfiguren der Interaktionsformen zu psycho-physischen,

– im Zuge der Überführung bewußtloser Praxis in bewußte Praxis, und schließlich

– im Vorgang der Desymbolisierung, so wird eines doch durchgängig gewahrt, – der *szenische* Charakter.

Dieser szenische Charakter ist aber nicht nur das gemeinsam Durchgehaltene, auf das hin die psychoanalytischen Erkenntnisprozesse sich auszurichten Grund haben, sondern er ist auch das einzige, das beim »Asozial-werden der Neurose«[7] sozial verbindlich bleibt. Ist der Neurotiker wegen seiner Desymbolisierung qua Neurotiker auch aus der Sprachgemeinschaft ausgeschlossen, so behält er doch die Fähigkeit des Zusammenagierens in einer Szene, deren szenisches Profil sich dramatisch darstellt. Die Tiefenhermeneutik ist auf eben diesen szenischen Charakter abgestimmt – zunächst im szenischen Verstehen. Aber dieses szenische *Verstehen* ist nicht die einzige Operationsmöglichkeit. Es muß etwas anderes hinzutreten, das deutlicher noch auf den unmittelbar szenischen Charakter der Persönlichkeitselemente eingeht und – schon in der klassischen Neurose – hinter Sprache zurückgehen kann. Der Abstieg ins unbewußte Zusammenagieren darf nicht an den Einsatz von symbolischen Interaktionsformen gebunden sein, weil sich das desymbolisierte Klischee ja jedem unmittelbaren Verstehenszugriff entzieht, aus der Sprache exkommuniziert ist.

Tatsächlich kennzeichnet die psychoanalytische Tiefenhermeneutik eine eigentümliche Doppelnatur des Vorgehens:

Auf der einen Seite steht die verstehende Erkundung der Sprachsymbole des Patienten,

auf der anderen Seite aber tritt der Psychoanalytiker in ein »unmittelbares Zusammenspiel« auf einer nicht-symbolischen Praxisebene ein.

Illustrieren wir uns die beiden Vorgehensweisen –

(a) die sprachlich verstehende: der Patient erzählt eine Szene. Er *beschreibt* eine szenische Gestalt, wobei die Beschreibung notwendig mehr enthält als sein eigenes Selbstverständnis es zuläßt. Sei es, daß der Psychoanalytiker dieses »weniger« als ausgefallenes« Segment der Szene«[8] bemerkt, sei es, daß ihm im Gange der Szene(n) eine Bedeutungsverschiebung zuwächst, die er seiner Beobachtung oder der Beschreibung der (realen oder imaginierten) Szene verdankt (ohne mehr zu gewinnen als eine Irritation seiner Vorannahmen, die er im Verständigungsverusch einsetzt).

(b) Das unmittelbare Zusammenspiel, dessen Kern das Ineinander von Übertragung und (offizieller, d. h. nicht vom Bedürfnis des Psychoanalytikers verzerrter) Gegenübertragung ist, wobei sich der Psychoanalytiker in »funktioneller Regression« freiwillig auf die tiefe Ebene des Zusammenagierens mit nichtsymbolischen Interaktionsformen begibt. Indem der Analytiker

– seine Gegenübertragung einbezieht,

– abstinent das Übertragungs- und Gegenübertragungskonvolut aushält, um

– das ausgehaltene Konvolut zur Debatte zu stellen, oder genauer gesagt, in die Debatte einzuholen, wird dem »irritierten« Verstehen die angemessene Aufgabe gestellt, die unvollständige Szene aufzufüllen.

Das alles wäre nicht möglich, wenn der Analytiker nicht auf das Agieren des Patienten eingegangen wäre, er sich nicht eine Rolle vom Patienten hätte zuweisen lassen in einem Spiel, das von den Handlungsentwürfen des Patienten bestimmt wird.

Bewußte »verständige« Teilnahme am gemeinsamen Sprachspiel und bewußtlos unmittelbares »Zusammenspiel« müssen verknüpft werden in der Interpretation. Die Interpretationen, die Deutungen und Konstruktionen des Analytikers müssen zwischen unbewußtem Zusammenspiel und bewußtem Verstehen mit dem Ziel vermitteln, jenes bewußt zu machen, also desymbolisierte Interaktionsformen ins System der symbolischen Interaktionsformen zurückzuholen.

Das Ziel der Interpretation, die Vermittlung von emotionslosen Sprachfiguren und sprachlosen Interaktionsformen, und d. h. die Vermittlung von Verstehen und Zusammenspiel, wird nun freilich nicht in einem kurzen Schritt erreicht. Seine Verwirklichung bedarf der Anstrengung über mehrere Stufen.

1. Der Analytiker erfährt den Widerspruch zwischen beschriebener Szene, an der er unmittelbar teilnimmt einerseits, und dem Selbstverständnis des Patienten von seinem szenischen Handeln (das der Analytiker als Teil der mitgeteilten Lebenswirklichkeit des Patienten versteht) andererseits. Der Widerspruch irritiert ihn und macht ihn auf problematische Szenen aufmerksam.

2. Der Analytiker vergleicht verschiedene Szenen in der »Wie-Deutung«. Die Problematik von Szene 1 wird mit der Problematik von Szene 2 gleichgesetzt. Dieser Vergleich kann bemerkenswerter Weise auch relativ deutungsfrei sein – der Analytiker kann sich z. B. darauf beschränken, auf die übereinstimmende Ratlosigkeit des Patienten zwei Situationen gegenüber aufmerksam zu machen. Er kann aber auch seine »Unterstellung« einer inhaltlich erfüllten Deutung der Situation anbieten, um komplementierend die Plausibilität seiner Deutung an beiden Stellen vorzuführen. Der Analytiker wird in keinem Fall aber die Übernahme seiner Situationsdeutung erreichen dürfen und wollen, denn: es muß im lebensgeschichtlichen Aufriß derjenige Punkt erreicht werden, an dem die Desymbolisierung (als Auseinandertreten von Bewußtsein und Handeln) lebensgeschichtlich konkret sich ereignete.

3. Diesen Weg schlägt die »wie-damals« Deutung ein: eine Situation heute ist *wie* eine Situation damals.

4. Damit ist schon der abschließende Schritt beschrieben: Indem der Analytiker die »Originalszene« des infantilen Konfliktes rekonstruiert

– vervollständigt er das bisher unverstehbare weil lückenhafte »*Bild* des Handlungszusammenhanges«. Dieser »Handlungszusammenhang« wird verstehbar, da er nun durchgängig benennbar ist;

– gibt er dem in der Analyse aktuellen unbewußt-unmittelbaren Zusammenleben den Namen, den es gemäß der konkreten Sozialisation des Analysanden erhalten muß. Namenlose – weil desymbolisierte – Praxis wird benannt.

Damit löst sich – punktuell – der Widerspruch zwischen Bewußtsein und Praxis beim Patienten auf. Zugleich wird die »privatsprachliche Isolierung«, die ja zugleich privatistische Praxisisolierung ist, aufgehoben in ein gemeinsames Sprachspiel zwischen Analytiker und Analysand. Im kreativen Moment der Resymbolisierung als dem Moment der Aufhebung wird nämlich die real-abstrakte Aufspaltung in »Sich-verhaltendes-Individuum da« und »Individuum dort« überwunden zugunsten des »Verhältnisses«, der »Interaktion« innerhalb der analytischen Dyade. Es wird die Trennung von Erkenntnis und Handeln aufgehoben in – beide Operationen gleichermaßen begründende – Grundelemente reflektierter menschlicher Praxis: der symbolischen Interaktionsform.

Das Wechselspiel zwischen Interaktion und Interaktionsform ist wieder auf die Höhe eines bewußten Zusammenhangs zwischen Handlung und Handlungsentwurf gehoben. Die Interaktionsform wird wieder zur symbolischen Interaktionsform, erscheint wieder als Motiv. Die Szene ist wieder als sprachlich zugängliche Szene hergestellt. Die analytische Dyade leistet die Wiederherstellung über die Realisierung einer wirklichen Szene (wobei in der Analyse die »Realisierung« in der beschreibenden Imagination erfolgt). Wird die Szene verstanden, so bekommt der szenische Entwurf, also die Interaktionsform wieder denjenigen Namen, der ihr lebensgeschichtlich zukommt. Die symbolische Interaktionsform ist wieder rekonstruiert.

Psychoanalyse als Erkenntnisprozeß, als »Analyse subjektiver Struktur«, und Psychoanalyse als »Methode der Strukturbildung«: beide Male gründet das Verfahren auf zwei Säulen; auf Erkennen *und* unmittelbarem lebenspraktischem Sich-Einlassen, Verstehen *und* Interagieren, wobei im kreativen Moment der Resymbolisierung Verstehen und Zusammenspiel identisch werden, in *einen* Vorgang zusammenfallen.

Auffallend ist, daß in der bisherigen Selbsteinschätzung der Psychoanalyse der eine Teil der Operation, nämlich der »verstehende« (sei er als Verstehen begriffen oder als Erklären mißverstanden) ganz im Vordergrund stand. Das unmittelbare Zusammenspiel wurde zwar mit den Begriffen Übertragung –

Gegenübertragung und Arbeitsbündnis bezeichnet und in Forderungen an den Analytiker (Fähigkeit zur Einfühlung, zur Empathie, zur Intuition) ausgewiesen. Als wissenschaftliche Methode jedoch blieb es unbeachtet. Nicht von ungefähr wurde auch meine Darstellung in *Sprachzerstörung und Rekonstruktion* immer wieder als Plädoyer fürs Verstehen *allein* angesehen, obgleich zentrale Begriffe wie der des »halbierten Sprachspiels«, sowie ausführliche Erörterungen wie die folgenden bereits eindeutig gekennzeichnet worden waren: die »funktionale Regression als Abstieg auf eine coenästhetische Teilhabe im unbewußten Zusammenspiel von Analytiker und Analysand«, und die nachfolgende »Progression auf das diakritische Niveau einer bewußten Teilnahme«, die andere Seite der psychoanalytischen Operationsweise.

Nun muß eine Würdigung dieser Verdunklung des praktisch dramatischen Teils der psychoanalytischen Operation berücksichtigen, daß es einige Verlockungen gibt, das psychoanalytische Verfahren als ausschließliche Sprachoperation (Sprachoperation im engeren Sinne) zu sehen.

Da ist zunächst einmal eine recht massive Verführung, jene Abneigung gegen ein Überschreiten der Gleichsetzung von »Sprachstruktur« und »Handlungsstruktur«, das Lucien Sève (zitiert in diesem Bande S. 170) als Widerstand gegen eine Verbindung individuellen Verhaltens mit gesellschaftlicher Praxis deutet. An anderer Stelle bin ich im Anschluß an eine analoge Kritik von Klaus Holzkamp[9] auf entsprechende sprachidealistische Barrieren im Problem der Bedeutung eingegangen.[10] Und sicherlich wird eine gründliche Auseinandersetzung mit Jacques Lacan, gegen den Sèves Bemerkungen sichtlich gerichtet sind, in dessen Sprachobjektivismus das Moment des Sprachidealismus herausarbeiten müssen. Lassen wir diese »objektive« Veranlassung zur Verleugnung unmittelbar praktischer Dramatik im psychoanalytischen Verfahren hier auf sich beruhen.

Es gibt innerhalb der psychoanalytischen Erfahrung noch andere Gründe für eine einseitige Sicht.

1. Wenn man die vorsprachlichen Bildungsprozesse erörtert und auf das intrauterin wirksame, organische Reaktionsspiel zwischen embryonalem und mütterlichem Organismus eingeht, bzw. auf das frühinfantile gestische Zusammenspiel in-

nerhalb der Mutter-Kind-Dyade zu sprechen kommt, so sind die mütterlichen Beiträge als Moment der mütterlichen Praxis, diese aber als Moment gesellschaftlicher Praxis aufzuzeigen. Gesellschaftliche Praxis aber ist sprachlich organisiert. Mütterliche Praxis ist Praxis eines Individuums innerhalb einer Sprachgemeinschaft. Gerade weil die intrauterine und frühinfantile Mutter-Kind-Dyade als Einheit, als ein Bildungssubjekt anzusehen ist, sind die Praxisfiguren der Mutter-Kind-Dyade als vorsprachlich, aber nicht außersprachlich zu bezeichnen.

Was aber heißt das? Einerseits: in Interaktionsformen und in die Organisation der Interaktionsformen geht die Sprachstruktur insofern ein, als die mütterliche Aktion und Reaktion sprachlich organisiert ist. Richtet man den Blick – wie das die Lacanisten tun – ausschließlich auf diesen objektiven Sachverhalt, setzt man Subjektivität mit Objektivität gleich, so wird das Unbewußte der menschlichen Sprachlichkeit eingegliedert, was freilich zu einer wahrhaft mystischen »Dialektik« zwingt – um auf der schlichten Ebene einfacher Vergleiche dann doch zu scheitern: das Haustier, das sich auf Eigenarten seines »Herrn« einstellt, bildet im Zusammenleben unmittelbar sensomotorische Reaktionsweisen aus, die man durchaus als Interaktionsformen bezeichnen kann. Gewiß setzt das Zusammenspiel später ein und greift darum in die basalen Figuren der ersten Auseinandersetzung zwischen Lebewesen und Lebenswelt nicht ein. Dennoch, die Einstellung (und nicht bloß Abrichtung) auf die Lebensformen des Menschen (nein, *dieses* Menschen!) ist noch ein zureichend konkreter Niederschlag einer vermittelten Interaktionsform. Sollen wir deshalb aber ein derartiges Tier als »sprachliches« Wesen, als »animal symbolicum« umklassifizieren? Das wäre sichtlich absurd, aber keineswegs absurder, als wenn wir uns zu dem oben angezeigten Schluß verführen ließen, das Unbewußte der konkreten »Sprachlichkeit« dieses Individuums einzugliedern. Wir haben eben nicht nur die objektiven *Bedingungen* individueller Struktur in der objektiven Struktur zu sehen (und wären schon da sprachidealistisch, wenn wir nicht in Sprache die Praxis erkennen würden) – sondern haben die *individuelle Struktur* wissenschaftlich zu erfassen. Und d. h. für eine Analyse der konkreten Sozialisationsvorgänge: Wir haben bei der Untersuchung der psychophysischen Bildungsgeschichte des Individuums die *Organisationsebene* zu beachten und müssen formulieren: auch sprachlich organisierte Interaktionsfiguren der Mutter-Kind-Dyade, also Figuren des Interagierens zwischen Mutter und Kind, werden vorsprachlich nur auf der Ebene unmittelbar sinnlichen Interagierens und das heißt in nichtsymbolischen Interaktionsformen niedergeschlagen. Sie stehen außerhalb der (noch nicht gebildeten) »Sprache des Individuums«.

Wenn symbolische Interaktionsformen desymbolisiert werden, und der Anteil »Interaktionsform« als Klischee aus der Sprache exkommuniziert wird, so wird zwar der Zusammenhang zwischen den Situationskomplexen und den dazugehörigen Sprachfiguren zerschnitten. Auf den beiden Ebenen, denen die symbolischen Interaktionsformen ja angehören – der Praxismatrix unmittelbar sinnlicher Interaktionsformen und der Sprachorganisation – verbleiben aber Verbindungsfäden zu benachbarten, noch nicht aufgespaltenen Sprachspielkomplexen. Entlang dieser Fäden läuft auch der Prozeß der Wiederannäherung über das Vorbewußte. Diese Fäden werden auch systematisch ausgenützt bei der vorstehend beschriebenen doppelgleisigen Operation der Resymbolisierung in der Psychoanalyse. Denn natürlich hat die symbolische Interaktionsform – aus der Klischee und Zeichen wurden – ihren Platz auf den beiden Ebenen gehabt.

Die Relevanz der Verbindungslinien – horizontal wie vertikal – ist nun aber recht irreführend, und zwar vornehmlich auch deshalb, weil diese Verknüpfung bei der inneren Wahrnehmung im Traumerleben sicherlich eine Rolle spielt. Nicht von ungefähr gehört ja auch die Verwechslung von Traumerfahrung und Resymbolisierung, von Traumproblematik und Logik der Traumwahrnehmung einerseits und unbewußtem Agieren andererseits zu den gängigen Verwechslungen sowohl des psychoanalytischen Selbstverständnisses wie der Fremdeinschätzung (s. in diesem Buch auch S. 146 ff.). Die Traumdiskussion hat schon vom ersten Augenblick an dazu verführt[11], die Erkenntnisproblematik (des Traumes) und die Problematik der Resymbolisierung miteinander zu identifizieren; die Annäherung ans Unbewußte in der Traumwahrnehmung als Modell des Bewußtmachens von Unbewußtem zu nehmen, und damit die Wege, die die Selbstwahrnehmung des Träumers geht, anthropologisch umzudeuten zum Weg der Selbstentfaltung eines Unbewußten; und weiter: von der Symboloperation des Traumes auf den Symbolcharakter des Unbewußten zu kommen; und schließlich aus der Sprachlichkeit der Traumbilder die Sprachlichkeit des Unbewußten zu postulieren; summa summarum: Verstehen allein als Methode der Resymbolisierung zu behaupten.

Halten wir demgegenüber fest: Es bedarf des szenischen Verstehens *und* der Re-Inszenierung im unmittelbaren Zusammenspiel, und zwar als konkreter Rekonstruktion der Konflikt- oder Defektlage.

3. Andere Verwechslungen tauchen erst auf, wenn man sich den Zusammenhang von Sprachfigur und Klischees klarmacht: So der Irrtum einer Verwechslung von *Begriff* und *Namen* einer Interaktionsform. Um es gleich an einem Beispiel zu zeigen: Der Begriff eines freundschaftlich-hilfreichen Vaters läßt sich unter Umständen durchaus auf den leibhaftigen Vater anwenden, auch wenn bestimmte Erfahrungskomplexe von »freundlich, hilfreich« in Beziehung zum Vater verdrängt sind. Nur, in szenischen Aktionen erweist sich der Ausfall bewußtseinsfähiger Interaktionsformen: Sei es, daß der »freundschaftliche« Umgang mit dem Vater bzw. der Vaterfigur zeichenhaft emotionslos ist, sei es, daß ein situationsimperatives (sohnhaftes) Unterwerfungsverhalten (weggeschoben etwa von realem Vater) agiert wird (bei einer davon abweichenden Selbstdeutung der Situation).

4. Eng damit verbunden ist eine andere Verwechslung, nämlich die von *»Beschreiben«* und *»Benennen«* einer Szene. Ebenso wie es möglich ist, ein Objekt mit einem zutreffenden Begriff zu belegen, ohne den Namen der gemeinten Interaktionsformen zu haben, läßt sich eine Szene auch ohne Namen beschreiben. Genau dies nützt das psychoanalytische Verfahren ja systematisch aus! Der Patient bringt ja nur den kleinsten Teil seiner aktuellen Szenen unmittelbar vor die Augen des Analytikers. Der überwiegende Anteil seiner Szenen wird durch Beschreibung dargestellt. Dem Psychoanalytiker wird das Drama des Patienten dann auf dieselbe Weise vorgeführt, wie dem Zuhörer ein vorgelesenes Drama – im Gegensatz zum vorgespielten. Bekanntlich sind da wie dort Identifikationen

möglich, und d. h., Zuhörer wie Zuschauer treten beide ins Drama ein; der Psychoanalytiker als Mitspieler (im Lesedrama).

In »Sprachzerstörung und Rekonstruktion« habe ich das Kuipersche Beispiel der »neidischen Schwester« zitiert, um an ihm eine Grenze des Verstehens zu demonstrieren[12]. Ich möchte die kleine Geschichte hier als Illustration der Möglichkeit des Beschreibens auch da, wo alle »Namen« versagen, wiederholen:

»Eine junge Frau ist umgezogen und hat ihr Haus eingerichtet. Sie hat keine Mühe gescheut und hat mit der Hilfe eines Innenarchitekten ihre Wohnung sehr geschmackvoll eingerichtet. Ihre Freunde und Bekannten haben sich anerkennend darüber geäußert. Nun erwartet sie den Besuch ihrer Schwester, die auch verheiratet ist, die sich jedoch finanziell nicht so viel erlauben kann, weil ihr Mann eine untergeordnete Berufsposition hat, und obendrein auch die Familie viel größer ist. Diese Schwester hatte sich bei früheren Gelegenheiten sehr lobend über den Innenarchitekten geäußert. Als sie kommt, guckt sie sich eben nur um und schweigt sich aus über die neu eingerichteten Zimmer. Die einzige Bemerkung, die sie macht, betrifft ein Bild an der Wand: Ich finde die Arbeit von – es folgt der Name des Malers –, die Franziska (eine Freundin von ihr) hat, doch eigentlich schöner und charakteristischer für ihn; dann plaudert sie über allerlei Familienangelegenheiten und weist darauf hin, daß sie nicht lange bleiben kann, weil sie in der Stadt essen will. Die Besitzerin der Wohnung ist enttäuscht. Als ihr Mann nach Hause kommt, erzählt sie, was sich ereignet hat, und fragt, warum sich wohl ihre Schwester nicht anerkennend über die Einrichtung der Wohnung geäußert hat. Er antwortet: »Das ist aus Neid.«

Damals hatte ich unter anderem folgende Schlüsse gezogen:

»1. Der Schwester war das, was ihr Verhalten bestimmte, unbewußt. Sie hätte, falls sie darüber nachgedacht hätte, ihren wirklichen Beweggrund nicht finden können.

2. Der ersten Beobachterin, der jungen Frau, war der fremdpsychische Zusammenhang unverständlich – auch für sie bestand hier eine *Schranke des Verstehens.*

3. Dem zweiten Beobachter aber, dem Mann, war der Zusammenhang sofort klar. Er verstand das Seelische und auch das, woraus es hervorging. Er versuchte, nicht nur das Verhalten, wie es vorlag, als unfreundlich zu klassifizieren (das konnte bereits die erste Beobachterin), sondern er war in der Lage, auch den Beweggrund, aus dem solche Unfreundlichkeit hervorging, anzugeben.«

In unseren Überlegungen bietet das Beispiel folgende Konstellation:

Person A (die Schwester) agiert, sie führt eine Szene vor.

Person B (die erste Beobachterin) beschreibt die Szene, die sie nicht versteht, für die sie keinen Namen hat,
Person C (der zweite Beobachter) sieht die Schwester nicht, hört aber zu, versteht und benennt die Szene.

Nehmen wir nun die Personen A und B zusammen, so haben wir den Patienten in der psychoanalytischen Behandlung vor uns. Person C ist der Analytiker, der, wie unser Ehemann im Beispiel, in die Szene in Gedanken eintritt und sie begreift.

Das kleine, einfache und anspruchslose Beispiel zeigt deutlich den unterschiedlichen Leistungsrahmen der *Beschreibung* einer Szene und ihrer *Benennung*. Gerade weil die Person B nicht verstand, was sie beschrieb, ist diese Figur ein besonders eindringlicher Zeuge für die Leistungskraft der Beschreibung und – umgekehrt gesehen – für deren Begrenztheit: die bloße Beschreibung der Szene ersetzt noch nicht die konkrete Verknüpfung von Namen und dramatischem Komplex.

Das Beispiel führt allerdings irre, wenn wir den Schritt nach der Deutung des Ehemannes mit der Resymbolisierung verwechseln. Um das Zitat von damals um einen Satz weiterzuführen. »Weit trägt das Beispiel noch nicht, und man mag einwenden, daß bis zur analytischen Deutung mit einem historischen Rückgriff auf die Kindheit noch ein langer Weg ist. Die Distanz verringert sich aber um ein Stück, sobald die Bemerkung ›so war sie immer schon‹ hinzugefügt würde. Das Beispiel stünde damit den psychoanalytischen Verständnisbildungen schon um ein beträchtliches Stück näher. Person B gewinnt hier von Person C zunächst nicht mehr als ein Zeichen zur Orientierung.«[13]

Alle diese Vertauschungen und Verwirrungen machten letzten Endes möglich, daß in der klassischen Neurose der entscheidende *Konflikt* – wie eingangs in unserem Genrebild bürgerlicher Persönlichkeitentwicklung ausgepinselt worden war – zwischen der unmittelbar-sinnlichen Grunddramatik (der Matrix individueller Praxis) einerseits und der sprachlich organisierten Normenebene andererseits sich abspielt. So jedenfalls ist der Grundkonflikt der allgemein typischen bürgerlichen Persönlichkeitsstruktur angelegt. Ein Konflikt, dem keiner entging, wie die generelle (und nur von einigen Künstlern bezeichnenderweise durchbrochene) Amnesierung der kindlichen Sexualität belegt. Die Übereinstimmung der Konfliktlinie mit der Differenz von sprachlich organisierter Regelhaftigkeit und vorsprachlich sinnlicher Regelhaftigkeit menschlicher Praxis hat dazu verführt, den Vorgang von der einen Seite her als ein Grenzproblem der Sprach- und Sprechproblematik zu formulieren.

Obgleich schon bei der klassischen Neurose nicht nur das Verfahren (wie gezeigt), sondern auch die Entwicklungspsychologie hinsichtlich psychologischer und neurosentheoretischer Grundannahmen eine Grenzüberschreitung fordern! Denn: der allgemein typische Konflikt wird ja individuell zur Störung vertieft, und zwar immer schon auf der Basis einer Störung der vorsprachlichen Geborgenheit, einer Störung also, die als Defekt der »präödipalen Vorbereitung der ödipalen Dramatik« begriffen wurde – richtiger aber zu begreifen wäre als Defekt der Grundmatrix individueller Praxis. (Hier berühren sich unsere Überlegungen auch mit denen von Deleuze und Guattari.[14])

Auch hier sei eine kleine Nebenbemerkung zur geschichtlichen Lage der Freudschen Patienten erlaubt. Die klassische Neurose ist die Hysterie. Darauf beziehen sich die zentralen Überlegungen zur Geschichte der Neurose. Diese Krankheit war, wie Freud (in einem bekannten Vorfall) schon früh demonstrierte, keine ausschließlich, aber eben doch wesentlich weibliche Erkrankung. Es wäre eine Studie wert zu untersuchen – nicht zuletzt an den frühen Freudschen Krankengeschichten wie dem Fall Dora –, *weshalb* die »Kosten« der spezifischen Persönlichkeitsstruktur von der einen Hälfte der bürgerlichen Klasse als Krankheit und Defekt auf der präödipalen Entwicklungsstufe des gestisch-unmittelbaren Zusammenspiels in der Mutter-Kind-Dyade und d. h. der Grundmatrix bezahlt wurden.

Die psychoanalytische Therapie hat immer schon eine doppelgleisige Operation verlangt. Was bei der klassischen Neurose aber immerhin noch verleugnet werden konnte (wenn auch mit groben Skotonomen), stellt sich bei der narzißtischen Persönlichkeit und den narzißtischen Störungen mit Entschiedenheit als Problem: die Formulierung der vorsprachlichen Praxismatrix auf dem Boden einer *nicht* sprachtheoretisch begründeten Entwicklungstheorie.

Übrigens stellte sich diese Problematik ja immer schon bei den großen Krankheitskreisen der Psychose (und den Grenzfällen, d. h. des border-line), sowie bei der psychosomatischen Medizin.

Auf die Psychothematik wird in diesem Band in einem anderen Aufsatz eingegangen. Die besondere Lage der psychosomatischen Persönlichkeitsstruktur hat Siegfried Zepf in einer umfassenden und eindrucksvollen Analyse dargestellt.[15] Ich kann darauf nur verweisen.

Alle diese Gruppen sind einer sprachtheoretisch begründeten Handlungs- und Sozialisationstheorie nicht zugänglich – jedenfalls nicht, wenn es um den Aufriß einer Persönlichkeitstheorie geht. Nicht umsonst berücksichtigen die Therapieversuche auf diesen Gebieten, sofern sie psychodynamisch ansetzten, allesamt schon immer »intuitiv« die Akzentuierung des unmittelbaren Zusammenspiels. Ganz abgesehen davon, daß einige neuere Versuche das unmittelbare Zusammenspiel vom Verstehen geradezu abgekoppelt und bis zum Zerrbild vereinseitigt haben, bieten auch alle diejenigen, die die Zweigleisigkeit des therapeutischen Zugehens bewahren, eine eindrucksvolle Gewichtsverlagerung. Das reicht von den Therapieunternehmungen bei den Psychosen – um da nur auf das aufschlußreiche Beispiel der Madame Sechehaye[16] zu verweisen – über die klinischen Modelle der psychosomatischen Medizin bis zu den Parametern der Borderline-Therapie und den therapeutischen Anregungen bei narzißtischen Störungen, die Kohut[17] vorgeschlagen hat.

Sicherlich kommt man in angemessene metatheoretische Einsichten des psychoanalytischen Verfahrens und in eine umfassende metatheoretische Beurteilung der entwicklungspsychologischen und neurosenpsychologischen Befunde über Psychoanalyse nur hinein, indem man sie als Teil sprachlich organisierten menschlichen Handelns versteht. Aber man bleibt auf einem abstrakten Verständnis des Verhältnisses von Individuum und Gesellschaft stehen und versäumt die Erfahrungen der Psychoanalyse als Lehre der individuellen Praxisstruktur und ihrer Zerstörung, wenn man den Rahmen einer sprachtheoretischen »Fundierung« nicht entschieden aufsprengt.

Anmerkungen

1 Ferruccio Rossi-Landi, *Sprache als Arbeit und als Markt*, München 1972, S. 111.

2 Ebd. S. 112 f.

3 Ebd. S. 113 f.

4 Vgl. Alfred Lorenzer, *Zur Begründung einer materialistischen Sozialisationstheorie*, Frankfurt 1973, sowie: ders., *Die Wahrheit der psychoanalytischen Erkenntnis*, Frankfurt 1974.

5 Gunnar Heinsohn, Rolf Knieper, *Theorie des Familienrechts. Geschlechtsrollenaufhebung, Kindesvernachlässigung, Geburtenrückgang*. Frankfurt 1974.

6 Klaus Horn, Einleitung in: ders. (Hrsg.), *Gruppendynamik und der »subjektive Faktor«. Repressive Entsublimierung oder politisierende Praxis.* Frankfurt 1972, S. 57 ff.

7 Sigmund Freud, Ges. Werke, London 1947, Band XII, S. 327.

8 George Devereux, International Journal of Psychoanalysis XXXII, 1951, S. 19.

9 Klaus Holzkamp, *Sinnliche Erkenntnis – Historischer Ursprung und gesellschaftliche Funktion der Wahrnehmung*, Frankfurt 1973.

10 Alfred Lorenzer, *Zur Konstitution von Bedeutungen im primären Sozialisationsprozeß*, in: Michael Schecker (Hrsg.), *Methodologie der Sprachwissenschaft*, Hamburg 1976.

11 Pieter Kuiper, Psyche XVIII, 1964/65, S. 15.

12 Alfred Lorenzer, *Sprachzerstörung und Rekonstruktion*, Frankfurt 1976, S. 73 f.

13 Ebd. S. 74.

14 Gilles Deleuze, Félix Guattari, *Anti-Ödipus*, Frankfurt 1974.

15 Siegfried Zepf, *Die Sozialisation des psychosomatisch Kranken*, Frankfurt 1976.
Ders., *Grundlinien einer materialistischen Theorie psychosomatischer Erkrankung*, Frankfurt 1976.

16 Marguerite Sechehaye, *Tagebuch einer Schizophrenen*, Frankfurt 1973.

17 Heinz Kohut, *Narzißmus*, Frankfurt 1973.

II.
Das Verhältnis von subjektiver und objektiver Struktur

5. Psychoanalyse als kritisch-hermeneutisches Verfahren

Ein alter Medizinerscherz lautet: der Chirurg kann viel, weiß aber nichts, der Internist kann nichts, weiß aber viel, und der Psychiater weiß nichts und kann nichts.

Zweifellos hat der Scherz heutzutage sein Recht ganz und gar eingebüßt: Die Chirurgie hat ihre Blasenschneider- und Feldschervergangenheit gründlich hinter sich gelassen und ihre Forschung bis auf den Stand raffinierter big-science-Laboratorien angehoben, die innere Medizin feiert inzwischen therapeutische Triumphe in einem Ausmaß, deren pharmazeutisch-pharmakologische Implikate nicht wenigen Furcht einjagen, und die Psychiatrie hat in diesem Jahrhundert nicht nur eine Phalanx bemerkenswerter Psycho-Pathologen hervorgebracht, sie hat nicht nur die klinische Situation – relativ zum Ausgangsstand damals – auffallend verändert, sondern hat auch die Grenzen der Medizin als »Sozialtherapie« da und dort praktisch in Frage zu stellen vermocht.

Dies alles zugegeben. Dennoch aber hat sich in einem Punkte die Situation nicht gewandelt: Die Mediziner repräsentieren nach wie vor eine Wissenschaftsgruppe, die kaum oder gar nicht auf ihr eigenes Tun und Vorgehen reflektiert – anders als die Wissenschaften im Kernbereich der Geisteswissenschaften oder der strikten Naturwissenschaften, die (wie idealistisch oder positivistisch auch immer) eine ausgedehnte wissenschaftstheoretisch-methodologische Diskussion entwickelt haben. Der Umstand, daß in jüngster Zeit die kritische Psychiatrie ein bloß halbherziges Unternehmen[1] genannt wird und daß so entschieden progressive Bewegungen wie etwa die Anti-Psychiatrie auf ihren »konservativen Gehalt«[2] hin sich kritisieren lassen müssen, hängt nicht zuletzt an der mangelnden Problematisierung von Theorie und Praxis in der Psychiatrie wie in allen anderen medizinischen Bereichen.

Diese Lage trifft auch für jene Disziplin – die Psychoanalyse – zu, deren Begründer vor einem halben Jahrhundert schon den naiv-starren Denkrahmen der Humanmedizin in Frage stellte mit der Bemerkung:

»Wir halten es nämlich gar nicht für wünschenswert, daß die Psychoanalyse von der Medizin verschluckt werde und dann ihre endgültige Ablagerung im Lehrbuch der Psychiatrie finde, im Kapitel Therapie neben Verfahren wie hypnotische Suggestion, Autosuggestion, Persuasion, die, aus unserer Unwissenheit geschöpft, ihre kurzlebigen Wirkungen der Trägheit und Feigheit der Menschenmassen danken. Sie verdient ein besseres Schicksal und wird es hoffentlich haben. Als »Tiefenpsychologie«, Lehre vom seelisch Unbewußten, kann sie all den Wissenschaften unentbehrlich werden, die sich mit der Entstehungsgechichte der menschlichen Kultur und ihrer großen Institutionen wie Kunst, Religion und Gesellschaftsordnung beschäftigen. Ich meine, sie hat diesen Wissenschaften schon bis jetzt ansehnliche Hilfe zur Lösung ihrer Probleme geleistet, aber dies sind nur kleine Beiträge im Vergleich zu dem, was sich erreichen ließe, wenn Kulturhistoriker, Religionspsychologen, Sprachforscher usw. sich dazu verstehen werden, das ihnen zur Verfügung gestellte neue Forschungsmittel selbst zu handhaben. Der Gebrauch der Analyse zur Therapie der Neurosen ist nur eine ihrer Anwendungen; vielleicht wird die Zukunft zeigen, daß sie nicht die wichtigste ist. Jedenfalls wäre es unbillig, der einen Anwendung alle anderen zu opfern, bloß weil dies Anwendungsgebiet sich mit dem Kreis ärztlicher Interessen berührt.«[3]

Die Psychoanalyse hat augenfällig die Grenze zwischen Medizin und Psychologie aufgelöst im Verständnis ihres Erkenntnisgegenstandes. Nur, wohin gehört ihr Verfahren? Was geschieht in der Psychoanalyse, was macht der Psychoanalytiker? – Und was macht der Psychoanalytiker anders als der Mediziner und anders als der Psychologe? Das sind Fragen, die angegangen werden müssen, soll dem naiven Vor-sich-hinwerkeln ein Ende gesetzt werden.

Die Untersuchung der logischen Struktur des psychoanalytischen Vorgehens hat dabei eine Schlüsselfunktion: Eben weil Psychoanalyse – nach Verfahren wie Theorie – an der Grenzscheide zwischen Medizin und Psychologie beheimatet ist, wirft deren Aufklärung auch Lichter nach beiden Seiten – und weiterreichend noch auf die alte Unterscheidung von geisteswissenschaftlicher versus naturwissenschaftlicher Humanwissenschaft.

I *Psychoanalyse: keine Naturwissenschaft vom Seelischen*

Hans Jürgen Eysenck, ein alter und recht bekannter Feind der Psychoanalyse, hat eine Publikation geschrieben unter dem

Titel »Niedergang und Fall des Freudschen Reiches«. Das Penthouse-Magazin, das die Arbeit verlegte, versah sie mit einem Deckblatt, das ein reichlich ramponiertes Freudbild und folgenden Text bietet:

»Ist die Psychoanalyse eine medizinische Verirrung? Glaube oder glaube es auch nicht, aber jedenfalls waren die Nachfolger Freuds durch 60 Jahre hindurch unfähig, einen Beweis dafür vorzulegen, daß ihre Behandlungen jemals Patienten geheilt haben.«[4]

Natürlich kann man achselzuckend über diesen Angriff hinweggehen und – nicht ohne narzißtische Befriedigung – vermerken, daß die heutige Psychoanalyse immer noch ähnlichen Anfeindungen ausgesetzt ist wie schon zu Freuds Zeiten, als der Psychiater Aschaffenburg 1906 feststellte, daß »Freuds Methode in den meisten Fällen falsch, in vielen Fällen nicht einwandfrei und in allen überflüssig sei«[5], oder der Geheime Medizinalrat Weygandt 1910 eine Diskussion mit der Bemerkung abbrach, »Freuds Theorien gingen die Wissenschaft nichts an, sondern seien eine Angelegenheit der Polizei . . .«[6]

Ein Achselzucken als Reaktion auf Eysencks Anfeindungen ist heute aber entschieden zu bequem; eine solche Reaktion übergeht auch leichtfertig das Quantum Schuld, das die Psychoanalytiker trifft, wenn von Freud – ich zitiere den Amerikaner Lionel Trilling – »kaum jemand . . . (mehr weiß) als seinen Namen und einige bis zur Unkenntlichkeit verzerrte und banalisierte Bruchstücke seiner sensationellen Thesen«.

Dabei steht es mit der Bekanntheit psychoanalytischer Theoreme ungleich besser als mit den Kenntnissen übers Verfahren – und eben dies ist vor allem Schuld der Psychoanalytiker selbst. Auch heute noch fällt nicht wenigen Psychoanalytikern auf kritische Einwendungen nichts besseres ein als die einladende Geste zur Couch hin und die Bemerkung: Wer die Trächtigkeit des Vorgehens und die Triftigkeit der Erkenntnisse bezweifelt, möge erst mal selbst eine Analyse machen – dann würde ihm beides von selber klar werden. Derartige Entgegnungen sind alberne Ausflüchte.

Wir sollten in der Tat die Forderungen, die in der Eysenckschen Polemik stecken, ernst nehmen. Freilich nicht, indem wir geflissentlich Erfolgskontrollen beiholen und Erfolgsvergleiche mit anderen Wissenschaften anstellen, sondern indem wir die Logik des psychoanalytischen Verfahrens en detail herausarbeiten. Allerdings müssen wir dazu vorab von der kurzschlüssigen Naivität Abschied nehmen, der Kritiker wie Eysenck anhängen. Der Naivität nämlich, es gäbe nur eine einzige Art psychologischer Erfahrungswissenschaft nach dem Modell der naturwissenschaftlichen Beobachtungs- und Erklärungswissenschaften, und Psychoanalyse müßte, soll sie als wissenschaftliche Psychologie anerkannt werden, nach diesem Paradigma funktionieren. Das aber ist nicht der Fall.

Indem die Psychoanalytiker selbst dieses Vorurteil teilten und teilen – Jürgen Habermas nannte es das »szientistische Selbstmißverständnis der Psychoanalyse«[7] – stärkte ihre verzweifelte Apologetik immer nur die Position ihrer Gegner.

Wenn ein so bedeutender Psychoanalytiker wie Heinz Hartmann vorbringt, die psychoanalytische Untersuchungs- und Behandlungssituation sei als ein »quasiexperimentelles« Verfahren[8] zu bezeichnen (weil er selbst Erfahrungswissenschaftlichkeit nur nach dem Modus der Experimentalwissenschaften denken kann), so müßte er genau zeigen, worin die methodische Minimalübereinstimmung mit Experimentalsituationen in einem hieb- und stichfesten Beweisgang besteht. Gelingt das nicht – und Paul Ricoeur hat kurz und knapp festgestellt, daß solcher Nachweis völlig gescheitert ist[9] – so ist der Verdacht nicht abzuweisen, der quasi-experimentelle Charakter sei bestenfalls ein fast-experimenteller, um den es nicht besser steht als um die Behauptung einer Frau, sie sei fast schwanger, was ja nichts anderes bedeuten kann, als daß sie nicht schwanger ist.

Und wenn Psychoanalytiker schließlich sagen, Psychoanalyse sei eine Naturwissenschaft »unter den besonderen Bedingungen der klinischen Situation«[10], so ist ihnen kühl entgegenzuhalten, daß jeder Vergleich mit der Medizin und der ärztlichen Behandlung am Krankenbett nur die Kritiker bestätigt. Die Medizin ist nämlich nur deshalb eine Naturwissenschaft, weil sie am Krankenbett die Resultate ihrer physiologischen und pathophysiologischen Experimente und ihrer strikt beobachtungswissenschaftlich organisierten Morphologie einsetzt. Dieser naturwissenschaftliche Verfahrenskern, der allen Anforderungen einer naturwissenschaftlichen Beweislogik Rechnung trägt, fehlt in der Psychoanalyse aber gänzlich.

Nun gibt es Psychoanalytiker, die bescheiden genug, dieser Einsicht zustimmen und zugeben, daß die psychoanalytische Operation in der analytischen Stunde per se keineswegs den Normen entspricht, die für ein Verfahren im Sinne naturwissenschaftlicher Wissenschaftlichkeit gefordert werden.

Diese Psychoanalytiker halten gleichwohl aber an dem naturwissenschaftlichen Selbstverständnis bzw. Selbstmißverständnis der Psychoanalyse fest, indem sie ihre Hoffnung und Mühe auf szientifische Zutaten und verwissenschaftlichende Zusätze richten. Sie merken nicht, daß ihre Zugeständnisse die herkömmliche und gegenwärtige Psychoanalyse, die ihre Erkenntnisse ohne alle diese Zutaten gewann, an den wissenschaftlichen Katzentisch setzt, an einen Platz, mit dem das Freudsche Selbstbewußtsein von der Wissenschaftlichkeit der analytischen Sitzung und ihrer Resultate sich niemals zufrieden gegeben hätte.

Es ist eine ganz andere Sache, ob man psychoanalytische Erfahrungen zusätzlicher naturwissenschaftlicher Untersuchung unterwirft – was ein interessantes interdisziplinäres Vorhaben ist – oder ob man das psychoanalytische Vorgehen in der analytischen Sitzung szientistisch perfektionieren will, bzw. glaubt, szientistisch perfektionieren zu sollen und zu können. Eine so gemeinte Verwissenschaftlichungsaktivität weist der bestehenden Psychoanalyse den zweifelhaften Rang einer vorwissenschaftlich-intuitiven Kunst zu und erspart damit den Gegnern der Psychoanalyse genau jene Frage, an der diese in Verlegenheit zu bringen sind: Zu erklären, weshalb ein Verfahren, das angeblich keinen zureichenden erfahrungswissenschaftlichen Wert hat, dennoch Erkenntnisse produzieren konnte, die naturwissenschaftlich methodenstreng angelegten Überprüfungen standhalten; zu erklären, weshalb psychoanalytische Theoreme längst alle humanwissenschaftlichen Theorien durchsetzen, obgleich die Psychoanalyse angeblich keine richtige Wissenschaft ist.

Diese Paradoxie läßt sich innerhalb des von der Psychoanalyse wie ihren Gegnern geteilten einheitswissenschaftlichen Standpunktes, für den Beobachtungs- und Erklärungswissenschaft mit Erfahrungswissenschaft identisch ist, freilich nicht lösen. Das einheitswissenschaftliche Vorurteil muß erst fallen. Psychoanalyse muß als Paradigma einer nichtbeobachtungs-

und nichterklärungswissenschaftlichen Erfahrungswissenschaft aufgezeigt werden. Dies setzt voraus: Die psychoanalytischen Operationen sind en miniature und frei von jedem szientistischen Diktum zu untersuchen. Was not tut, ist eine Darstellung der eigenständigen psychoanalytischen Erkenntnisbildung.

In Annäherung an unser Thema möchte ich von einer ganz simplen Gegenüberstellung ausgehen: Nehmen wir die Abhandlung der Fallgesetze in einem physikalischen Lehrbuch. Die Darstellung kann sich mit spärlichen Daten begnügen: Versuchsanordnung, Versuchsmaterial, Verlauf, Hypothese usw. Wann und wo die Fallgesetze entdeckt wurden, welche Materialien verwendet worden waren usw. – derlei mag in einer Fußnote kurz erwähnt werden, – notwendig für das Verständnis ist solche Kenntnis überhaupt nicht. Die Notierung von Beobachtungsdaten und die Formulierung der Hypothese – letztere im System der physikalischen Hypothesen – genügt.

Nicht viel mehr an Daten benötigt der Aufweis des Kausal-Zusammenhangs zwischen der Einwirkung eines bestimmten Giftstoffes und einem toxischen Schmerzsymptom. Auch da kann sich die Darstellung mit einigen knappen Daten begnügen, bei denen nicht einmal erwähnt werden mag, ob das Leiden einen Mann oder eine Frau trifft, ob der Patient in Amerika lebt oder Europa usw.

Mit diesen knapp reduzierten oder jedenfalls reduzierbaren Aufrissen vergleiche man nun die Freudschen Krankengeschichten. Schon in der Studie über Hysterie[11] nimmt die Darstellung der Schmerzkrankheit des Fräulein Elisabeth von R. fünfundfünfzig Seiten ein. Beim Fall Dora sind es hundertdreiundzwanzig Seiten.[12] Der Wolfsmann[13] hat einen ähnlichen Umfang. Zieht man den Raum ab, den theoretische Erörterungen einnehmen, so bleibt immer noch eine ungemein eindrucksvolle Differenz zwischen dem Umfang jener und dieser Darstellungen übrig. Der formelhaften Kürze naturwissenschaftlicher Protokolle steht die geradezu novellistisch-romanhafte Breite der Freudschen Krankenbeschreibungen gegenüber.

Sollen wir annehmen, das sei verschuldet durch unexakte Geschwätzigkeit, durch eine undisziplinierte Weitschweifigkeit? Oder müssen wir nicht daran den Anstoß zur Vermutung gewinnen, daß die Verknüpfung der wichtigen Feststellungen in diesen Krankengeschichten einen ganz anderen Weg einschlägt, in ganz anderer Weise vor sich geht als in naturwissenschaftlich-psychologischen Untersuchungen?

Ein genauer Vergleich zeigt denn auch: Während bei den naturwissenschaftlichen Protokollen ein paar Daten genügen, die, zu einer Linie verbunden, eine sichere Aussage ermöglichen, werden im Falle der psychoanalytischen Krankendarstellungen alle einzelnen Phänomene in einen ganz umfänglich ausgebreiteten Kontext gestellt. Die einzelnen Phänomene gewinnen erst in solchen Zusammenhängen einen Wert, ja sie werden überhaupt erst brauchbar, wenn sie als Momente eines umfassenden Gesamtzusammenhanges zum Sprechen gebracht werden, bzw. präziser gesagt: Wenn ihre individuell-konkrete Bedeutung in einem Gesamtzusammenhang, den wir »diese Lebensgeschichte dieses Patienten« nennen, bestimmt wird.

Selbstverständlich gibt es auch ausführliche naturwissenschaftliche Protokolle, gibt es auch langgeratene Anamnesen und Befundberichte in den experimentellen Humanwissenschaften. Was aber auch das längste Protokoll da von der kürzesten psychoanalytischen Episode dort noch unterscheidet, ist die zentrale, die fundamentale Funktion der Dialektik von Einzelnem und Ganzem im psychoanalytischen Erkenntnisgang. Nur indem sich einem das Ganze der Lebenssituation allmählich erschließt, bekommen die Einzelphänomene ihre zutreffende Bedeutung. Nur indem die Einzelphänomene ihr Bedeutungsprofil zeigen, entfaltet sich das Ganze als ein Sinnzusammenhang menschlicher Praxis.

Dieses Wechselverhältnis von bedeutungsvollem Einzelnen und sinnvollem Ganzen, von Bedeutungen im Verhältnis zum Sinnganzen, ist in den Geisteswissenschaften seit alters her als hermeneutischer Zirkel bekannt.

Eine solche hermeneutische Zirkelhaftigkeit aber zeichnen schon die ersten Krankendarstellungen der Psychoanalyse aus, z. B. das Grunddokument der zukünftigen Wissenschaft, nämlich der Fall Anna O. Alle frühen und erst recht alle späteren Protokolle der Psychoanalyse verraten den Erkenntnisprozeß eines hermeneutischen Zirkels; und das trifft erst recht zu für die Traumanalysen, die als Paradebeispiel hermeneutisch zirkulärer Bedeutungsanalysen anzusehen sind.

Als flüchtige Illustration des psychoanalytischen Vorgehens möchte ich eine Episode benutzen, die ich Lajos Székely[14] verdanke. Sie lautet folgendermaßen:

»Der Patient X. erzählt, daß er gestern abend Streit mit seiner Frau bekam. Im Laufe der Stunde wurde klar, was es mit diesem Streit auf sich hatte: Der Patient erwähnte nämlich, daß seine Frau ihm noch vor dem Streit mitteilte, daß sie die Menstruation bekommen hatte. Er wurde – Székeley – böse, weil er wieder einmal darüber enttäuscht war, daß seine Frau nicht schwanger geworden war.«

Wohlverstanden, der Satz »Er wurde böse, weil er enttäuscht war, daß seine Frau nicht schwanger geworden« ist eine Feststellung des Analytikers, ein Schluß, der einen Wahrheitsanspruch erhebt. Es ist nicht eine Mitteilung des Patienten, deren Stichhaltigkeit zu prüfen wäre – zu prüfen zumal vor dem Hintergrund eines Mißtrauens gegenüber Selbsttäuschungen, die ja gerade die Psychoanalyse selbst aufdeckte, zu prüfen mit methodischen Einrichtungen, die hieb und stichfest genug jene überprüfbare Validität garantieren, die naturwissenschaftliche Untersuchungsresultate beanspruchen können.

Aber merkwürdig, unser Analytiker ist sicher, zuverlässig den wirklichen Beweggrund der Wut erfaßt zu haben. Ja, er beläßt es nicht einmal bei jener Annahme, sondern geht noch einen Schritt weiter, indem er in aller Bestimmtheit präzisiert: »Der Patient wurde wütend, weil für ihn die Nichtschwangerschaft bedeutete, daß seine Frau in ihm einen kleinen Jungen sieht.« Das ist nun eine Aussage, die in dem Grade, in dem sie tatsächlich unerwartet nicht-trivial gehaltvoll ist, auch als halsbrecherisch kühn anmuten muß hinsichtlich des Anspruches, verläßlich festzuhalten, was an verborgenem Fremdpsychischem hinter der Wut steht.

Wenn wir nicht zugeben wollen, daß Aussagen solcher Art bloß willkürlich Verknüpfungen sind, willkürliche Unterstellungen, so müssen wir annehmen, daß solche Erkenntnis in der Tat *ganz anderen Regeln folgt, ganz andere Möglichkeiten und Grenzen hat* als naturwissenschaftliche Erkenntnis.

In der Psychoanalyse kann es offensichtlich nicht darum

gehen, Beobachtungsdaten im Lichte einer Theorie zu fassen, wie dies in den Naturwissenschaften geschieht, und die Beobachtungsdaten hypothetisch deduktiv einer Theorie zu subsumieren. Hier werden offensichtlich ganz andere Pfade gegangen, um den verborgenen Inhalt des Verhaltens zuverlässig zu ermitteln, und dementsprechend wird selbstverständlich auch ein gänzlich anderes Untersuchungsergebnis herauskommen. Um es kurz vorweg zu sagen: Nicht Aussagen über allgemeine menschliche Verhaltensgesetzlichkeiten werden abgefragt und im Beweis gesichert, das Verhalten wird hier vielmehr in seiner lebensgeschichtlich-individuellen Eigenart (und davon ausgehend in seiner gruppentypischen bis epochenübergreifend typischen Eigenart) identifiziert. Die Wut wird in ihrer besonderen Bedeutung bei diesem Individuum herausgearbeitet. Das einzelne Phänomen wird als Moment eines individuell-wirklichen lebensgeschichtlichen Sinnzusammenhangs erst durchsichtig gemacht. Und nur in dem Maße, in dem der Analytiker die einzelnen Szenen in den individuell konkreten Sinnzusammenhang der Gesamtsituation des Lebens stellen kann, gewinnt er die überraschende Sicherheit, die wir vorher mit Verwunderung oder Befremden wahrnahmen. Nur indem die Berichte der Szene als Moment der Lebenssituation verstanden werden, wird die Szene durchsichtig. Sie wird in ihrer konkreten Bedeutung niemals faßbar außerhalb des hermeneutischen Zirkels von Einzelszene und lebensgeschichtlichem Gesamtzusammenhang. Die Bedeutung der Einzelszenen verdeutlicht sich zugleich mit der Erfassung des Sinnganzen *dieses* Individuums.

Es versteht sich, daß dieses Vorgehen in allen Einzelheiten anders ist als die naturwissenschaftliche Erklärung, bei welcher der Untersucher von vornherein seinen Theorierahmen umschrieben-dingfest in einem Katalog von Hypothesen zur Hand hat, wobei er als Beobachter seinen Beobachtungsgegenstand klar abgegrenzt und von sich distanziert gegenüberstehen hat. In der Psychoanalyse ist alles anders.

Übrigens hat schon Freud mehrfach den Vergleich nach der anderen Seite hin gezogen, bis hin zum Vergleich von Psychoanalyse, Textinterpretation und der Enträtselung alter Schriften. Allen grob szientistischen Selbstmißverständnissen zum Trotz verdeutlichen diese Vergleiche, daß die Psychoanalyse sich immer auch schon in der Nähe von geisteswissenschaftlichen Strukturanalysen wußte. Das szientistische Selbstmißverständnis hat die Einsicht zwar vernebelt, aber nicht ganz verdeckt, daß die Psychoanalyse tatsächlich Strukturanalyse ist. Genauer gesagt: Eine Analyse subjektiver Erlebnisstruktur.[15]

Psychoanalyse teilt denn auch mit den Geisteswissenschaften die hermeneutische Trias, nämlich

1. das Voranarbeiten im hermeneutischen Zirkel zwischen Einzelnem und Sinnganzem. Nur auf dem Hintergrund der Gesamtanalyse werden Einzeltatsachen durchsichtig.

2. die Abarbeitung der hermeneutischen Distanz zwischen der eigenen und der fremden Position. Dem Überwinden der zeitlichen und kulturellen Unterschiede in den Geisteswissenschaften entspricht dabei in der Psychoanalyse die Überwindung der Distanz zum Fremdpsychischen. Nur indem der Analytiker die Position seines Patienten sich detailliert vergegenwärtigte, konnte er mit der entsprechenden Sicherheit die Bedeutung der Rolle des Patienten in diesen Szenen identifizieren. Und

3. das Voranarbeiten mit Hilfe von Vorannahmen als vorweggenommenen Momenten des zu ertastenden Sinnzusammenhanges. Diese Vorannahmen müssen zwangsläufig dem eigenen Erfahrungshorizont entnommen werden; sie sind Schritt für Schritt den Momenten des fremden Erfahrungshorizontes anzunähern, und sie nähern sich in dem Maße an, in dem eigener und fremder Sinnzusammenhang korrespondieren. Wer die fremden Bilder verstehen will, muß von den eigenen ausgehen. Er darf darin aber nicht gefangen bleiben, sondern hat eine Vermittlung zu leisten in einem fortlaufenden reflektierten Aneignungs- und Preisgabeprozeß. Wer Schopenhauer lesen und verstehen will, muß in die Schopenhauersche Welt eintreten[16] – wenn es genügen mag, in die seiner Gedanken einzudringen.

Es versteht sich, daß dieses Voranarbeiten, diese Analyse subjektiver Struktur, methodisch streng geregelt und in ihrer methodologischen Eigenart genau bestimmbar ist. Wenn ein Psychologe – wie geschehen – in einer gutachtlichen Stellungnahme der Psychoanalyse die experimentelle Psychologie als »methodenbewußte Psychologie«, die mit »exakten Methoden« arbeite, gegenüberstellt, so hätte er – übereinstimmend mit unseren bisherigen Überlegungen – gewiß recht, wollte er damit sagen, Psychoanalyse sei kein naturwissenschaftlich szientifisches Verfahren. Aber das meint und sagt er nicht: Seine Gegenüberstellung soll Psychoanalyse als methodenblind und unexakt-unmethodisch, als unwissenschaftlich abtun, weil der Betroffene seinerseits die wissenschaftliche Analyse des Psychischen auf das hypothetisch-deduktive Verfahren experimenteller Psychologie beschränken will – weil er selbst methodenblind ist gegenüber dem andersartigen Vorgehen, den andersartigen Regeln und Erkenntniszielen psychoanalytischer Untersuchung. Es ist höchste Zeit, solcher Beschränktheit bei Freund wie Feind abzuhelfen.

Freilich ist nicht nur nach dieser Seite der experimentellen Wissenschaften hin eine klare Grenze zu ziehen. Abzugrenzen sind Theorie und Praxis der Analyse subjektiver Struktur als kritisch-hermeneutisches Verfahren auch nach der anderen Seite hin, nämlich gegenüber der geisteswissenschaftlichen Hermeneutik, mit der die Psychoanalyse, wie eben angedeutet, in wichtigen methodischen Punkten übereinstimmt.

Greifen wir nochmals den Satz auf: »Wer Schopenhauer lesen und verstehen will, muß in die Schopenhauersche Welt eintreten – wenn es auch genügen mag, in die seiner Gedanken einzudringen.« An eben diesem Punkte zeichnet sich ein einschneidender Unterschied zu dem ab, was psychoanalytischer Hermeneutik abverlangt wird. Im psychoanalytischen Verfahren kann der Kontext nicht nur ein bloßes Gedankensystem sein. Das Ganze, auf das hin die in ihrer Bedeutung zu ermittelnden Einzelphänomene zu beziehen sind, ist nicht in den staubfreien Höhen der geistigen Figuren zu suchen, sondern muß lebenspraktisch unmittelbar sein, muß sich auf die Lebenspraxis *dieses* Patienten einlassen. Die Hermeneutik, dieses feine Fräulein aus alter Familie, wird in der Psychoanalyse zu einem sinnlich-unmittelbaren Verhältnis verführt. Denn der Zusammenhang, um den es hier geht, das Erlebnis, beansprucht nichts weniger als die sinnliche Unmittelbarkeit der in Lebensgeschichte und Lebensraum entfalteten Lebensweise eines Menschen.

Dementsprechend müssen im psychoanalytischen Erkenntnisprozeß die Vorannahmen auf diese Lebenspraxis ausgerichtet sein, sie müssen *lebenspraktische Vorannahmen*[17], Momente der Lebenspraxis sein. Nur so dienen sie der Annäherung von Analytiker und Analysand. Nur so können die Vorannahmen des Psychoanalytikers in zweierlei Hinsicht funktionieren, nämlich einerseits: als Deutungsmuster des Verstehens, die auf eine Vermittlung zum Sinngefüge, zum Symbolsystem des Patienten hin ausgerichtet sind. Das verweist implizit schon auf die andere Seite: Die Psychoanalyse beschäftigt sich mit diesem Symbolsystem nämlich nur deshalb, weil die Symbole[18] die Funktion haben, das Handeln, das Verhalten des betreffenden Subjektes zu regulieren. Was die Psychoanalyse will, ist diese Regulation zu verändern, genauer: fehlerhafte Handlungs- und Verhaltensregulationen zu bereinigen. Anders gesagt: Die Psychoanalyse trachtet nur deshalb nach einer Erkenntnis des Fremdpsychischen, setzt dabei nur deshalb die lebenspraktischen Vorannahmen ein, um die verhaltensrelevanten Erlebnisfiguren des Patienten zu ermitteln. Die »Vorannahmen« mit denen der Psychoanalytiker beim detektivischen Erkunden des Fremdpsychischen operiert, haben also immer schon eine lebenswirksame Kehrseite, und das ist die andere Seite, auf die das psychoanalytische Verstehen vor allem aus ist. Die Erkenntnis des Fremdpsychischen ist in der Psychoanalyse nicht das Hauptziel der Operation. Hauptziel ist die Verhaltensänderung, die freilich nur über eine hermeneutische Operation möglich ist.

Um diese These zureichend verstehen zu können, müssen wir einen kurzen Blick auf die Entwicklung der Persönlichkeitsstrukturen[19] werfen. Wir müssen uns klarmachen, wie genau die psychoanalytischen Erkenntnisinstrumente und Erkenntnisoperationen ihrem Erkenntnisgegenstand, nämlich den Persönlichkeitsstrukturen und ihrem operativen Ziel, der Veränderung dieser Persönlichkeitsstrukturen, angemessen sind.

Der Kürze wegen fasse ich die wichtigsten Sachverhalte der Bildung individueller Denk- und Handlungsstrukturen zu zwei Grundthesen zusammen.

1. Alle menschlichen Erlebnisfiguren sind Resultate einer Auseinandersetzung zwischen der Natur des Kindes und dem Verhalten seiner Umwelt. Es sind – so muß man abstrakter sagen – Resultate einer Synthesis zwischen der inneren Natur

des Kindes und der dem Kind konkret vermittelten gesellschaftlichen Praxis.

Diese Synthesis zwischen innerer Natur und gesellschaftlicher Praxis – schon in der Konstitution der Triebwirklichkeit – bildet die Denk- und Handlungsfiguren gemäß den Formen einer bestimmten Gruppe, einer bestimmten Klasse in einer bestimmten Gesellschaft und auf einen bestimmten geschichtlichen Stand ab. Dies geschieht mit der Konsequenz, daß innerhalb des gesellschaftlichen Gefüges jeder seinen besonderen »sozialen Ort« erhält, wie Bernfeld[20] das schon formuliert hat.

2. Alle Grundfiguren menschlichen Erlebens, alle Grundelemente von Denken und Handeln müssen in den jeweilig individuell-konkreten lebensgeschichtlichen Bildungsprozessen hergestellt werden. Sie sind der Niederschlag dessen, was sich zwischen dem Kind und seinen Beziehungspersonen wirklich abspielt. Vornehm theoretisch ausgedrückt: sie sind der Niederschlag realer zwischenmenschlicher Interaktionen. Jedes Individuum hat also seinen besonderen individuellen Ort in den gesellschaftlichen Zusammenhängen. Das schließt ein: Die Sinnstruktur eines jeden Individuums gewinnt ihre eigene Ausprägung und individuelle Entfaltung schon von Anbeginn an. Diese Sinnstruktur muß als Gefüge des lebenspraktischen Grundmuster, der Handlungs- und Denkmuster in jeder Ontogenese jeweils erneut produziert werden und beginnt mit den allerfrühesten, noch intrauterinen Reizreaktionen, die sensomotorisch registriert werden.

Eine alte psychoanalytische Grundeinsicht möchte ich danach folgendermaßen formulieren: Das Erleben als ein Ganzes und alle einzelnen Erlebnisfiguren hängen von den realen Beziehungsfiguren ab. Die Menschen können nur in den Figuren handeln, die ihnen einsozialisiert wurden als Niederschlag realer Interaktion, d. h. als Interaktionsformen. Das ist eine Kernthese der hier vertretenen Deutung der Psychoanalyse als Analyse subjektiver Struktur. Subjektive Struktur als Niederschlag des Interagierens, als Gefüge von Interaktionen beinhaltet auch – wie man allen ängstlichen psychoanalytischen Scholastikern zum Trotz sagen muß: Das Es und das Ich bestehen aus nichts anderem als den individuell hergestellten Interaktionsformen.

Die ersten Strukturen, die gebildet werden, die ersten Interaktionsformen, sind sensomotorische Reiz-Reaktions-Komplexe. Verfolgen wir deren Schicksal weiter. Ich konzentriere mich auf folgenden Verwandlungsschritt. Die frühkindlich bewußtlos eingestellten Interaktionsformen erfahren in der Spracheinführung eine einschneidende qualitative Verwandlung. In der Spracheinführung werden die Interaktionsformen mit Sprachfiguren verbunden. Genauer: Die sensorisch-motorischen Engramme der frühen Reiz-Reaktionszirkel zwischen Mutter und Kind werden mit sprachmotorisch-akustischen Komplexen verknüpft – womit die vordem bewußtlosen Interaktionsformen bewußtseinsfähige, und d. h. symbolische Interaktionsformen werden.

Symbolische Interaktionsformen sind also die aus sensomotorischen Verhaltensentwürfen und sprachmotorisch-akustischen Engrammen zusammengefügten Elemente bewußten Handelns und Denkens.

Ich will gleich eine nächste Stufe der Veränderung der Interaktionsformen abhandeln, um schneller zur Darstellung der tiefenhermeneutischen Aufgabenstellung der Psychoanalyse zu kommen.

Die eben beschriebene Einheit von sensomotorischen Komplexen und sprachmotorisch-akustischen Komplexen, und das heißt, die Einheit von bestimmten Interaktionsformen und Sprachfiguren, ist auflösbar. Überall dort z. B., wo die einsozialisierten Interaktionsformen, diese urtümlichen Verhaltensentwürfe, mit den in den Sprachfiguren eingelassenen Handlungsnormen kollidieren, und weder das einsozialisierte Verhalten aufgegeben noch die Normen verändert werden können, kommt es zu einer Auflösung der Einheit innerhalb der symbolischen Interaktionsform. Die symbolische Interaktionsform zerfällt wieder, Sprachfiguren und bestimmte Interaktionsform werden wieder voneinander getrennt. Das erbringt momentan einen bedeutenden Vorteil – und in der Folge einige gewichtige Nachteile. Der Vorteil ist: Der Streit zwischen den bewußtlos einsozialisierten Verhaltensfiguren und den in Sprache enthaltenen Handlungsnormen wird geschlichtet. Konflikthaft einander widerstreitende Verhaltensentwürfe entgehen auf diese Weise dem Systematisierungsdruck der Sprache. Man muß sich ja klar machen, daß mit dem

Erwerb der Sprache, das heißt mit der Symbolisierung der Interaktionsformen, alle Interaktionsformen in Beziehung zueinander gesetzt werden. Widersprüche werden so auch zwischen denjenigen Interaktionsformen, die im unmittelbaren Lebensvollzug gar nicht zusammen vorkommen, problematisch, konflikthaft. Dieser Konflikt wird durch Desymbolisierung, und d. h. in der klassischen psychoanalytischen Terminologie, durch Verdrängung und Isolierung bereinigt, bzw. zu bereinigen versucht. Die desymbolisierten Interaktionsformen verlieren dabei jedoch ihre Bewußtheit. Bewußtsein ist ja an die Verknüpfung von Interaktionsformen mit Sprachfiguren gebunden.

Mit der Formulierung des neurotischen Konflikts und seines Ausgangs als Desymbolisierung wird die besondere Aufgabe der psychoanalytischen Hermeneutik in Umrissen erkennbar: Hermeneutik muß nicht nur die daraus resultierende Bedeutungsdifferenz überwinden, sondern hat als Tiefenhermeneutik die aus Sprache, und d. h. aus dem Sinn- und Bedeutungszusammenhang ausgeschlossenen Interaktionsformen zurückzuholen in den Bereich symbolischer Interaktionsformen.

Diese Aufgabe bringt eine Schwierigkeit mit sich, die unüberwindlich erscheint. Jede, also auch die psychoanalytische Hermeneutik erscheint nämlich entmachtet angesichts des Dilemmas, das man wie folgt ausdrücken kann. Was grundsätzlich nicht verständlich ist, kann nicht verstanden werden; d. h. »auf gut psychoanalytisch« mit Hartmann: Die Grenze zum Unbewußten ist eine unüberwindliche Grenze für jedes reine Verstehen.

Tatsächlich sprengt die Lehre vom tiefenhermeneutischen Charakter der Psychoanalyse die bisherigen Grundannahmen von verstehender Psychologie und von Hermeneutik. Die tiefenhermeneutische Bedeutung der Psychoanalyse ist eben nicht nur eine Provokation der einheitswissenschaftlichen Szientisten, sondern auch eine Provokation ihrer Gegner, nämlich der Hermeneutiker.

Wenn das so ist, wie operiert aber die Psychoanalyse abweichend von naturwissenschaftlicher Nomologie und geisteswissenschaftlicher Hermeneutik? Ich will das kurz – aber unvermeidlicherweise deshalb wohl etwas abstrakt – skizzieren.

Die Psychoanalyse entwickelt eine hermeneutische Doppelstrategie. Sie geht in zwei scherenartig einander zugeordneten Operationen vor.

Die eine Operation ist der Begriff des Verstehens in einer besonderen Form: Nämlich als szenisches Verstehen.

Das psychoanalytische Verstehen richtet sich darauf, die Mitteilungen des Patienten als Darstellung von Situationen, Szenen, dramatischen Arrangements, d. h. also insgesamt als Darstellung von szenisch ausgespielten zwischenmenschlichen Beziehungsfiguren zu erkennen. Indem der Psychoanalytiker sich die Mitteilungen des Patienten szenisch vergegenwärtigt, bringt er sich die Grundelemente der betreffenden subjektiven Lebenspraxis, nämlich die Interaktionsformen als das vor Augen, was sie ursprünglich waren, nämlich als reale Figuren des menschlichen Zusammenspiels. Die Interaktionsformen haben wir uns ja ausschließlich als Niederschläge szenischen Interagierens zwischen Mutter und Kind und allen späteren Beziehungsfiguren klargemacht. Als szenisches Verstehen ist das psychoanalytische Verstehen demnach in seiner Form genau eingestellt auf die szenische Struktur der Grundelemente menschlicher Praxis.

Diese szenischen Verstehensformen entsprechen mithin strukturell auch den frühen noch nicht bewußten und den nicht mehr bewußtseinsfähigen, d. h. den unbewußten Grundelementen von Handeln und Denken. Genau das ist aber das besondere psychoanalytische Erkenntnis- und Therapieziel: Diese desymbolisierten Interaktionsformen im Dunkel der Bewußtlosigkeit zu erfassen und heraufzuholen.

Mit der Einstellung der Form szenischen Verstehens auf die Form der (dem Verstehen selbst nicht zugänglichen) Verhaltensbausteine, ist der Abgrund zu den sprachlosen Interaktionsformen aber noch nicht ausgefüllt. Es sind nur Brückenköpfe auf beiden Böschungen aufeinander ausgerichtet. Zum Überbrücken des Abgrundes ist das Zusammenwirken von *szenischem Verstehen* mit einem ganz anderen Vorgehen notwendig. Nennen wir es das *»unmittelbare Zusammenspiel«*.

Der Analytiker läßt sich ja real in eine Beziehung ein. Er wird zur greifbar-konkreten Beziehungsperson innerhalb der realen Inszenierung in der verbalen und averbalen »Darstellung« des Patienten. Mag das geistig-körperliche Zusammenspiel in der Analyse auch noch so minimiert sein, – das Drama von Übertragung und Gegenübertragung, Zusammenarbeit im Sinne des analytischen Arbeitsbündnisses und emphatischem Miteinanderagieren läuft insgesamt gleichwohl in realen Spielfiguren ab. Das so intellektuell-gedankenblaß anmutende Ineinander von Assoziieren des Patienten und Interpretieren des Analytikers basiert tatsächlich auf dem Lebendigwerden von Verhaltensmustern. Das »Wieder-erinnern« bezeugt – um es altertümlich auszudrücken – die Epiphanie der unterdrückten Interaktionsformen.

Hier wiederum genügt aber auch das bloße Lebendig-machen der Interaktionsformen alleine nicht – die unbewußten Interaktionsformen sollen ja nicht nur agiert, sondern ins Bewußtsein zurückgeholt, und d. h. wieder resymbolisiert werden. Das ist an eine strenge Bedingung geknüpft: Wenn die beiden aufgespalteten Teile menschlicher Praxis, die verhaltensbestimmenden Interaktionsformen auf der einen Seite und die Sprachfiguren auf der anderen Seite, wieder zum vollen Sprachspiel zusammengefügt werden sollen, so muß der Zusammenhang in genau jener konkreten Verkoppelung von Interaktionsformen und Sprachfiguren erfolgen, die dem realen Sozialisationsablauf dieses Patienten entspricht. Beliebige Verknüpfungen sind wertlos. Es muß die lebensgeschichtlich genaue Rekonstruktion derjenigen Erlebnisstrukturen geleistet werden, die bestanden hatten, als die Sprachzerstörung stattfand, und d. h., es muß der damalige Konflikt im aktuellen und unmittelbaren Zusammenspiel eingestellt, und es muß die Konfliktsituation in den lebensgeschichtlich genau zu ihr passenden Sprachfiguren begriffen werden.

Eine letzte Bemerkung zu den lebenspraktischen Vorannahmen des Analytikers:

Die eingesetzten lebenspraktischen Vorannahmen des Psychoanalytikers sind selbstverständlich nicht identisch mit den alltäglichen Vorannahmen. Die im psychoanalytischen Verfahren eingesetzten lebenspraktischen Vorannahmen sind systematisiert im Zusammenspiel zwischen unmittelbarer Erfahrung und Theoriefiguren.

Doch auf dieses Problem des Verhältnisses von hermeneutischem Prozeß und Theorie kann ich hier nicht mehr eingehen.

II. *Und doch: Psychoanalyse als hermeneutische Naturwissenschaft vom Seelischen.*

Eine genaue Beschreibung des psychoanalytischen Vorgehens würde uns erlauben, die Unterscheidung zwischen Tiefenhermeneutik und klassischer Hermeneutik, sowie zwischen Tiefenhermeneutik und naturwissenschaftlich-nomologischen Disziplinen klar zu ziehen. Ich möchte mich auf einige andeutende Thesen beschränken.

Gegen verstehende Psychologie und klassische Hermeneutik ist zu sagen: Tiefenhermeneutik orientiert sich nicht an der Diltheyschen Unterscheidung: »Die Natur erklären wir, das Seelenleben verstehen wir«. Der Gegenstand der Tiefenhermeneutik ist ein ebenso »natürlicher« wie seelischer. Die Interaktionsformen, auf die hin Tiefenhermeneutik angelegt ist, gehören als Resultate einer Synthesis des praktisch-dialektischen Bildungsprozesses ebenso zur Natur wie in den Bereich gesellschaftlich-geschichtlicher Gegenstände.

Psychoanalytische Theorie ist auch nicht eine von Lebenspraxis abgehobene Geisteswissenschaft, sie ist unmittelbar lebenspraktisch. Sie ist Theorie der psychoanalytischen Operation als Eingriff in individuelle Praxis. Kurz gesagt, psychoanalytische Theorie ist Theorie subjektiver Praxis.

Diese Formel markiert auch den Unterschied zum »üblichen« naturwissenschaftlichen Vorgehen. Um Tiefenhermeneutik als eine von den nomothetischen Naturwissenschaften abzugrenzende Erfahrungswissenschaft verstehen zu können, müssen wir ein geschichtsblindes Vorurteil aufgeben. Das Vorurteil nämlich, der wissenschaftliche Umgang des Menschen mit Natur erfolge ausschließlich in der Weise, wie sie in den modernen Naturwissenschaften seit dem Beginn der Neuzeit, also seit wenigen Jahrhunderten, im exemplarischen Erfassen eines Gegenstandsbereichs geübt wird, der aus dem Gesamt der gesellschaftlichen Lebenspraxis ausgeklammert ist; die wissenschaftliche Auseinandersetzung mit Natur wird auf ein hypothetisch-deduktives Kontrollieren herausisolierter Bedingungskomplexe beschränkt.

Die strikte Gleichsetzung von Naturwissenschaft mit dem experimentell-nomologischen Verfahren hat ihre Gründe im Überwuchern der instrumentalistischen Verfügung über Natur gegenüber dem sozialen Charakter menschlicher Praxis. Ich möchte auf die geschichtlichen Bedingungen dieser Entwicklung nicht eingehen, sondern lediglich feststellen: Der experimentell-naturwissenschaftlichen *Einheit von Beobachten und Erklären* steht eine andere Erfahrungswissenschaft mit der Einheit von Verstehen und Begreifen in der Form von *lebenspraktischem Verstehen und Begreifen der Lebenspraxis* gegenüber. Die Einheit von Verstehen und Begreifen hat gegenüber der geschichtlich jüngeren Einheit von Beobachten und Erklären ältere Rechte erneut geltend zu machen – freilich nicht mit einem rivalisierenden Alleinvertretungsanspruch, wie ihn für die Psychologie in umgekehrter Richtung Autoren wie Eysenck vorbringen, sondern in Darstellung der unterschiedlichen Erkenntnismittel und im Präzisieren der unterschiedlichen theoretischen wie praktischen Aufgaben und Ziele.

Auch weiterhin wird es naturwissenschaftliche Untersuchungen des Menschen geben, instrumentell in Funktionen eingreifende Beobachtungen und Experimente im Sinne »bedingungskontrolliert-exemplarischer Praxis«[21]. Solche »Naturwissenschaft« vom Menschen steht, als experimentelle Psychologie zum Beispiel, im klaren Gegensatz zur klassischen Hermeneutik, die als »Kulturwissenschaft«[22] die Struktur menschlicher Symbolformationen in den Blick faßt.

Von beiden Positionen hebt sich Psychoanalyse eindeutig ab. Psychoanalyse ist als Tiefenhermeneutik den Naturwissenschaften wie den Kulturwissenschaften gegenüber das Paradigma eines Verfahrens, das diese Trennung aufhebt. Sie verfährt in Teilnahme und Teilhabe[23] an *direkter* Praxis in der Interaktionseinheit der psychoanalytischen Dyade. Gegenstand ihrer Erkenntnis, der der »gemeinsamen Praxis« der analytischen Dyade entnommen wird, ist die »Interaktionsform«, die als Produkt der Strukturbildung in menschlicher Sozialisation sowohl der Naturgeschichte des Menschen (weil innere wie äußere Natur in diese Figur eingehen) wie auch der Sozialgeschichte (als gesellschaftlich formbestimmte Praxisfigur) angehört.

Gegenüber der »bedingungskontrolliert-exemplarischen Praxis« der Beobachtungs- und Erklärungswissenschaften leistet die psychoanalytische Einheit von Verstehen und Begreifen freilich eines nicht: Sie bietet kein Beweisverfahren, sie kann nicht validieren bzw. falsifizieren, vermag keine allgemeinen Gesetzesaussagen zu bilden. Ihre Aussagen sind Formulierungen der lebensgeschichtlichen Besonderheit ihres Gegenstandes. Und wo ihre Erkenntnis das individuell-lebensgeschichtliche überschreitet (was sie allemal bei der Theoriebildung muß), formuliert sie Aussagen über Typen, die auch auf der abstraktesten Ebene noch die lebensgeschichtliche Ortsgebundenheit der Einheit von Analytiker und Analysand enthalten. Genau das macht die Stärke wie Schwäche der psychoanalytischen Erkenntnis gegenüber den experimental-psychologischen Aussagen aus, bestimmt ihre Andersartigkeit. Psychoanalyse ist jedoch immer auch eine Naturwissenschaft: als wissenschaftliche Erfassung der Einheit von Natur und Geschichte im Individuum. Psychoanalyse ist »hermeneutisch verfahrende« *Natur*wissenschaft und zugleich *Sozial*wissenschaft – ein Widerspruch, der sich nur im historischen Materialismus auflöst.

Nach der anderen Seite hin ist die Differenz nicht geringer. Gegenüber klassischer Hermeneutik wird die psychoanalytische Typologie – das Gebäude der metapsychologischen Formeln – niemals die systematische Geschlossenheit und Intensität erreichen, die geisteswissenschaftlichen Begriffssystemen eignet. Aus der Verankerung in der – nirgends voll aufhellbaren – direkten Praxis erwächst ein unablöslicher Widerstand, der andererseits aber auch Garantie gegen die Herauslösung von Erkenntnisgegenstand und Erkenntnisverfahren aus der geschichtlichen Realität von Sozialisationsprozessen ist. Psychoanalytische Hermeneutik ist lebenspraktisch.

Die beispiellose Reinheit ihres Vorgehens hebt die Psychoanalyse sowohl von den medizinischen wie psychologischen Wissenschaftsoperationen ab. Sie läßt die Psychoanalyse aber gerade damit paradigmatisch sein für eine Fülle von praktisch-ärztlichen wie praktisch-psychologischen Operationen, die von der herrschenden Methodologie ins obskure Abseits gedrängt und verleugnet wurden. Darüberhinaus: Weil das Verleugnete aus der immer schon geübten Alltagspraxis stammt, eröffnet die Kenntnis des Paradigmas »Psychoanalyse« Einblicke in Dunkelbereiche von unbegriffenem alltäglichen Verhalten. Dies allein schon gibt Grund zu einer genauen Abklärung der logischen Struktur des psychoanalytischen Vorgehens.

Wofür aber auch immer die Einsicht ins psychoanalytische Verfahren dienen mag, vier Merkmale sind festzuhalten:

1. Alles Verstehen im psychoanalytischen Prozeß ist zentriert und bezogen auf die Verstehensweise des »szenischen Verstehens«. In dieser Form stellt sich das Verstehen auf einen ganz bestimmten Gegenstand ein: die »szenischen Entwürfe«, die »Interaktionsformen« des Analysanden. Gerade darin ist Psychoanalyse beispielgebend. Denn jedes lebenspraktische Verstehen, das die konkrete *soziale* Wirklichkeit des Analysanden nicht ausklammert, muß den Weg über die subjektiven Beziehungsentwürfe suchen, sich also auf die szenisch ausgebreiteten Interaktionsformen einstellen.

Damit soll nicht behauptet werden, die soziale Wirklichkeit wäre nur auf diesem Wege zugänglich. Wer sich über eine Analyse objektiver gesellschaftlicher Prozesse der Lebenspraxis annähert, kann auf das »Szenische« – aber eben auch auf das Verstehen insgesamt verzichten (das Spektrum der subjektiven »Struktur« freilich fällt dann auch zusammen zur objektivierten Individualität). Will man darauf aber nicht verzichten – und keine Untersuchung der subjektiven Struktur, kein alltagspraktisches Eingehen auf Fragestellungen von zwischenmenschlichen Beziehungsfiguren kann davon absehen – so muß man verstehend, genauer: »szenisch verstehend«, vorgehen.

Verständigung aber ist überall dort, wo man nicht unproblematisch schon verständigt ist, erst einmal herzustellen. Psychoanalyse hat dieses Herstellen einer Verständigung auf die Höhe der wissenschaftlichen Methode gehoben: Der Prozeß beginnt mit dem Akzeptieren gemeinsamer Sprachzeichen, die der Verstehende identifiziert. Die Evidenz dieses Identifizierens sichert freilich noch nicht mehr als den bloßen Kommunikationsfluß, sie garantiert keineswegs ein Verständnis der Bedeutungen. Darauf aber kommt es an. Erst die Einigung auf gemeinsame Bedeutungen rückt an Stelle einer bloßen Gemeinschaft von Sprachzeichen ein gemeinsames Sprachspiel, hebt, zumindest punktuell, die privatsprachliche, und d. h. zugleich die praktische, Isolierung von Individuen, »die sich nicht verstehen konnten«, auf.

2. Den Abbau der Bedeutungsdifferenzen kann Psychoanalyse nur leisten als »hermeneutisches Verfahren«. Psychoanalyse hat aus ihrer hermeneutischen Operation aber nicht nur eine Theorie gewonnen (daß sie eine Theorie gewinnt, ist allerdings recht bedeutsam und unterscheidet alleine dadurch schon Psychoanalyse von einer hermeneutischen Kunst), sie verändert nicht nur fortwährend ihre Theoriestücke im Zuge ihres hermeneutischen Operierens, sondern sie setzt Theorie in einer – hier nicht weiter auszuführenden – Weise funktional im hermeneutischen Prozeß ein.[24]

Alle Feststellungen über die psychoanalytische Hermeneutik aber müssen von der Grundeinschätzung von Hermeneutik als einem Verfahren ausgehen. Die schon von Habermas[25] getroffene Abgrenzung der Hermeneutik »als Auslegetechnik« von der »philosophischen Theorie Hermeneutik«[26] ist dadurch zu radikalisieren, daß man aufzeigt, wie diese Technik insbesondere als Tiefenhermeneutik funktioniert.

3. Gerade weil die Abgrenzung gegen das naturwissenschaftlich-szientistische Selbstmißverständnis der Psychoanalyse es durchgängig fordert, die psychoanalytischen Operationen als hermeneutisch zu sehen, Hermeneutik aber so ausdrücklich ans Verstehen, also an den Austausch auf der Ebene der Symbole gebunden ist, besteht die Gefahr, die stets vorhandene andere Seite der Tiefenhermeneutik zu übersehen: *das unmittelbare Zusammenspiel* zwischen Analytiker und Analysand. Erst dieses Zusammenspiel ermöglicht den tiefenhermeneutischen Übergriff über die Grenze des unverständlich Unbewußten. Erst in Bildung einer Interaktionsdyade werden Interaktionsformen hergestellt, die Antagonismen zwischen Interaktionsformen produktiv aufgehoben, und wird Struktur als praktische Basis der Sprachsymbole »produziert«. Und noch die unkomplizierteste Rekonstruktion »symbolischer Interaktionsformen« aus desymbolisierten bedarf des Ineinanderwirkens von »unmittelbarem Zusammenspiel« und »Verstehen«. Tiefenhermeneutik steht allemal auf diesen beiden Pfeilern.

4. Ein Grundmerkmal des tiefenhermeneutischen Vorgehens wurde zwar im Titel dieses Aufsatzes angezeigt, bisher aber noch nicht thematisiert: Psychoanalyse als kritisches Verfahren. Dieser Punkt läßt sich in der Tat hier nicht einmal

skizzenhaft abhandeln – er ist zu sehr verflochten mit der Kernfrage der Psychoanalyse als einer Wissenschaft, nämlich dem Problem der »Wahrheit« der psychoanalytischen Erkenntnis.[27] Dennoch muß wenigstens angedeutet werden, worauf sich der Anspruch eines kritisch-hermeneutischen Vorgehens stützt:

In seiner Rekonstruktion der Psychoanalyse-Auseinandersetzung der Frankfurter Schule hat Russell Jacoby im Begriff der »negativen Psychoanalyse« den Gegenstand dieser Wissenschaft von dem der positiven Psychologie unterschieden und folgendermaßen umrissen: Gegenstand der Psychoanalyse ist das Individuum, das in der bürgerlichen Gesellschaft »entindividualisiert, subjektlos . . . unselbständig und unpersönlich ist«. Theorie negativer Psychoanalyse ist demgemäß die »eines subjektlosen Subjekts oder einer noch nicht befreiten Subjektivität«.[28] Lassen wir offen, wie weit die bestehende psychoanalytische Begrifflichkeit hinter der Möglichkeit einer derartigen »negativen Psychoanalyse« zurückbleibt und wie weit die Wirklichkeit der Entindividualisierung der Individuen bloß zum Vorschein, nicht aber auf den zutreffenden Begriff gebracht wird. Bereits jenes Zum-Vorschein-Bringen wäre nicht möglich, vermöchte es die psychoanalytische Methode nicht, durch die Vorspiegelungen »selbstbewußter Subjektivität« hindurch die Selbst- und Subjektlosigkeit der Subjekte zu erfassen. Die Möglichkeit »negativer Psychoanalyse« jedenfalls gründet in einer methodischen Wendung: Nicht das »Gesunde«[29] ist der Ansatz der psychoanalytischen Untersuchung, sondern das »Kranke«, das in seiner objektiven Bedingtheit Zeugnis ablegt von den objektiv-gesellschaftlichen Deformierungen. Dem »Leiden« wird nicht das Bild der Normalität entgegengehalten, die »Vorannahmen«, mit denen der Psychoanalytiker beim Verstehen und Begreifen operiert, sind auch keineswegs Vorgriffe auf herrschaftsfreie Beziehungen, sie sind ihrerseits keineswegs dem gesellschaftlichen Verblendungs- und Deformationszusammenhang enthobene Entwürfe idealen Lebens. Sie bringen nur insofern einen höheren Grad an Freiheit gegenüber den destruktiven gesellschaftlichen Zwängen in den Verständigungsprozeß ein (und müssen dies einbringen), als in sie die Resultate einer realen (wenngleich partiellen) Aufhebung der Deformation – in der Vielzahl von erkenntnisbildenden Analysen – und die Resultate einer punktuellen Subjektbildung in den analytischen Dyaden eingegangen sind.

Der Ansatz am Leiden als der Erscheinung von konkreter, objektiv bedingter Subjektlosigkeit, das Verfahren einer lebensgeschichtlich konkreten Rekonstruktion der Schädigungsvorgänge und das Ergebnis einer Wiederherstellung punktueller Subjektivität (mit der Fähigkeit zur Reflexion aufs eigene Handeln, der Fähigkeit zur Diskussion über Handlungsregeln und zur Freiheit gegenüber Situationszwängen[30] heben nirgendwo die Aussagen über die Struktur der Persönlichkeit und die therapeutische Praxis aus der Geschichte heraus aufs Podest einer absoluten Wahrheit, sie richten lediglich den Erkenntnisgang auf das Gefälle vom Leiden zu seiner Aufhebung aus, auf das Gefälle vom – objektbedingten – Verlust der Subjektivität zu deren punktueller Wiederherstellung.

Anmerkungen

1 Russell Jacoby, *Laing, Cooper und das Verhältnis von Gesellschaftstheorie und Psychotherapie,* in: Das Argument 89, S. 52.
2 Irma Geiss: *Der konservative Gehalt der Antipsychiatrie,* in: Das Argument 89, S. 31.
3 Sigmund Freud: *Die Frage der Laienanalyse,* G. W. Bd. XIV, S. 283 f.
4 *Graphis Annual,* 1973/74, Zürich 1973, S. 126.
5 Ernest Jones, *Leben und Werk von Sigmund Freud,* Bd. II, S. 138, Bern & Stuttgart, 1962.
6 Ebd. S. 136.
7 Jürgen Habermas, *Erkenntnis u. Interesse,* Frankfurt 1968.
8 Heinz Hartmann, *Die Grundlagen der Psychoanalyse* (1927), Stuttgart 1972, u. *Die Psychoanalyse als wissenschaftliche Theorie,* Psyche, XVIII, 1964, S. 445.
9 Paul Ricoeur, *Die Interpretation,* Frankfurt 1969.
10 Helmut Thomae u. Horst Kächele, *Wissenschaftstheoretische und methodologische Probleme der klinisch-psychoanalytischen Forschung,* Psyche XXVII, 1973, S. 205, S. 309.
11 Sigmund Freud, *Studien über Hysterie, Fräulein Elisabeth v. R.,* G. W. Bd I, S. 196.
12 Sigmund Freud, *Bruchstück einer Hysterie-Analyse,* G. W. Bd. V, S. 161.

13 Sigmund Freud, *Aus der Geschichte einer infantilen Neurose*, G. W. Bd. XII, S. 27.
14 Lajos Székely, Diskussionsbemerkung anläßlich meines Vortrags vor der schwedischen Psychoanalytischen Gesellschaft in Stockholm 1975.
15 Alfred Lorenzer, *Die Wahrheit der psychoanalytischen Erkenntnis*, Frankfurt 1974, insbes. Kap. VII.
16 Ludwig Binswanger, *Einführung in die Probleme der Allgemeinen Psychologie* (1922), Nachdruck 1965, S. 257.
17 Anm. 15, Kap. V.
18 Alfred Lorenzer, *Kritik des psychoanalytischen Symbolbegriffs*, Frankfurt 1970.
19 Alfred Lorenzer, *Zur Begründung einer materialistischen Sozialisationstheorie*, Frankfurt 1972.
20 Siegfried Bernfeld, *Der soziale Ort und seine Bedeutung für Neurose, Verwahrlosung und Pädagogik*, Inngo 1929, S. 299.
21 Klaus Holzkamp, *Konventionalismus u. Konstruktivismus*, Zeitschrift für Sozialpsychologie 2, 1971, S. 24.
22 Heinrich Rickert, *Kulturwissenschaft und Naturwissenschaft*, Tübingen 1921.
23 Alfred Lorenzer, *Sprachzerstörung und Rekonstruktion*, Frankfurt 1970, Kap. VI.
24 Anm. 15, Kap. V–VII.
25 Jürgen Habermas, *Der Universalitätsanspruch der Hermeneutik*, in: *Hermeneutik und Ideologiekritik*, Frankfurt 1971.
26 Hans Jörg Sandkühler, *Praxis und Geschichtsbewußtsein*, Frankfurt 1973, S. 75.
27 Anm. 15, Kap. VI.
28 Russell Jacoby, *Negative Psychoanalyse und Marxismus*, Psyche XXIX, 1975, S. 961.
29 Anm. 18, Kap. IV, Anm. 23, Kap. III, Anm. 19, Kap. IV.
30 Anm. 23, Kap. VI, Anm. 19, Kap. VIII.

6. Anatomie einer Verständnisbarriere

Anmerkung zu Psyche 1976, Heft 6, Symbol und Unbewußtes, Diskussionsbeiträge zu Alfred Lorenzer

Ein Autor, der an der allgemeinen wissenschaftlichen Diskussion teilnimmt, kann nicht damit rechnen, daß ihm nur zustimmende Beiträge oder einsichtig-kontroverse Auffassungen entgegentreten. Er muß immer auch Mißverständnisse in Kauf nehmen und wird dabei die Entdeckung machen, daß daraus fruchtbare Anstöße und die Chance, Differenzen zu und Übereinstimmungen mit anderen Konzepten schärfer zu fassen, erwachsen können.

Aus einem Mißverständnis wie der von Klaus Menne[1] unterstellten Gleichsetzung von szenischem Verstehen und unmittelbarem Zusammenspiel lassen sich zum Beispiel nicht minder sinnvoll die gegenseitigen Positionen herausprofilieren wie aus der zutreffend erhobenen – für Menne aber befremdlichen – Annahme einer »Regelhaftigkeit klischeebestimmten Verhaltens« – ganz abgesehen von der polemischen Fruchtbarkeit einer Bemerkung wie der folgenden:

> »Wenn der ›eigentliche‹ Gegenstand (der Psychoanalyse, K. M.) hinter den sprachlichen Phänomenen . . . außersprachliche, nämlich unbewußte Interaktionsformen« (Lorenzer 1973 B, S. 38) sind, dann ist theorie-immanent nicht klar, warum der psychoanalytische Prozeß im Medium der Sprache verläuft. Die entscheidenden Leistungen sollten ja Sprache gerade nicht in Anspruch nehmen.«[2]

Ich werde darauf eingehen, sobald Mennes Aufsatz ungekürzt vorliegt. Von dieser Art ist das Verständnis und sind die Mißverständnisse in den Aufsätzen von Emma Moersch und Karola Brede[3] nicht. Da steht nicht Auffassung gegen Auffassung, Argument gegen Argument; es durchsetzen nicht da und dort Verzerrungen die Darstellung, es wird vielmehr vor dem gegnerischen – nämlich meinem – Konzept ein Strohmann aufgebaut, der schließlich keinen Blick mehr aufs dahinter Verborgene zuläßt.

Angesichts dieser Lage kann man der Ansicht sein; Verzerrungen solcher Art nähmen den Verständigungsabbruch vorweg, der Versuch der Freilegung einer Diskussionsbasis sei also verlorene Liebesmüh. Außerdem mag eingewandt werden, jeder, dem das arg verzerrte Konzept in Umrissen vertraut sei, werde die Verzeichnung selbst erkennen. Ich halte solche – gewiß feine – Zurückhaltung für unfair gegenüber einem großen Diskussionskreis, der sich mit der Thematik nur beiläufig befaßt, aber ein Recht darauf hat, daß grobe Fehlinformationen zurechtgerückt werden – nicht zuletzt vom Autor selbst. Dies soll geschehen, wobei ich mich natürlich auf die folgenschweren Fehldeutungen und Fehldarstellungen beschränke.

Der Vorwurf der Fehldarstellung weckt zwangsläufig die Frage nach deren Motiv. Um eine m. E. ebenso unfruchtbare wie falsche Vermutung von vornherein auszuschalten: daß sich zwei gewissenhafte Autoren wie Moersch und Brede einer absichtlichen Falschdarstellung schuldig gemacht hätten, scheidet aus. Es verbleiben mithin nur die beiden anderen Möglichkeiten:

Die Kritik könnte sich auf dunkle, vieldeutige Stellen oder auch offen gebliebene Lücken im Konzept beziehen; Fehlinterpretationen und Fehlverknüpfungen gingen dann zumindest teilweise zu Lasten des referierten Autors.

Genau dies trifft im vorliegenden Fall aber nicht zu: Nicht nur sind alle Problembereiche, die verzerrt wurden – ich werde die wichtigsten ja nachstehend vorführen –, schon in der »Kritik des psychoanalytischen Symbolbegriffs«[4], und in »Sprachzerstörung und Rekonstruktion«[5] ausführlich abgehandelt und in ihrer Diskussionstendenz gegenläufig zu den Bildern von Moersch und Brede klargestellt worden. Vielmehr gilt darüberhinaus noch: Diejenigen Themenkomplexe, um die sich die Darstellung von Moersch und Brede dreht, sind alle in den späteren Publikationen in jeweils langen Kapiteln, und zwar eindeutig gegensätzlich zu den Unterstellungen von M. und B., abgehandelt worden:

– So steht der Normalitätsunterstellung

> »Lorenzer hingegen präsentiert eine fiktive Normalität, eine Erlebniswelt, in der ein Individuum im vollen Besitz der Bedeutungen seiner Lebensgeschichte an einem Schnittpunkt alles symbolisiert und nichts verdrängt.« (S. 503)

(die von Moersch schon auf der ersten Seite vorgebracht wird, die immer wieder auftaucht und bei Brede sogar eine zentrale

Stelle ihrer Kritik bildet) alles entgegen, was in der »Wahrheit der psychoanalytischen Erkenntnis«[6] steht. Das zentrale siebte Kapitel dieser Publikation ist ausschließlich dem Argument gewidmet, daß die Rechtfertigung der Psychoanalyse als nichtmanipulatives Verfahren – in Therapie und Erkenntnis »ganz und gar davon abhängt, *nicht* auf dem Punkt einer »fiktiven Normalität« begründet zu sein. Ich werde darauf eingehend zurückkommen.

– So steht der mehrfachen Behauptung, in meinem Konzept verlaufe der Vergesellschaftungsprozeß über Sprache, das Unbewußte sei *gänzlich* gleichgesetzt mit dem Verdrängten und d. h. Desymbolisierten und Sprachexkommunizierten (vorgebracht in der folgenden Wendung von Brede)

> »Ein solches Unbewußtes läßt Lorenzer nur gelten, wenn Repräsentanzen auf Grund von Verdrängung dem öffentlichen Sprachgebrauch entzogen und als Klischees dynamisch wirksam werden.« (S. 478)

oder der Behauptung von Moersch

> »So setzt Lorenzer die Teilhabe an der Sprachgemeinschaft voraus, um das Unbewußte konstituieren zu können. Die Psychoanalyse hingegen postuliert, daß sich aus dem Es (Ubw) die Instanzen des psychischen Apparats bilden, die ein Subjekt sprach- und handlungsfähig machen.« (S. 528)

alles entgegen, was zum ausführlich abgehandelten Problem der Konstitution des Unbewußten in »Zur Begründung einer materialistischen Sozialisationstheorie«[7], und der »Wahrheit . . .« sich findet. Niemand, der auch nur einen oberflächlichen Blick auf den Klappentext der beiden Bücher geworfen hat, kann verkennen, daß keine der genannten Mutmaßungen zutrifft, daß vielmehr das genaue und in extenso ausgeführte Gegenteil gilt. Auch darauf, insbesondere auf das delikate zweite Zitat, werde ich zurückkommen.

Nun hat sich Emma Moersch freie Hand für ihre Mutmaßungen geschaffen, indem sie ausschließlich die Literatur bis 1970 sich vornimmt und alles spätere (1971, 1972, 1973, 1974) ignoriert, obgleich schon die unterschlagenen Titel hätten verraten können, daß just zu den Themen ihrer Vermutung Stellung bezogen wird. Bei Brede ist das Vorgehen beinahe noch drastischer: Sie führt die Titel auf, entlastet sich von der Auseinandersetzung aber mit der pauschalen Feststellung:

»In der jüngsten Publikation von Lorenzer über *Die Wahrheit der psychoanalytischen Erkenntnis* (1974 b) stehen für »Symbol« und »Klischee« die Begriffe »symbolische Interaktionsform« und »bestimmte Interaktionsform«. Diese terminologischen Neuerungen hängen mit dem Versuch zusammen, die interaktionstheoretische Neufassung der Psychoanalyse im historischen Materialismus zu verankern. Da Lorenzer, wie ich meine und an einem zentralen Punkte zeigen werde, aus den theoretischen Schwierigkeiten, in die er sich durch die Arbeiten *Kritik des psychoanalytischen Symbolbegriffs* (1970 a) sowie *Sprachzerstörung und Rekonstruktion* (1970 b) hineinbegeben hat, in den nachfolgenden Arbeiten nicht wieder herausfindet, sondern diese Schwierigkeiten geradezu hypostasiert, ist es von Vorteil, an Lorenzers anfänglicher Terminologie festzuhalten.« (S. 477)

Obgleich ... (siehe oben gegen Moersch).

Unklarheiten und Lücken der Darstellung scheiden als Begründung der Mißverständnisse demnach aus. Es kann mithin nur der folgende Grund maßgeblich sein: Eine systematische Verständnissperre, in der Nichtwahrnehmung wie Fehlinterpretationen zusammenwirkten, das Bild eines – dann natürlich in sich chaotisch-widersprüchlichen – Konzeptes vorzugaukeln. Weshalb? Profiliert sich vielleicht in den Konturen der Verzerrungen ein Gegenbild, das in Gegenüberstellung zu meinem Konzept den überindividuellen Grund von Verleugnung und Verkehrung ins Gegenteil preisgibt?

Machen wir uns daran, die Angelpunkte der Fehldarstellung zu sichten.

I.1 *»Fiktive Normalität« statt eines kritisch hermeneutischen und praktisch ändernden Ansatzes an beschädigter Struktur*

Nachdem Moersch ihre Kritik an meinem Symbolbegriff mit der Bemerkung einleitete:

»Das Symbol wird bei Lorenzer – im Gegensatz zu der üblichen psychoanalytischen Auffassung – in den Rahmen einer Konzeption von Normalität gestellt, wie sie (in dieser Eindeutigkeit) der Psychoanalyse fremd ist.« (S. 503)

kommt sie am Ende wieder auf das Normalitätsproblem zurück, indem sie der unterstellten Fundierung von Persönlichkeitsbildung und Sozialisationstheorie im intakten Symbol entgegenhält:

»Die wenigen Hinweise mögen genügen, um festzustellen, daß Freud Normalität nicht unter Ausschluß von Pathologie bestimmt. Bezogen auf das Ich, einer Instanz des psychischen Apparats, dessen bewußte, und, soweit sie ausgewiesen sind, auch unbewußte Anteile (Abwehr, Über-Ich) der Beobachtung relativ leicht zugänglich sind, sagt Freud: »Ein Normal-Ich ist, wie die Normalität überhaupt, eine Idealfiktion« (1937, S. 80). Bezogen auf Verhalten, wobei Verhalten, psychoanalytisch bestimmt, bewußte und unbewußte Determinanten hat, läßt sich normales Verhalten aus defizienten Modalitäten bei Neurose und Psychose ableiten.« (S. 529)

Brede unterstreicht diese eindeutige Gegenüberstellung und formuliert:

»*Lorenzer mißt jegliche Äußerung eines Individuums an dem Symbolbildungsvermögen eines seiner Triebe mächtigen Subjekts. Dieses Subjekt wäre das normale, gesunde, zu dem die Psychoanalyse befreit* und das profan dadurch charakterisiert ist, daß seine Äußerungen »individuell anmuten«, »mit den Mitteln der Allgemeinsprache, aber doch in einer persönlichen Wendung« vorgebracht werden und »in lebendigen Begriffen und Sätzen« gehalten sind (vgl. 1970 a, S. 80). Dieses Subjekt ist bereits vergesellschaftet. Die Folge von vergesellschaftsbedingter Repression, auf die bei Lorenzer durch die Repräsentierung des Triebs im Symbol hingewiesen ist, gelten als von diesem Subjekt bewältigt. Wie Vertreter der Interaktionstheorie abweichenden Verhaltens an den Anfang eines Zuschreibungsprozesses ein »normales« Subjekt stellen, so setzt Lorenzer für die Symptombildung ein normales, d. h. über Symbole verfügendes Subjekt voraus. Während die ersten aber für sich geltend machen könnten, daß sie eine praktisch wirksame Unterstellung lediglich theoretisch fruchtbar machen, *weist Lorenzer die therapeutisch-praktisch geltende Unterstellung der Psychoanalyse, nach der das Subjekt durchgängig aus psychopathologischer Sicht zu betrachten ist, zurück*, ohne daß er einen metatheoretischen Standpunkt gewinnt, von dem aus die Bedeutung der Psychoanalyse für eine einheitliche Theorie der Vergesellschaftung sichtbar würde; er ergänzt die Psychoanalyse unter Verlust der Einheit der Theorie durch die Auffassung vom »normalen« Subjekt.«
(Sperrung A. L.) (S. 479 f.)

Ich denke, die Aussagen sind klar und unmißverständlich und lassen keine Zweifel zu, wie M. und B. mein Konzept wahrnehmen: Als Absage an die kritische Potenz des psychoanalytischen Vorgehens. Das ist ein schwerwiegender Einwand. Was »kritisches Vorgehen« heißt, sei daher in aller

Kürze umrissen: Nach meiner Auffassung erweist sich die Psychoanalyse als kritisch-hermeneutisches Verfahren eben dadurch (und nur dadurch),

– daß sie an der unter Leidensdruck preisgegebenen, »letztendes objektiv *beschädigten*« Struktur ansetzt,

– daß der Analytiker nicht mit Annahmen »*richtigen* Lebens« in das hermeneutische Feld eintritt,

– daß die psychoanalytische Theorie sich als »kritische Theorie« beweist, indem sie ihren Erkenntnisgegenstand, nämlich die beschädigte Persönlichkeitsstruktur *auflöst* und nicht wie »traditionelle Theorie«[8] als Datenkomplex hinnimmt und verrechnet. Diesem Argument dient das gesamte sechste Kapitel der »Wahrheit . . .«.

Zum Merkmal als *kritisch*-hermeneutisches Verfahren tritt in meinem Konzept die Kennzeichnung von Psychoanalyse als »praktisch-änderndes Verfahren«, weil in der psychoanalytischen Praxis der Erkenntnisgegenstand – beschädigte Struktur – verändert wird und nur als veränderter zureichend verstanden und begriffen werden kann. (Das ganze Kapitel 8: »Erkenntnisbildung durch praktische Veränderung«). Deshalb erwachsen alle Annahmen über »Normalität« aus der Erkenntnis der Beschädigung,

– »läßt sich normales Verhalten aus defizienten Modalitäten bei Neurose und Psychose ableiten«, und ist

– »die therapeutisch-praktisch geltende Unterstellung der Psychoanalyse, nach der das Subjekt durchgängig aus psychopathologischer Sicht zu betrachten ist . . .«, ein Grundstein meiner metatheoretischen Aussage.

Ich muß anfügen, die beiden letztgenannten Sätze sind Zitate von M. und B. – freilich *gegen* mich gewendet, (S. 529 u. 480) und d. h., obgleich Moersch und Brede diese Formulierungen in aller Unzweideutigkeit aus meiner – seit zwei Jahren auf dem Markt vorhandenen – Publikation hätten entnehmen können (und bei genauerem Lesen auch in den früheren Arbeiten schon angedeutet gefunden hätten).

Bei diesem Verwirrspiel muß berücksichtigt werden, daß die Wendung gegen »Normalitätsannahmen« nicht etwa ein peripherer Gesichtspunkt meines Konzeptes ist, sondern dessen Mitte. Hängt davon doch alles ab, und zwar

1. die metatheoretische Beurteilung der Psychoanalyse als

kritisch-hermeneutisches und praktisch-änderndes Verfahren (wie eben schon angedeutet),

2. die Verknüpfung von Erkenntnisprozeß und Therapie (die Psychoanalyse erkennt, *indem* sie praktisch ändert),

3. die Wahrheitsfrage in ihrer Verankerung in realen Sozialisationsprozessen und der realen Praxis zwischen Analytiker und Analysand. Nur weil die Beschädigung Resultat gesellschaftlicher Einwirkung ist, entfällt der Psychologismusverdacht der Psychoanalyse gegenüber, und nur weil das Sozialisationsprodukt als leidvolle Beschädigung praktisch-kritisch aufgelöst wird, setzt die psychoanalytische Operation unterhalb der fatalen Allianz von Ideologie und Psychopathologie an. (Was nicht verhindert, daß ihre Begriffe sekundärer Ideologisierung verfallen können).

Das alles hat nicht nur fundierende Bedeutung für das Wahrheitsproblem der Psychoanalyse zwischen der Skylla von Konventionalismus bzw. Agnostizismus und der Charybdis eines dogmatischen Fundamentalismus, sondern ist noch viel unmittelbarer politisch relevant aus einem Grund, den ich schon im Vorwort zur »Wahrheit . . .« angegeben habe:

»Wenn die Wahrheitsfrage derart das Schlüsselproblem der wissenschaftstheoretischen wie auch der politischen Beurteilung der Psychoanalyse ist und wenn damit zugleich die höchst anspruchsvolle Erwartung verbunden wird, aus der Psychoanalyse eine konkrete Persönlichkeitsanalyse zu entwickeln, die als subjektive Strukturanalyse der objektiven Analyse gegenübertritt (im gemeinsamen Rahmen einer historisch-materialistischen Gesellschaftstheorie), so verliert die Frage nach der wissenschaftslogischen Eigenart der psychoanalytischen Erkenntnisbildung alle akademische Blässe. Ob die psychoanalytischen Erkenntnisse mehr als den Wert einer bloß »relative(n), auf interpersonalem Konsens beruhende(n) . . . Wahrheit« (2) haben, wird nicht nur zur Frage auf Leben und Tod der Psychoanalyse als selbständiger Wissenschaft, sondern entscheidet auch, ob wir Psychoanalyse als eine gefährliche, ja eindeutig schädlich-ideologisierende Manipulationstechnik einzuschätzen haben oder nicht.«[8]

Meinem Konzept zu unterstellen, es basiere auf einer »Normalitätsannahme«, ist um so grotesker, als ich mich gegen die These, der Analytiker gehe »contrafaktisch« von den Annahmen »richtigen Lebens« aus, deshalb gewandt habe, weil mir in dieser – von grober Normalitätsgläubigkeit bereits schon entscheidend abgegrenzten – These noch nicht radikal genug die *kritisch*-hermeneutische Position zum Ausdruck kommt. Die Wahrheitsgewähr liegt nur in der Richtung *gegen* das Bestehende als dem Resultat gesellschaftlicher Beschädigung. – Bei mir ist der Vorwurf der Normalitätsgläubigkeit also an der denkbar unpassendsten Adresse; die Fronten sind schlicht vertauscht.

Nun waren wir von der These ausgegangen, daß die Mißverständnisse bei Moersch und Brede nicht-zufällig systematisch sind. Was hinter der »Normalitätsunterstellung« steckt, können wir ausmachen. Aber sollten wir zuvor nicht doch noch einmal prüfen, ob Moersch und Brede triftige Veranlassungen hatten, zumindest aus meinen früheren Publikationen einen derartigen Normalitätsfundamentalismus herauszulesen? (Was freilich die Verleugnung der späteren Publikationen noch nicht rechtfertigen würde.)

Tatsächlich wird in der »Kritik des psychoanalytischen Symbolbegriffs« das Muster einer nicht-beschädigten Persönlichkeitsstruktur unter dem Begriff »Symbol« vorgestellt und abgehoben von Klischee und Zeichen. Und tatsächlich wird in »Sprachzerstörung und Rekonstruktion« ja das Beispiel einer rekonstruierten Wirklichkeit ebenso handlungs- wie reflexionsfähiger und zugleich an der Sprachgemeinschaft teilnehmender »Subjektivität« vorgestellt. Haben Moersch und Brede also nicht doch recht – gegen alle späteren Publikationen? Haben sie einen Widerspruch entdeckt – zumal ja nichts von dem eben angeführten dementiert wurde?

Es soll und darf auch gar nichts dementiert werden. Und dennoch haben Moersch und Brede nicht recht, vielmehr läßt sich das Gefüge ihres Mißverstehens nun auf drei weitere Bereiche erweitern und durchsichtig machen. Handeln wir die drei Bereiche in der Reihenfolge ihres Zusammenhanges ab.

I.2 *Die Einheit des Individuums anstatt der Dialektik von beschädigten und nicht-beschädigten Strukturanteilen*

Der »Subjektivität«, von der eben die Rede war, ist ein Subjektbegriff zugeordnet, der sich von dem von Moersch und Brede benutzten radikal unterscheidet. Bei Moersch und Brede gilt die Gleichung:

Subjektivität = empirisches Subjekt = Individuum.

Anders bei mir. Wobei man zwar einwenden könnte, die Argumentation gegen die »Gleichung« sei erst in den Arbeiten »Das Spiel der Phantasie«[9] und »Die Wahrheit ...« thematisiert worden; es geht aber nicht um den Subjektbegriff, sondern um den Unterschied zwischen der Einheit der Persönlichkeit und ihren Teilen. Nämlich um eine meinem Konzept vorausgesetzte Grundannahme der Psychoanalyse (die freilich zu den Selbstverständlichkeiten und zu den verschwiegenen Grundannahmen psychoanalytischer Theorie und Therapie gehört): Die Ablösung der alten psychiatrisch-psychologisch-anthropologischen »Einheit des Subjekts«. Der von Brede (wenngleich unter falschen Voraussetzungen) beklagte »Verlust der Einheit des Subjekts« stellt in Wirklichkeit die Voraussetzung dar für eine Einsicht, der Moersch und Brede in ihrem (vier Jahre hinter meinem Ansatz herhinkenden) Versuch Geltung verschaffen wollen: »was die Psychoanalyse dazu veranlaßt, ein Verhalten als neurotisch zu beurteilen, ist ihre durchgängig psychopathologische Sicht« (S. 499). Diese vor allem für eine Begründung der Psychoanalyse als kritisches Verfahren wichtige Einsicht können Moersch und Brede freilich nur halbherzig vertreten: »selbst wenn es einem häufig anzutreffenden Einwand nach zuträfe, daß alle Kategorien, die die Psychoanalyse gebildet hat, auf pathologisches Verhalten bezogen wären ...« (S. 493).

Der Einwand trifft zu. Aber er kann nur deshalb zutreffen, weil die »Einheit des Subjekts« in der Psychoanalyse schon längst zugunsten einer Bewertung differenter Strukturmomente aufgegeben wurde, und so die *beschädigt-deformierten Strukturanteile* exklusiv in den Blick genommen werden können, ohne in Diagnose und Persönlichkeitstheorie den Patienten als »Neurotiker« oder »Psychotiker« total aburteilen zu müssen.

Daß man mit einer totalistischen Neurotikerdiagnose, wie sie Moersch und Brede mir unterstellen (weil sie sie selbst benutzen), die Grundpositionen der Psychoanalyse ad absurdum führen kann, wird deutlich, wenn wir die ganz simple Grunderfahrung der Psychoanalyse, daß man ausnahmslos bei jedem Menschen neurotische Züge findet, formulieren wollen:

Die Aussage, »jeder Mensch hat neurotische Züge«, führt nur dann nicht zu der absurden und therapeutisch wertlosen Behauptung, »jeder Mensch ist ein Neurotiker«, wenn wir die Feststellung von der Ebene einer totalistischen Persönlichkeitsdiagnose auf die Ebene einer differenzierenden Strukturanalyse verlagern. Gleiches gilt umgekehrt für den Begriff der Subjektivität.

Die Verankerung des Störungsbegriffs *in* Momenten der Persönlichkeitsstruktur und die Verabschiedung der Pauschaletikette für den »Kranken« stellen einen Wendepunkt in der Geschichte der Psychiatrie und Medizin dar.

Alles, was wir gegen die Fundierung von Psychoanalyse auf Theorien »normalen Handelns« und gegen den Ansatz psychoanalytischer Erkenntnis am Normalen sagten, muß hier wiederholt werden: Psychoanalyse setzt an den beschädigten *Strukturelementen* an, sie gewinnt einen Begriff von Unbeschädigtheit nur, *indem sie aus der Erfassung der beschädigten Struktur als Strukturmoment eines Ganzen die Vorstellung unbeschädigter Struktur entwickelt.* Nur im Rahmen eines ideologischen Selbstmißverständnisses stellt Psychoanalyse als »allgemeine Psychologie« die bloß abgeleitete Normalität als anthropologische Grundkategorie vor. Der Fortschritt von der pauschalen Persönlichkeitsdiagnose zur Analyse individueller Struktur ist eine Vorbedingung *kritischer* Analyse beschädigter Subjektivität.

Die Fundierung von Psychoanalyse auf fiktiver »Normalität« und die »totalistische Persönlichkeitsbetrachtung« gehören zusammen.

Sammeln wir Beispiele einer totalistischen Betrachtungsweise bei Moersch und Brede:

Im Anschluß an die Bemerkung über die fiktive Normalität der Resymbolisierung (allen Hinweisen auf den nur »punktuellen« Charakter zum Trotz) entwirft Moersch folgendes Kolossalbild einer umfassenden Souveränität und Allmächtigkeit:

> »Lorenzer hingegen präsentiert eine *fiktive Normalität*, eine Erlebniswelt, in der ein Individuum im vollen Besitz der Bedeutungen seiner Lebensgeschichte an einem Schnittpunkt alles symbolisiert und nichts verdrängt.« (Sperrung von mir, A. L. S. 503).

Bei Brede ist an das Zitat von dem »seiner Triebe mächtige(n) Subjekt(s) . . .« zu erinnern. In ihrer eigenen Perspektive deutet sich die totalistische Sicht darin an, daß die Dialektik von Beschädigtsein und Nicht-Beschädigtsein von ihr auf zwei analytische Perspektiven verteilt wird:

»Behält man sich zumindest vor, keine Äußerung eines Subjekts von der psychopathologischen Perspektive auszunehmen, so würde das Problem der Trennung zwischen »normalen« und »neurotischen« Subjekten zurücktreten. Es würde auf Perspektiven zu beziehen sein, aus denen das Subjekt entweder interaktions-theoretisch oder psychoanalytisch betrachtet wird, und der Psychoanalyse käme die Funktion zu, die psychodynamischen Folgen gesellschaftlicher, in der Ebene sozialer Interaktion konkretisierter Repression zu untersuchen.« (S. 480)

Die Funktionsbestimmung von Psychoanalyse, »die psychodynamischen Folgen gesellschaftlicher, in der Ebene sozialer Interaktion konkretisierter Repression zu untersuchen«, ist bemerkenswert ähnlich meiner eigenen Aufgabenbeschreibung für eine Analyse individueller Struktur – nur bei mir hat das nichts mit dem »Problem der Trennung zwischen ›normalen‹ und ›neurotischen‹ Subjekten« zu tun, sondern hängt quer zur Frage »beschädigter versus unbeschädigter« Struktur mit der gegenläufigen Perspektive von objektiver und subjektiver Analyse zusammen.

I.3 *Empiristische Ein-sicht statt* Unterscheidung von Erkenntnisproduktion und Produktion individueller Struktur

Die Unterstellung vom »normalen« Subjekt hat neben der Blindheit gegenüber dem strukturanalytischen Gesichtspunkt noch eine andere, nicht minder schwerwiegende Implikation: sowohl bei Moersch wie bei Brede findet sich das, was wir mit Althusser als »empiristische« Gleichsetzung von Erkenntnisgegenstand und Realobjekt zu kritisieren haben. Zur Orientierung sei ein Althusser-Zitat eingefügt:

»Diese Vermischung von Erkenntnisobjekt und Realobjekt, der Hegel die Form eines absoluten Idealismus der Geschichte gibt, ist im Prinzip nur eine Variante der Vermischung, die kennzeichnend ist für die Problematik des Empirismus. Marx verteidigt gegen sie die Differenz von

Realobjekt (das Konkret-Reale, die reale Totalität, die »unabhängig außerhalb des Kopfes« vor und nach der Produktion der Erkenntnis besteht,) und Erkenntnisobjekt (Produkt des Gedankens, der es als ein Gedankenkonkretum produziert) als Gedankentotalität, d. h. als ein Gedankenobjekt, das vom Realobjekt, dem Konkret-Realen, der realen Totalität absolut verschieden ist und gerade deren Erkenntnis vermitteln soll. Marx geht noch weiter und zeigt, daß diese Unterscheidung nicht nur für die beiden Objekte, sondern auch für die spezifischen Prozesse ihrer Konstituierung gilt. Demnach vollzieht und verwirklicht sich der Entstehungsprozeß eines Realobjekts, einer bestimmten konkret-realen Totalität (etwa einer bestimmten geschichtlichen Nation) völlig und ausschließlich im Realen, nach der realen Gesetzmäßigkeit der realen Entwicklung (der Gesetzmäßigkeit der Aufeinanderfolge der einzelnen Stadien einer geschichtlichen Entwicklung); der Entstehungsprozeß des Erkenntnisobjekts dagegen völlig und ausschließlich in Gedanken, nach einer anderen Gesetzmäßigkeit, in der die gedachten Kategorien, welche die realen Kategorien reproduzieren, nicht denselben Stellenwert haben wie in der Gesetzmäßigkeit der realen geschichtlichen Entwicklung, sondern einen Stellenwert, der ihnen durch ihre Funktion im Entstehungsprozeß des Erkenntnisobjekts zugewiesen wird.«[10]

Die Unterscheidung von Erkenntnisobjekt und Erkenntnisprozeß einerseits und von einem Real-Objekt und seinem Entstehungsprozeß andererseits dürfte klar sein und keiner weiteren Erläuterung bedürfen. Auf unsere Thematik bezogen heißt das, im Falle der Selbstwahrnehmung: Gedankenkonkretum und Erkenntnisprozeß sind von den Resultaten der Bildung individueller psychophysischer Wirklichkeit zu unterscheiden. Traumbilder z. B. gehören auf jene erstgenannte Seite. Die bewußten und unbewußten Persönlichkeitsmomente, die im Traum zum Ausdruck kommen, gehören auf die andere Seite – wobei die Bezeichnung »zum Ausdruck kommen« schon in Richtung einer unzulässigen Vermischung drängt. Denn richtiger müßte es heißen: Die Persönlichkeitsmomente drängen zu einer Darstellung, die vom wahrnehmenden Individuum in der Form von Traumbildern erfaßt werden kann. Diese Wahrnehmung kann – wie jede andere auch – nur mittels der Erkenntnisinstrumente, der »Produktionsmittel« der »Erkenntnisproduktion«, die diesem »Produktionsprozeß« zur Verfügung stehen, erfolgen: der Symbole.

Innerhalb dieser Produktionsmittel gibt es freilich mehrere

Möglichkeiten: von den diskursiven Symbolen bis zu den verschiedenen präsentativen Symbolarten, von protosymbolischen Bildern bis zu Begriffen. Alle diese Symbole werden entsprechend den unterschiedlichen Erkenntnisschwierigkeiten eingesetzt. Traumbilder sind aus den bekannten Gründen auf die (der Primärorganisation entsprechenden) präsentativen Symbole angewiesen. Der »Sinn« der unbewußten Gehalte (ich komme auf diesen »Sinn« noch zu sprechen) wird in Symbolen erkannt.

Symptome sind *keine* Symbole, ihr Sinngehalt kann vom Betroffenen nicht wahrgenommen werden. Wenn andere – z. B. der Arzt – ein Symptom »deuten«, so ist das ein der Selbsterkenntnis, von der hier die Rede ist, gegenüber andersartiger Erkenntnisprozeß. Wohl kann der Betroffene z. B. als in psychoanalytischen Annahmen Bewanderter das Symptom »abstrakt« klassifizieren und ihm so einen Sinn zuweisen; Voraussetzung, den konkreten Sinn abnehmen zu können, ist aber, daß das Symptom verschwunden ist und die Reflexionsfähigkeit mittels Symbolen wiederhergestellt wurde.

Aber, so mag man einwenden: haben wir die Althussersche Position nicht überzogen? Schließlich ist in dem erwähnten Marx-Zitat von der Realität *außerhalb des Kopfes* die Rede. Hier aber, im Falle der Selbstwahrnehmung, sind Erkenntnisobjekt *und* Realobjekt innerhalb ein und desselben Kopfes!

Dem ist entgegenzuhalten: Eben deshalb ist die Unterscheidung dringend geboten! Eben weil dieses »im selben Kopfe« dazu verführt – wie sich an M. und B. schlagend dokumentiert –, die Problematik des subjektiven Erkenntnisprozesses und der objektiv bedingten *Herstellung* individueller Struktur durcheinanderzubringen, ist die Unterscheidung notwendig. Betrachten wir uns doch bloß das Durcheinander, das M. und B. angerichtet haben. Bei ihnen zieht sich die Verwechslung durch nahezu alle Aussagen über mein Konzept hindurch. Um nur einige Kostproben zu geben. So heißt es beispielsweise bei Brede:

> »Auf die Symbolbildung bleibt das Es als Struktureinheit des Psychischen ohne Einfluß, weil die Symbolbildung ein »intaktes«, triebintegrales, von Verdrängung und deren strukturbildenden Folgen unberührtes Symbolgefüge immer schon voraussetzt.« (S. 479)

Wozu anzumerken ist: die Bemerkung kann sich, wenn sie überhaupt irgendeinen Zusammenhang mit meinen Thesen hat, nur auf die Erkenntnisproblematik beziehen; im Zuge der Untersuchung des psychoanalytischen Verfahrens und zugleich in der Perspektive der Selbsterkenntnis des Patienten verläuft der Weg notwendig über eine Verständigung zwischen Analytiker und Patient. Verständigung wie Selbstverständigung bedürfen aber der Vermittlung durch Symbole. Alles andere ist Zusammenagieren im Sinne eines »unmittelbaren Zusammenspiels«. (Von »unberührt« ist in meinem Text zwar nirgends die Rede, die Bemerkung kann aber auf die »punktuelle Unbeschädigtheit der Symbolbildung« – s. o. I,2 – bezogen werden).

Aus einem Beitrag zur Klärung der Erkenntnisvorgänge und des psychoanalytischen Erkenntnissubjektes macht Brede also unter der Hand eine persönlichkeitstheoretische Aussage. Aber die Vermischung und Verwechslung beider Ebenen wird noch deutlicher. Eine Seite zuvor wendet Brede eine Teilaussage auf dem Wege einer Aufklärung des psychoanalytischen Verfahrens (bei ihr erweitert um ein totalisierendes »nur«) in eine – ganz und gar falsche – sozialisations-theoretische Aussage über die Bildung des Realobjekts »Ubw«. Auch hier wird eine verfahrensanalytische (und noch dazu exemplarisch auf klassische Psychoanalyse bezogene) Aussage zum sozialisationstheoretischen Statement. Brede schreibt im Anschluß an das schon erwähnte Zitat:

»Lorenzer unterscheidet methodologisch eine ich- oder erkenntnispsychologische von einer trieb- oder dynamisch-energetischen Perspektive, je nachdem ob die Symbol- und Symptombildung unter dem Gesichtspunkt einer »Stufe von Ich-Funktionen oder eine(r) Dynamik unter dem besonderen »Einfluß des Es« gesehen werden (1970a, S. 70). Von einer Austauschbarkeit dieser beiden Perspektiven kann aber streng genommen nur die Rede sein, wenn sie bezüglich der Bedingungen, unter denen sich sowohl Symbol- als auch Symptombildung vollziehen, vergleichbar wären. Dem steht bei Lorenzer entgegen, daß sich Symbolbildung und Symptombildung ihrer Logik nach unterscheiden. Beide Male setzt Lorenzer zwar ein Unbewußtes an, *aber nur im Falle der Symptombildung rechnet er mit einem strukturellen Unbewußten*, d. h. einem Unbewußten, dessen »Dynamik unter dem besonderen Einfluß des Es«, als einer Struktureinheit des Psychischen (neben Ich und Über-Ich) steht und das dem Verhalten neurotische Züge verleiht.« (kursiv A. L.) (S. 478)

Abgesehen davon, daß beide zuletzt vorgebrachten Feststellungen in grotesken Gegensatz zu allem stehen, was in »Zur Begründung einer materialistischen Sozialisationstheorie« ausgeführt wurde, – im Zitat wird die Blindheit gegenüber der Unterscheidung der beiden Perspektiven, der beiden »Objekte«, unmittelbar augenfällig.

Noch ungeschminkter aber tritt bei Moersch das Unvermögen, die beiden Ebenen – metatheoretische Bestimmung des Erkenntnisgegenstandes versus sozialisationstheoretische Bestimmung der Strukturbildung – meines Konzeptes zu sehen, in den folgenden Sätzen zutage:

> »Das ist das ›Klischee‹. Lorenzer konstituiert damit eine Psychologie unbewußter Repräsentanzen. Geht es dabei um die Bedingungen der Konstituierung des Unbewußten? Die Richtung ist bei Lorenzer umgekehrt als in der üblichen psychoanalytischen Auffassung: das Symbol verbürgt Teilhabe an der Sprachgemeinschaft, das verdrängte Symbol ist das Klischee, die unbewußte Repräsentanz. So setzt Lorenzer die Teilhabe an der Sprachgemeinschaft voraus, um das Unbewußte konstituieren zu können. Die Psychoanalyse hingegen postuliert, daß sich aus dem Es (Ubw) die Instanzen des psychischen Apparats bilden, die ein Subjekt sprach- und handlungsfähig machen.« (S. 528)

Wir sehen, die (noch erweiterbaren) Zitate verraten eindeutig, wie M. und B. mit ihren Mutmaßungen selbst in die Irre geraten. Sie vermögen mit den beiden Perspektiven nicht nur nichts anzufangen, sondern sie vertauschen laufend Thesen über den Erkenntnisprozeß mit Thesen über den Bildungsprozeß. Aus den Beiträgen zu einer Metatheorie der psychoanalytischen Praxis werden Grundannahmen der psychoanalytischen Persönlichkeitstheorie, der Entwicklungspsychologie und der Neurosenlehre.

Es versteht sich, daß auf der Grundlage solcher Verwirrungen keine Diskussion über Einzelpunkte – wie kontroverse Auffassungen über und zu Beres – möglich ist. Nicht nur würde die Rekonstruktion der eigenen Position zu einem absurden Puzzlespiel. Die Mühe zu solch aufwendiger Rekonstruktion wäre dazuhin vergeblich, weil ja die gegenteiligen Positionen bezogen sind auf ein imaginäres Konzept, zu dem M. und B. ihre Fehlinterpretationen zusammengefügt haben. Die falschen Alternativen *und* die verschleierten Übereinstimmungen aufzudecken, indem die aus der Rekonstruktion des eigenen Konzeptes sich ergebenen Korrekturen der Gegenpositionen vorgenommen werden – das kann in der Tat nicht sonderlich sinnvoll sein.

Trotz des allmählich totalen Durcheinanders müssen wir die Diskussion in der schon eingeschlagenen Richtung weiterführen, um meine These einer *systematischen* Verständnisbarriere zu vervollständigen und zur Debatte zu stellen. Wer sich von dem Zusammenhang zwischen den Grundirrtümern – *Normalitätsunterstellung* statt kritischem Ansatz – *individualistische Einheit* statt strukturanalytischer Differenzierung – *empiristische Verwechslung* von Erkenntnis- und Sozialisationsprodukt, verfahrens- und persönlichkeitstheoretische Perspektiven – überzeugte und eingesehen hat, daß ein Irrtum notwendig zum anderen führt, wird erwarten, daß sich dies System der Irrtümer in Umrissen soweit abschließen läßt, daß die Positionen bestimmbar werden. Und diese Erwartung wird sich weniger auf eine Bestimmung der Positionen von M. und B. richten, als vielmehr das Interesse einer Abklärung der Verständigungsbarriere haben, die systematisch ein mehr als nur persönliches Irrtumsnetz abbildet.

Bevor wir die Analyse der Mißverständnisse auf eine nächste Stufe treiben, muß aber einem Einwand stattgegeben werden. Wenn M. und B. »empiristisch« das »Erkenntnisprodukt« und die »Persönlichkeitsproduktion« zusammenwarfen, haben sie dann nicht nur dem Rechnung getragen, daß in diesem Falle das Produkt beider Vorgänge dasselbe ist: psychische Struktur? Und, persönlich gewendet: ist nicht in meinem eigenen Konzept schon 1971 in dem Aufsatz »Symbol, Interaktion und Praxis«[11] auf die Einheit von Spezialisationsprodukt und Erkenntnisproduktion in der Weise abgehoben worden, daß die psychische Struktur als Sozialisationsprodukt ein *Produktionsmittel* der Erkenntnisprozesse genannt wurde? Mehr noch: wurde nicht in den seitherigen Arbeiten zur Sozialisationstheorie unter dem Begriff »symbolische Interaktionsform« die Einheit beider Prozesse hergestellt? Die symbolische Interaktionsform ist ja Produkt des Sozialisationsprozesses *und* Erkenntnismittel!

Von der Einheit beider Prozesse kann selbstverständlich nicht die Rede sein. Wohl aber soll der Begriff der symbolischen Interaktionsform den Schnittpunkt der beiden Prozesse kennzeichnen. Die symbolische Interaktionsform steht für Struktur als »Produkt« des Sozialisationsprozesses und sie steht zugleich für das »Produktionsmittel« im Prozeß der

Erkenntnisbildung und des bewußten Handelns. Der Begriff der symbolischen Interaktionsform dient mithin als Kategorie in der Analyse beider Prozesse. Der Begriff ist in beiderlei Kontext lesbar.

Um Mißverständnisse schon hier auszuschließen, sei kurz darauf verwiesen, daß der Begriff symbolische Interaktionsform nicht auf dieselbe Ebene gehört wie der Begriff diskursives oder präsentatives Symbol. Sind letztere Begriffe zur deskriptiven Fassung im Bereich der Erscheinungen gebildet, so ist der Begriff »Interaktionsform« immer eine analytische Kategorie des »Wesens«[12] konkreter Individuen.

Ich wiederhole auch hier: gerade weil sich die Prozesse im »Produkt, das Produktionsmittel wird« schneiden müssen, ist eine genaue Unterscheidung unerläßlich, soll nicht die Differenz der beiden Produktionsgänge verschwinden. Die Differenz muß festgehalten werden. Dafür gibt es zwingende gesellschaftstheoretische und psychoanalytische Gründe.

Ängstlichen Marx-Dogmatikern möchte ich zur Beruhigung anmerken: wenn hier von »Produktion« die Rede ist, so ist solche Redeweise kein Versehen. Zur Besonderheit des »Produktionsprozesses Sozialisation« siehe das Kapitel VII in der »Wahrheit ...«; hinsichtlich der Berechtigung, außerhalb der kapitalistischen Güterproduktion von Produktion zu sprechen, und hinsichtlich der Eigenart der Erkenntnis*produktion* sei auch auf Althusser verwiesen (ohne in allen Punkten mit ihm übereinzustimmen).

I.4 *»Revision der Psychoanalyse« statt Kritik der Psychoanalyse, oder: Die Verwechslung von psychoanalytischer Theorie und Metatheorie*

Hatten wir bisher M. und B. in weitgehender Übereinstimmung gesehen – und kritisiert –, so trennen sich die beiden Autorinnen in zwei Punkten, in denen ihre Mißverständnisse demgemäß verschiedene Wege gehen (um sich dann doch in einer eigenartigen Allianz zu vereinen).

Wenden wir uns zunächst Moersch zu. Schon in den redaktionellen Vorbemerkungen zu ihrem Aufsatz findet sich eine merkwürdige Wendung:

»An Lorenzers Konzeption, der sich, wie sie zu zeigen versucht, zu Unrecht auf D. Beres *beruft* ...« (Kursivierung A. L. – S. 503).

Die Aussage wird in folgender Weise mit der Bemerkung erweitert:

»Lorenzer aber keine Möglichkeit sieht *aus* Beres' Konzept ...« (Kursivierung A. L. – S. 527).

Sie wird vollends deutlich in der Wendung:

»Lorenzer hat den Versuch unternommen, das Symbolkonzept von Susanne Langer zu *integrieren* ...« (Kursivierung A. L. – S. 530).

In all diesen Wendungen wird wie selbstverständlich vorgetragen, was freilich schon der Titel verrät: die Annahme, mein Konzept sei eine »Revision« *innerhalb* der psychoanalytischen Theorie. Nun ist das ein Mißverständnis, das allenfalls einen Rückhalt finden kann in Selbstmißverständnissen über die Art meiner Untersuchungen zu Beginn meiner Beschäftigung mit dem Symbolbegriff in der Mitte der 60er Jahre. Das ist längst vergangen und als überholt deutlich markiert; das starre Festhalten daran läßt sich also nur verstehen als Skotom, als Sperre gegen die seitherige Bewegung zu einer (metatheoretisch postierten) Kritik der psychoanalytischen Begriffe.

Das Skotom nimmt sich u. U. ganz unverfänglich aus, so, wenn der von mir benutzte Symbolbegriff plötzlich mit dem Freudschen vermischt wird – als ob nicht die »Kritik des psychoanalytischen Symbolbegriffs« zumindest die Andersartigkeit der Begriffe herausgearbeitet hätte:

»In der Tat befaßt sich Lorenzer nicht mit der Traumdeutung, sondern mit den Bildungsgesetzen eines Elements der Traumarbeit, der Darstellung durch Symbolbildung.

Er geht in der Diskussion darüber hinweg, daß nicht alle Traumgebilde mit Traumsymbolen in eins zu setzen sind, daß ›... nicht aller Inhalt des Traumes symbolisch zu deuten ist‹ (S. Freud, 1900, S. 698). Die Differenz zwischen dem Traumsymbol als einem der möglichen Darstellungsmittel latenter Traumgedanken, denen mittels der Traumarbeit im manifesten Traum Geltung verschafft wird, und den Traumbildungen, die nicht als Symbole aufgefaßt werden, wird nicht ausgearbeitet. Der Bildungsort der im Traum verwendeten Symbole müßte dabei gar nicht thematisch werden. Für Freud ist das Symbol keine spezielle Schöpfung des Traumes ...« (S. 511)

Anstelle einer Kritik erwartet Moersch die scholastische Exegese eines ein für allemal festgelegten Begriffssystems. Von daher wird auch der Satz durchsichtig:

»Freud läßt sich schlecht in Systematisierungen zwingen, die anderen Gesichtspunkten folgen als seinen eigenen.« (S. 506)

Das ist ein Satz, der, bekäme er allgemeine Geltung, das Ende jeder Kritik bedeuten würde und vorab den Psychoanalyse-Interpretationen von Marcuse oder Ricœur oder Habermas – um nur drei Autoren zu nennen – den Boden entzöge. Schließlich wird niemand behaupten wollen, deren Begrifflichkeit sei mit der Freudschen identisch, deren »Gesichtspunkte« seien die Freuds. Träfe das Moerschsche Postulat zu, dann hätte die Auseinandersetzung dieser Autoren nur die Wahl zwischen einer unzulässigen Verstümmelung der Freudschen Annahmen und einer trivialen Paraphrasierung.

Aber wie? Habe ich nicht selbst in der Einleitung zu »Sprachzerstörung und Rekonstruktion« die Auffassung vertreten, die psychoanalytische Metatheorie müsse aus der psychoanalytischen Theorie herauswachsen, also psychoanalytische Gesichtspunkte *wahren*? Gewiß, aber an der gleichen Stelle wurde auch auf die drei Ebenen aufmerksam gemacht, die für eine Auseinandersetzung mit der psychoanalytischen Erfahrung von Bedeutung sind.

1. Die Ebene der psychoanalytischen Praxis;

2. die Ebene der psychoanalytischen Theorie (der Metapsychologie), die, wie in der »Wahrheit . . .« ausführlich erörtert, Theorie der psychoanalytischen Praxis ist, und

3. die metatheoretische Ebene des psychoanalytischen Selbstverständnisses von Praxis und Theorie der Psychoanalyse.

Auf dieser Ebene wendet sich z. B. Habermas' Kritik am szientistischen Selbstmißverständnis gegen die Freudsche Begrifflichkeit. Auf dieser Ebene setzt aber überhaupt jede Kritik der Psychoanalyse an; von ihr muß jede kritische Interpretation der psychoanalytischen Begriffe ihren Ausgang nehmen. Von hier aus muß sich eine kritische Auseinandersetzung zu einer der drei Ebenen voranarbeiten – ohne Praxis und Theorie voneinander zu trennen. So wichtig die Beachtung des eben hervorgehobenen Nachsatzes ist, so verhängnisvoll ist es, die Unterscheidung der drei Ebenen zu tilgen.

Bei Moersch jedenfalls sind alle drei Ebenen zu einer einzigen konkretistisch verbacken. Das illustriert sie in einem

Seitenblick auf die psychoanalytische Wissenschaftstgeschichte sehr einprägsam: Moersch vermag das Nachhinken der psychoanalytischen Theoriebildung hinter den Veränderungen der Praxis nicht zu sehen. Es ist ihr zu sagen: nicht die »Entdeckung der Phantasie« machte aus dem Gegenstand der Psychoanalyse einen sozialen, sondern umgekehrt: weil der Gegenstand ein sozialer *ist*, änderte sich sein Begreifen – ein Prozeß, der niemals voll auf die Freudsche Selbsteinsicht seines Tuns durchschlug und auch heute noch nicht abgeschlossen ist!

Die Verschmelzung der drei Ebenen zu einer einzigen macht es natürlich von vornherein unmöglich, die Wechselbeziehung zu Theorie und Praxis der Psychoanalyse durchsichtig zu machen. Aber schon allein die Verschmelzung der beiden Theorieebenen zu einer einzigen ist fatal, indem so insgeheim der Einfluß eines verschwiegen sich durchsetzenden Gesellschaftsbildes auf die psychoanalytischen Begriffe entweder gar nicht oder vergröbert gesehen wird. Zeichnet letzteres die eiligen Polemiken gegen die Psychoanalyse aus, so ersteres die alt-neuen Apologien der Psychoanalytiker. In diese Front gehört auch Moersch. Doch greifen wir nicht den weiteren Verhandlungen vor.

Verbleiben wir zunächst bei den unmittelbaren Konsequenzen der Verschmelzung einer Diskussion *über* psychoanalytische Begriffe mit einer Diskussion innerhalb psychoanalytischer Theorie: weder wird die metatheoretische Analysenebene bei Beres selbst erkannt – er wird umstandslos als psychoanalytischer Theoretiker hingenommen –, noch wird der ganz andere Bezugsrahmen der Beresschen Analyse im Vergleich zu meiner begriffen, woraus die Absurdität von »nicht berufen kann« entsteht. Desgleichen wird auch nicht gesehen, daß die Vermittlung von psychoanalytischen Begriffen mit einem anderen Begriffssystem notwendig auf einer metatheoretischen Ebene vorgenommen werden muß, also in keinem Fall »Integration in« sein kann:

»Im Interesse der Psychoanalyse liegen Verständigung mit und Abgrenzung gegen andere Wissenschaften. Beiden Aspekten wird, so scheint es, der Versuch gerecht, die Symboltheorie der Psychoanlayse, die einen ausschließlich als Stellvertretung unbewußter Inhalte verstandenen Symbolbegriff entwickelt hatte, auf ihre *Einbeziehung in andere* als Abwehrfunktionen hin zu untersuchen. Die *Integration neuer Konzepte* in ein bestehendes Theoriengebäude wirft erkenntnistheoretische und methodologische Probleme auf. Daß diese Probleme für die *Integration philosophischer Symbolkonzepte in* die psychoanalytische Theorie gelöst seien, kann nicht gesagt werden.« (Kursivierung A. L.) (S. 530)

In diesen Sätzen wird in wünschenswerter Klarheit ein ganz anderer Vermittlungsbegriff präsentiert, als der einer Kritik der Psychoanalyse, die notwendig Kritik nach beiden Seiten sein muß und demgemäß eine Veränderung aller Begriffe nach sich zieht. Daß Veränderung unerläßlich, daß die Rechtfertigung zur Veränderung nicht an einen innerpsychoanalytischen »Erklärungswert«, sondern an einen nicht-mehr-bloß-psychoanalytischen »Erklärungswert« angeheftet ist, entzieht sich dem Moerschschen Verständnis. Moersch kann deshalb fragen:

»Lorenzer hat den Versuch unternommen, das Symbolkonzept von Susanne Langer zu integrieren, dabei aber psychoanalytische Auffassungen modifiziert oder preisgegeben, deren Erklärungswert nicht in Frage gestellt werden mußte. Welchen größeren Erklärungswert besitzt – immer noch im Hinblick auf die oben erwähnte Empfehlung – die von Lorenzer entwickelte Psychologie der unbewußten Repräsentanz (des Klischees)?« (S. 530)

Wobei die »Empfehlung« als Richtschnur dienen soll:

»Das, was wissenschaftlich untersucht und entwickelt wird, sich an Fragen orientieren soll, die im Interessengebiet der Psychoanalyse liegen.« (S. 530)

Die Psychoanalyse: eine sich selbst genügende Monade? Oder gibt es doch noch einen über die Psychoanalyse hinausgreifenden »Erklärungswert«?

Bei Moersch jedenfalls wird jede Auseinandersetzung auf eine Position innerhalb der Psychoanalyse und deren Umfeld eingeschränkt. Kritik an der psychoanalytischen Begrifflichkeit zerfällt so in die Alternative zwischen einer loyalen Erweiterung (mag das auch noch so sehr ins positivistische Abseits führen, wie das an Beres gezeigt werden kann) und einer häretischen Revision. Kritik im vollen Sinne ist für Moersch so undenkbar, daß sie nicht einmal eine mögliche metatheoretische Operationsebene »hinter« der Psychoanalyse als Ebene der Vermittlung zwischen Psychoanalyse und . . .

gelten lassen kann. Metatheorie wird *in* die Psychoanalyse hineinverlagert und zum psychoanalytischen Theoriebeitrag; an die Stelle einer Kritik der Psychoanalyse tritt, wenn nicht Eingemeindung (sprich: Integration), so allenfalls ein kleiner Grenzverkehr zwischen der Psychoanalyse und ihren Nachbarwissenschaften.

Wie eine interdisziplinäre Auseinandersetzung nach diesem Muster aussehen soll, demonstriert Moersch in ihrer Interpretation der Differenz Beres-Lorenzer. Gerade weil es sich dabei keinesfalls um eine zentrale Auseinandersetzung mit meiner Position handelt (die Diskussion nimmt bei mir z. B. nur wenig mehr als fünf von einhundertdreiundzwanzig bzw. dreihundertfünfunddreißig Seiten der beiden zusammengehörigen Publikationen ein), verdeutlichen Wahl und Einzelheiten der Moerschschen Darstellung vorrangig ihr eigenes Interesse, d. h.: zeigt das Referat, was Moersch als interdisziplinäre Verständigung vorschwebt.

Moersch schreibt:

»Symbol und Repräsentanz werden, so Lorenzer, bei Beres gleichgesetzt; da Beres unbewußte Symbole ablehne, entfalle damit auch die Annahme unbewußter Repräsentanzen. Dem folgenden Zitat von Beres entnimmt Lorenzer die Gleichsetzung von Symbol und Repräsentanz:

›Dieses spezifische menschliche Vermögen (die Reaktivierung von Bildungen ohne äußeren Stimulus, E. M.) wird als Fähigkeit zur Bildung seelischer Repräsentanzen bezeichnet und von der auch vom Tier geteilten Fähigkeit der bloßen seelischen Registrierung unterschieden. Die psychische Registrierung ist die Grundlage des Gedächtnisses, aber zur Hervorrufung von Bildern, Gedanken und besonders Symbolen muß etwas Weiteres hinzukommen, nämlich das, was wir eine seelische Repräsentanz nennen‹ (Beres, 1970, S. 922).

Das folgende Zitat dient als Referenz für die Ablehnung von unbewußten Symbolen bzw. unbewußten Repräsentanzen:

›Vor der Bewußtwerdung existiert in der Seele kein Symbol, kein Bild, kein Gedanke, sondern wohl nur das Potential, die Fähigkeit zur Hervorhebung dieser Ausdrucksweisen menschlicher Seelentätigkeit. Von daher gesehen ist es ein Irrtum, von einem unbewußten Bild oder Symbol zu sprechen. Bilder und Symbole sind immer bewußt‹ (a.a.O., S. 922).

Wie Lorenzer dem ersten Zitat die Gleichsetzung von Symbol und Repräsentanz entnimmt, ist nicht nachzuvollziehen.« (S. 524)

Fügen wir meine These von der »Gleichsetzung« im Wortlaut ein:

»Soweit es um die Frage der bewußt erlebten Repräsentanzen geht, können wir mit Beres ohne Mühe übereinstimmen. Problematisch wird es, wenn die unbewußten Abläufe diskutiert werden. Beres' Schwierigkeit beginnt damit, daß er der Gleichsetzung von Symbol und Repräsentanz die strengste Auslegung gibt. Weil ein unbewußtes Symbol in der Tat eine contradictio in adjecto ist, verwirft er mit der Annahme unbewußter Symbole auch die Annahme unbewußter Repräsentanzen. Zwar wird seine Auffassung schwankend, wenn er an einer Stelle sagt: ›The symbol is always a conscious manifestation which may stand either for the unconscious mental representation (...)‹ und damit von unbewußten Repräsentanzen spricht. Aber an anderer Stelle hat Beres deutlich gemacht, daß die unbewußten Repräsentanzen den Charakter von Potentialen haben.« (4, S. 90)

Vergleicht man die Zitate von Beres mit meinem eigenen Kommentar, dann wird erkennbar, daß für Beres Repräsentanzen mit einem Erlebnisinhalt nur in der *Symbolform* bestehen. Hier liegt also eine Übereinstimmung mit meiner eigenen Auffassung vor. Beres vollzieht nun aber die empiristische Vermischung, die ich bei M. und B. kritisiert habe, und macht aus der *Unerkennbarkeit* der unbewußten Komplexe deren *Inhaltslosigkeit*. Der Schluß »Unerkennbarkeit«, also auch »Nicht-bildhaftigkeit«, der in der erkenntnisanalytischen Perspektive unerläßlich ist, wird bei Beres unvermerkt zur persönlichkeitstheoretischen Feststellung verkehrt.

Konsequenterweise ist dann innerhalb dieser Kehre von der bloßen »Registrierung«, von einer unbewußten «Organisationsform« (Moersch, S. 527) die Rede. Gelegentlich freilich wird auch von Repräsentanzen gesprochen, was hier aber fraglos eine bloße façon de parler genannt werden muß, *sofern* man – wie dies meines Erachtens notwendig ist – mit dem Begriff unbewußte Repräsentanz die Vorstellung eines »sinnvollen« (wiewohl unerkennbaren) »Inhalts« meint, den Niederschlag sinnvoller Interaktionen, die noch-nicht (Es als systematisch Unbewußtes) oder nicht-mehr (Es als Gefüge verdrängter Gehalte) bewußtseinsfähig sind.

Ich möchte hier so wenig wie in der »Kritik des psychoanalytischen Symbolbegriffs« in eine umfassende Beres-Auseinandersetzung eintreten. Deshalb verzichte ich auch darauf, irrige Scheingegensätze zurechtzurükken oder die Berechtigung des eigenen gegenüber dem fremden Standpunkt durchzudiskutieren. Beschränken wir uns auf die Kennzeichnung der wichtigsten Unterschiede.

Daß die Entleerung des Begriffs »unbewußte Repräsentanz« im Beresschen Gebrauch, die Inhaltslosigkeit und d. h. die Ausklammerung vom einsozialisierten Sinngefüge nicht Unterstellung aufgrund zufälliger Zitatenklauberei ist, sondern konsistent ins Beressche Verständnis vom Unbewußten sich fügt, macht sein Triebbegriff im Zusammenhang eines funktionalistischen Persönlichkeitsbegriffes klar.

Nun stand in der »Kritik des psychoanalytischen Symbolbegriffs« und in »Sprachzerstörung und Rekonstruktion« in der Richtung des dort eingeschlagenen Verfahrens und der dortigen erkenntnistheoretischen Sicht die sozialisationstheoretische Bedeutung und Konsequenz einer Sinnentleerung der unbewußten Repräsentanzen nicht zur Debatte. Ich möchte dies skizzenhaft nachholen: nur wenn wir die unbewußten Repräsentanzen als Niederschläge von Interaktionen innerhalb eines Sozialisationsverlaufs ansehen, trägt der Begriff der unbewußten Repräsentanz der gesellschaftlichen Bestimmtheit der psychischen Struktur Rechnung.

Dies trifft eindeutig nicht zu für den funktionalistischen Begriff von der »unbewußten Repräsentanz als Organisationsform«, wie ihn Beres benutzt, sondern nur für meinen Begriff von der »unbewußten Repräsentanz als Niederschlag« (die nur im Falle der Desymbolisierung »Klischee« genannt wird!).

Niemand – und Beres selbst zuallerletzt – wird behaupten wollen, dessen Verständnis von unbewußten Repräsentanzen rücke die psychoanalytische Erfahrung in die Perspektive der Bildung individueller Struktur als »Produktion«. Insofern verlieren die beiden Grundaussagen des Moerschschen Aufsatzes von vornherein ihren Sinn:

1. Könnte ich mich auf Beres »berufen«, müßte seine psychoanalytische Rede demselben Begriffssystem zugehören und d. h., derselben Vermittlung von Psychoanalyse und Gesellschaftstheorie dienen, wie meine Rede *über* Psychoanalyse. Die Unterstellung eines Übereinstimmungswunsches ist angesichts dieser Sachlage absurd – die Beweisführung von Moersch ist entbehrlich.

2. Daß mein Klischeebegriff eine Innovation ist, kann Moersch gar nicht bestreiten. Ob der Begriff notwendig ist, das steht natürlich zur Erörterung. Zu erörtern ist dies allerdings nur auf derjenigen Ebene, auf die der Begriff gehört, nämlich

der einer Vermittlung von Psychoanalyse und Gesellschaftstheorie. Moersch kann, um das nochmals hervorzuheben, gerade diese Erörterung sich aber nicht leisten, weil sie eine Postierung der Problematik auf dieser Vermittlungsebene nicht zur Kenntnis nehmen kann. Für sie spielt sich alles *innerhalb* der psychoanalytischen Theorie ab, ist die Vermittlung als interdisziplinäre Verständigung nur soweit akzeptabel, als die über Psychoanalyse hinausgehenden Aussagen zur Persönlichkeitsbildung inhaltsleer und d. h. auch: ohne inhaltliche Konsequenzen für das Begreifen psychoanalytischer Erfahrungen sind.

I.5 *»Fundierung der Psychoanalyse« statt Kritik der Psychoanalyse oder protoscience statt Metatheorie*

Ersetzt Moersch Kritik durch »Revision«, so Brede durch »Fundierung«. Schaut Moersch dem kleinen Grenzverkehr der Psychoanalyse (sofern sie ihn wünscht) von innen zu, nämlich von der psychoanalytischen Theorie her, so Brede von außen in der Absicht einer sprach- und handlungstheoretischen Fundierung. Auch sie überträgt ihren Kritikersatz wie selbstverständlich. Sie schreibt:

»Da Lorenzer auf Grund seiner Absicht, die Psychoanalyse *interaktionstheoretisch zu fundieren . . .*« (Kursivierung A. L.) (S. 480).

Andernorts heißt es (zugleich die Verwechslung von erkenntnis- und sozialisationstheoretischer Ebene demonstrierend):

»Lorenzer sucht auf sprachtheoretischer Ebene der Bildung von Symbolen allgemeine Bedingungen für die Vergesellschaftung wie auch spezifische Bedingungen für die Genese psychischer Störungen anzusiedeln (vgl. 1973b, S. 16). Als interaktionstheoretisch fundiert kann die Psychoanalyse aber nur gelten, wenn . . .« (S. 476).

Und später schreibt Brede abschließend:

»Wenn die Dynamik des vom Unbewußten bestimmten Verhaltens sich in dieser Weise aus der Natur des Menschen ergibt, dann muß der Versuch von Lorenzer, die Psychoanalyse interaktionstheoretisch zu fundieren, als gescheitert angesehen werden.« (S. 488), nachdem sie mich einleitend unter dem Titel einer »Sprachtheoretisch gewendeten, psychoanalytischen Interaktionstheorie« glaubte zutreffend eingeordnet zu haben. Man sieht, die »Integrationstheorie«, die wir bei Moersch zu konstatieren hatten, wird andersherum ergänzt. Theorieverknüpfung steht an der Stelle einer Metatheorie, eine Erweiterung des Betrachtungsrahmens an der Stelle von Kritik.

Daß Brede selbst bei ihrer Auseinandersetzung mit der psychoanalytischen Theorie keine Kritik im vorgenannten Sinne beabsichtigte, mag man sich an einer knappen Stelle verdeutlichen, die wohl als Programm verstanden werden soll:

»Es wird die Auffassung vertreten, daß die Triebtheorie dem für die Sozialwissenschaften verbindlichen Vergesellschaftungstheorem nicht widerspricht, sondern psychische Störungen *vergesellschaftungstheoretisch adäquat zu erklären vermag.* Die psychoanalytische Triebtheorie muß daher, so wird behauptet, in ein soziogenetisches Konzept psychischer Störungen aufgenommen bzw. darin soweit berücksichtigt werden, wie es der Psychoanalyse *überlassen bleibt,* der Ausblendung der Subjektivität und damit einem mechanischen Soziogenetismus entgegenzuwirken.« (Kursivierungen A. L.) (S. 475)

Um zu verdeutlichen, wie Brede selbst das Fundieren handhabt, möchte ich auf einige Zitate zurückkommen, um sie nun im Zusammenhang zu erörtern. Brede beginnt:

»Die Unvereinbarkeit der Logik von Symbol- und Symptombildung hindert Lorenzer daran, einen übergreifenden Konstitutionszusammenhang zu sehen, in dem Subjekte als einerseits ihrer Triebe mächtig und andererseits beschädigt erscheinen können. Behält man sich demgegenüber zumindest vor, keine Äußerung eines Subjekts von der psychopathologischen Perspektive auszunehmen, so würde das Problem der Trennung zwischen ›normalen‹ und ›neurotischen‹ Subjekten zurücktreten.« (S. 480)

Wir finden (a) jene empiristische Vermischung, die wir kritisierten, und dazu (b) jene totalistische Einheitlichkeit der Subjekte, die Brede hier selbst problematisiert. Ihr Ausweg ist nicht die Unterscheidung von Erkenntnisprozeß und Sozialisationstheorie (zu a), noch auch die analytische Trennung von beschädigter und unbeschädigter Struktur (zu b), sondern die Hinnahme perspektivisch einander entgegengesetzter Einzelwissenschaften:

»Es würde auf Perspektiven zu beziehen sein, aus denen das Subjekt entweder interaktionstheoretisch oder psychoanalytisch betrachtet wird, und der Psychoanalyse käme die Funktion zu, die psychodynamischen Folgen gesellschaftlicher, in der Ebene sozialer Interaktion konkretisierter Repressionen zu untersuchen.« (S. 480)

Das Gelenkstück, an dem die beiden Perspektiven einander begegnen, ist bei Brede eindeutig eine sprachtheoretisch begründete Handlungstheorie:

»Diese Lösung hängt indessen von dem Nachweis ab, daß entgegen der von Lorenzer vertretenen Position die sprachlichen Äußerungen des Neurotikers die Voraussetzungen des Sinnverstehens erfüllen, die auch die Teilnahme an der Interaktion ermöglichen.« (S. 480)

Für die Sozialisationstheorie hat das einige eingreifende Konsequenzen, deren wichtigste sich vereinfacht in die Formel fassen läßt: Die Vergesellschaftung der Individuen hängt in der Ontogenese an Sprache.

Genau das ist auch einer der Punkte, wo der insgeheime – oder, wie S. 527 f. zeigt, nicht mehr bloß insgeheime –Lacanismus bei Moersch sich mit der Bredeschen (an Habermas orientierten) Auffassung trifft. Die Zentralisierung von Sozialisation auf Sprache findet in der Bredeschen Arbeit nicht nur ihren Ausdruck in Thesen, sondern auch aufschlußreicherweise im Verzerrungsprofil der Wahrnehmung meines Konzeptes. Weil Vergesellschaftung für sie zwingend an Sprache gebunden ist, sieht sie die Sozialisation des konkreten Individuums bei mir zumindest über jene mit Sprache in Berührung gekommenen Verhaltensregulatoren, nämlich die verdrängt-desymbolisierten Klischees verlaufen. Das ist falsch und kann als unzutreffend von Brede auch nicht ganz unterdrückt werden. Denn an einer Stelle deutet sich der Zugang zur richtigen Formulierung an:

»Zwar ist das Unterbewußte bei Lorenzer gesellschaftlich bedingt in dem Sinne, daß es sich auf Grund von Interaktionserfahrungen ...« (S. 481 f.).

Aber schon der Satzrest schwenkt auf die Unterstellung ein:

»und durch Verdrängung ... gebildet hat«.

Anderswo heißt es bündiger:

»Lorenzer zufolge, tritt dem Ich vom Unbewußten her ein klischeebestimmtes Verhalten gleichsam entgegen.« (S. 483)

Was nicht heißen soll – wie es korrekt referiert wäre –: Treten unter den unbewußten Gehalten *auch* Klischees entgegen, sondern meint:

»Von Trieb spricht Lorenzer zwar nur im Zusammenhang mit Szenen, in denen sich Klischees durchsetzen.« (S. 487)

Das ist eindeutig – und eindeutig falsch.

In der Tat kulminiert hier die Falschdarstellung, und zwar keineswegs als Ausrutscher, wie an den schon erwähnten Zitaten S. 3 und S. 16 ablesbar ist. Zugleich wird an dieser Stelle auch das Fehlergeflecht bei Brede durchsichtig: Die Sozialisation endet bei Brede mit den Grenzen der Sprache. Jenseits der Sprache ist für sie nur das geschichtslose »Subhumane«, die »a-soziale« bzw. »desozialisierte Natur«. Das zeigen zwei Sätze drastisch:

»Im Hinblick auf die Diskussion des Ansatzes von Lorenzer interessiert besonders die Frage, ob Freuds Bestimmung des Es eine Interpretation zuläßt, nach der sich in neurotischen Äußerungen der Trieb als *desozialisierte* Natur des Menschen durchsetzt und das Individuum auf Grund seiner neurotischen Äußerungen in die entwicklungsgeschichtliche Reihe mit den subhumanen Spezies verweist. In Konzeptionen über die Vergesellschaftung des Individuums, nach denen Triebe sozialisiert oder – wie Dannecker und Reiche sich ausdrücken – Triebschicksale ausgestanzt werden (vgl. 1974, S. 307), Triebprofile sich herausbilden (vgl. Lorenzer 1972a, S. 45), wird der Trieb vorschnell als die ›Naturgrundlage‹ aufgefaßt, von der die ›Figuren menschlichen Handelns, Fühlens, Denkens auch inhaltlich‹ (ebd. S. 10) abhingen.« (Kursivierung bei »desozialisierte« von mir A. L.) (S. 491)

Von meinem Konzept her heißt das: Brede verleugnet die These, daß Sozialisation in der Ontogenese auf der Ebene der vorsprachlichen Praxis der Mutter-Kind-Dyade ansetzt. Das Zusammenspiel innerhalb der Mutter-Kind-Dyade ist vorsprachlich, wenn auch nicht außersprachlich – letzteres deshalb, weil die vermittelnde Praxis der Mutter ihrerseits (freilich nicht nur) symbolvermittelt abläuft. Das darf aber nicht dazu veranlassen, den Begriff »vorsprachlich« zu relativieren; das Praxis-Zusammenspiel ist insofern *nicht*-sprachlich, als im Prozeß der Strukturbildung aufgrund der *Niederschläge realer Interaktionen* (selbstverständlich schon pränatal) ausschließlich nur ein Registrierungssystem, nämlich das sensomotorisch-gesamtorganismische, beteiligt ist. Der Prozeß geht von Interaktionsfiguren zu Interaktionsengrammen.

Bei diesem Prozeß wird der Körperbedarf des kindlichen Organismus zum individuellen »Körperbedürfnis«, und das impliziert: die Triebmatrix selbst wird hergestellt. Der Trieb wird – formuliert in der Theorie der Interaktionsformen – als Gefüge von Interaktionsformen hergestellt.

Wie man der kurzen Skizzierung entnehmen kann (ausführlicher kann es in »Zur Begründung« und »Die Wahrheit . . .« nachgelesen werden), treffen alle möglichen Unterstellungen bei Brede daneben, so die erwähnte »Desozialisierungsbehauptung«, so die Rede vom Trieb als einem »bloß durch Vergesellschaftung evozierten ›Teil‹ von innerer Natur«, oder die behauptete Gleichsetzung vom Trieb mit »innerer Natur«.

Der Gegensatz zwischen dem Bredeschen und meinem Konzept dürfte klar sein. Bei ihr ist Sozialisation an Sprachstruktur gebunden, bei mir an die Übermittlung von Praxisstrukturen, die in jeder Ontogenese hergesellt werden und in jeder Ontogenese mit Sprache verbunden werden müssen. (Daher ja auch die »Bedeutungsdifferenz« zwischen Mutter und Kind, individuellem und objektivem Sinn).

Selbstverständlich lassen sich Argumente austauschen – warum aber kann Brede das ihr fremde Konzept einer Konstitution individueller Struktur über Praxisvermittlung – mit allen Konsequenzen für Verständigungsprozesse (einschließlich der Psychoanalyse) – nicht einmal wahrnehmen? Weil sich der Begriff »Praxis« auf der von ihr gewählten und von Moersch tolerierten Ebene einer Fundierung der psychoanalytischen Theorie gar nicht bilden läßt!

Brede wie Moersch verbleiben auf der Ebene einer Systematisierung von »Erscheinungen«, das Vordringen auf die des »Wesens«[12] ist für beide so wenig denkbar, daß sie die ihnen fremden Annahmen auf ihre Ebene zurückzwingen – und dabei verzerren.

II. *Psychoanalyse als »kritische« oder als »traditionelle« Theorie?*

Verfolgt man den Argumentationsweg bei Moersch und Brede in umgekehrter Richtung, dann wird deutlich, wie es zu dem merkwürdigen Auf-den-Kopf-Stellen meines Konzeptes kommt:

Die Absage an eine kritische Metatheorie beinhaltet konsequenterweise auch die Absage an ein Verständnis von Psychoanalyse als einer *kritischen* und d. h. nicht-traditionellen Theorie. Deshalb haben weder Moersch noch Brede begriffen, was meine Begründung von Psychoanalyse auf dem Punkte der beschädigten Struktur bedeutet – und was sie erfordert: Die Unterscheidung zwischen dem Ganzen und den Teilen einer (beschädigten oder unbeschädigten) Persönlichkeit und die Unterscheidung zwischen der psychoanalytischen Erkenntnisproblematik (*auf*grund der beschädigten Struktur) und der Bildungsproblematik (*als* Grund der beschädigten Struktur).

Weshalb ist die Begründung von Psychoanalyse (als kritischer Theorie *und* Praxis) auf dem Punkte der beschädigten Struktur *notwendig?* Auch das wird erst deutlich, wenn man die totalistischen und empiristischen Verwechslungen von Moersch und Brede beiseite geräumt hat, und wenn man aus dem erneut zusammengerührten Mischmasch von Traum-, Symbolproblematik und Entwicklungspsychologie den Ansatz einer *Sozialisationstheorie* gewonnen hat, der nicht nur die psychoanalytische Selbstgenügsamkeit (bei Moersch), sondern auch die Einfügung (»Fundierung«) in den Rahmen einer Handlungs- und Sprachtheorie (wie bei Brede) sprengt. Der psychoanalytische Therapie- und Erkenntnisgegenstand muß im Unbewußten festgemacht werden, d. h. außerhalb von Denken und Bewußtsein in einer Grundmatrix der Praxiselemente in den Individuen. Deren Bildungsgesetze können nicht innerhalb von psychoanalytischer Theorie, aber auch nicht unabhängig von ihr begriffen werden. Um sich klarmachen zu können, wie individuelle Struktur hergestellt und beschädigt wird, bedarf es der Einsicht in die Prozesse *beschädigender Herstellung* im Rahmen der objektiven Prozesse gegenwärtiger Produktionsweise, der objektiven Struktur, die Bedingungsgrund individueller Struktur ist.

Weil sich nun aber weder Psychoanalyse in die Analyse objektiver Struktur hinein auflösen läßt, noch umgekehrt diese in psychoanalytische Theorie und Praxis integriert werden kann, ist eine Verbindung unerläßlich, die, aus beiden Analysen herauswachsend, die Begriffe beider kritisch aufarbeiten muß, – nicht als übergreifend-fundierte Supertheorie und Protoscience, sondern als Vermittlung von der metatheoretischen Ebene der Psychoanalyse aus.

Die Theorie der Interaktionsformen ist auf dieser metatheoretischen Ebene angesiedelt, und zwar als »Kritik der psychoanalytischen Begriffe«; sie befindet sich nicht innerhalb von Psychoanalyse und ist keine Revision. Sie soll als Metatheorie der Vermittlung von Psychoanalyse zur Analyse objektiver Strukturen dienen, nicht als Fundierung von Psychoanalyse. Das Gegenbild, von dem her Moersch und Brede mein Konzept verkannten, ist das einer gegen solche Vermittlung immunisierten Psychoanalyse.

Eine linguistische Modernisierung der Psychoanalyse würde von ihnen toleriert, nicht aber eine Kritik der Psychoanalyse. Eine Fundierung im Rahmen von Sprach- und Handlungstheorie wird gefordert und zugelassen – nicht aber eine Aufsprengung psychoanalytischer Kategorien *und* dieses Rahmens zugunsten einer Metatheorie im Dienste der Vermittlung. Psychoanalyse als kritische Praxis, aus der eine Analyse subjektiver Struktur herauswachsen soll, wird vorweg ihrer Begründung auf beschädigter Struktur beraubt und soll vom Gespenst der Normalitätsthese gezielt erschlagen werden! Das erspart die Auseinandersetzung mit dem Verständnis von psychoanalytischer Neurosen- und Entwicklungspsychologie als einer *Sozialisationstheorie,* welche Sozialisation als besondere Produktion im Rahmen gegenwärtiger Produktionsweise begreift.

Was Moersch und Brede tolerieren und fordern, ist ein moderner Theorieverbund und eine Handlungstheorie, die hinsichtlich der »Terminologie von Freud« (S. 495) durchgängig alles beim alten läßt; die beim unbestrittenen Kernstück der psychoanalytischen Persönlichkeitstheorie, das zugleich aber auch Kern des (biologistischen) Selbstmißverständnisses der Psychoanalyse ist, nämlich der Triebtheorie, ruhig sagen kann:

»Gemäß der Stellung der Triebtheorie innerhalb der psychoanalytischen Metapsychologie steht ihrer Berücksichtigung in einem vergesellschaftungstheoretischen Ansatz grundsätzlich nichts entgegen.« (S. 496)

Berücksichtigung? Ja, aber ich füge hinzu: nur auf dem Wege einer kritischen *Vermittlung*, die *Kritik* nach beiden Seiten ist.

Anmerkungen

1 Klaus Menne, *Ein verstehender Zugang zum Unbewußten?* in: Psyche XXX, 1976, S. 534.

2 Ebd. S. 549.

3 Karola Brede, *Trieb als humanspezifische Kategorie,* in: Psyche XXX, 1976, S. 473.
Emma Moersch, *Symbol, Repräsentanz, Primärprozeß,* in: Psyche XXX, 1976, S. 503.

4 Alfred Lorenzer, *Kritik des psychoanalytischen Symbolbegriffs,* Frankfurt 1970.

5 Alfred Lorenzer, *Sprachzerstörung und Rekonstruktion,* Frankfurt 1976.

6 Alfred Lorenzer, *Die Wahrheit der psychoanalytischen Erkenntnis,* Frankfurt 1974.

7 Alfred Lorenzer, *Zur Begründung einer materialistischen Sozialisationstheorie,* Frankfurt 1972.

8 Alfred Lorenzer (Anm. 6), S. 29, sowie Kap. VI.

9 Alfred Lorenzer, *Das Spiel der Phantasie.* In: *Sprache im technischen Zeitalter,* herausgegeben von Walter Höllerer und Norbert Miller 46/1973, S. 146.

10 Louis Althusser u. Etienne Balibar, *Das Kapital lesen,* Reinbek bei Hamburg 1972, Bd. I, S. 51 f.

11 Alfred Lorenzer, *Symbol, Interaktion und Praxis.* In: Lorenzer, Dahmer u. a., *Psychoanalyse als Sozialwissenschaft,* Frankfurt 1971.

12 Alfred Lorenzer, *Zur Dialektik von Individuum und Gesellschaft.* In: Thomas Leithäuser und Walther Heinz (Hrsg.), *Produktion, Arbeit, Sozialisation.*
ders., *Zum Verhältnis von objektiver und subjektiver Struktur.* In diesem Band S. 195 ff.

7. Lacan und/oder Marx

Verfolgt man die Beschäftigung mit psychoanalytischer Theorie in der nicht-psychoanalytischen Literatur hierzulande, so taucht immer häufiger der Name Lacan auf. Die Lacan-Rezeption ist also sicher mehr als das bloße Überschwappen einer umschreibenen Facherörterung über die Grenzen. Der hierzulande kaum Bekannte ist im französischen Sprachgebrauch vielerorts anwesend: Spuren der Lacanschen Gedankengänge finden sich in Frankreich fast überall in den Geistes- und Sozialwissenschaften, von der Philosophie bis zur Sprachwissenschaft, von der politisch aktiven Marxismusdiskussion bis zum Feuilleton »gebildeter Kreise«. Daß die Auseinandersetzung mit Freud und der Psychoanalyse in Frankreich eher lebhafter, gehaltvoller und (von Ausnahmen abgesehen) differenzierter ist als bei uns, verdankt sie nicht zuletzt dem Niveau des Lacanschen Denkens – wird in Frankreich Psychoanalyse ja weitgehend mit Lacan identifiziert; die Ausrichtung der Arbeiten seiner (psychoanalytischen) Gegner auf Lacansche Themen und der spektakuläre Erfolg von Angriffen wie dem »Antioedipe« belegen das auf ihre je unterschiedliche Weise.

Doch gibt es, wie schon angedeutet, eigenständige Gründe für die Aufnahme Lacans in die deutsche Diskussion. So fordert schon allein die Aktualität sprachphilosophischer und hermeneutischer Auseinandersetzungen bei uns die Beschäftigung mit Lacan (der gemeinhin dem französischen Strukturalismus zugerechnet wird) heraus. Und im übrigen darf nicht unbeachtet bleiben, daß die Psychoanalyse gegenwärtig in eine neue Phase der Selbstdarstellung und Konfrontation eingetreten ist: Die Etappe des Seßhaftwerdens der Psychoanalyse im angelsächsischen Raum (nach der Vertreibung der bekanntesten Analytiker aus Kontinentaleuropa) und die damit verbundene Faszination der Psychoanalytiker durch ein pragmatisch-pragmatistisches und verhaltenstheoretisch-positivistisches Denken in den neuen »Heimatländern« ist mindestens insofern im Abklingen, als sich inzwischen Diskussionsschwerpunkte wieder auf die alte Welt und den Kontinent zurückverlagerten. Die Weiterentwicklung der Psychoanalyse aber verläuft in einer Weise, die nicht um eine Auseinandersetzung mit Lacan herumführt. Aber natürlich geht es nicht bloß um die Weiterentwicklung der Psychoanalyse. Die Lacansche Theoriebildung greift über Psychoanalyse hinaus in eine bestimmte Richtung:

»Lacan wird nicht bestreiten, daß sein Versuch einer Theoretisierung unmöglich gewesen wäre, wäre nicht eine neue Wissenschaft, die *Linguistik,* entstanden. So verläuft die Geschichte der Wissenschaft, in der eine Wissenschaft erst auf dem Umweg über andere Wissenschaften wird, und zwar nicht nur Wissenschaften, die bei ihrer Taufe schon anwesend sind, sondern auch über eine neue Wissenschaft, die sich verspätet und die zu ihrer Entstehung Zeit braucht.«

Eben deshalb ist Lacan aktuell für alle Humanwissenschaften, die vom Problem »Sprache« fundiert oder doch entscheident berührt werden.

Die psychoanalyseübergreifende Bedeutsamkeit Lacans ist aber noch eine besondere. Lacan berührt – vermittelt aber nachdrücklich – die Auseinandersetzung von Psychoanalyse und historischem Materialismus. »Vermittelt« vor allem über Louis Althusser, dessen kurzer Aufsatz »Freud und Lacan« nicht bloß mit dem Abschnitt »Freud und der historische Materialismus« endet, sondern der diesen Aufsatz insgesamt fraglos vor dem Hintergrund einer Freud-Marx-Debatte entfaltet, um anzuzeigen, daß bei seiner eigenen Marxinterpretation Lacan und Freud verschwiegenermaßen anwesend sind. Umgekehrt ist damit Althusser zu einem Part jeder Kritik Lacans innerhalb der Auseinandersetzung Psychoanalyse – Marxismus geworden; eine »Dreierbeziehung«, die ein hohes Maß an Genauigkeit in der systematischen Beachtung jedes einzelnen Begriffs erfordert. Und eben da steht der deutschen Lacandiskussion eine besondere Gefahr ins Haus. Lacan ist, um es kurz und drastisch zu sagen, ein »dunkler Denker«, der zumal in der Übersetzung allen erdenklichen Mißverständnissen und Mißdeutungen Raum gewährt. Sein Zögern, Übersetzungen zu autorisieren und seine Abneigung vor leicht zugänglichen Darstellungen seiner Gedanken sind bekannt. Und die Entfaltung von Lacan's Erörterungen hierzulande gibt solcher Bedenklichkeit volle Bestätigung. In der Tat fühlt man sich bei der Sichtung der ersten Interpretationen mitunter an die bekannte Parabel vom Walderleben erinnert: der Holzhändler, der Jäger, der Spaziergänger, die Liebespaare – jeder von ihnen sucht und findet jeweils etwas anderes, und weil das Zurechtfinden in diesem Walde nicht ohne besondere Anstrengung geling, beharrt jeder auf seiner Ausdeutung – in seiner Waldecke. Zumeist geschieht das ohne Rechenschaft darüber, ob die eigenen Aus- und Eindeutungen sich mit dem Ganzen der Lacanschen Sicht überhaupt vertragen. Und das gilt insbesondere für die »Links-Lacanisten«, denen die Frage zu stellen ist, ob und wie ein originaler (oder unter der Hand partiell veränderter) Lacan sich mit den Begriffen aus der Marxschen Kritik der politischen Ökonomie vermitteln läßt.

Sehen wir einmal ab von den allzu absurden Direktunternehmungen, Lacan einfach zum historisch-materialistischen Denker umzustilisieren. Auch die weniger entschlossenen Lacanisten machen es sich etwas zu leicht, wenn sie – so auch Althusser – den Rückbezug Lacans auf Heidegger als unwesentliche rhetorische Dekoration abtun, die er einem Teil seiner Zuhörer zur Einschüchterung entgegenhalte.[2] Für so leichtfertig und taschenspielerisch unbedenklich sollte man Lacan nicht halten, und auch nicht für so naiv, nicht einschätzen zu können, was »Begriffe« bedeuten.

Bevor man sich detaillierter in die Debatte »Lacan und/oder Marx« einläßt, bevor man also sich in jene umfängliche Arbeit begibt, die Lacanschen Denkfiguren in Beziehung zum historischen Materialismus zu setzen, hat es deshalb seine guten Gründe, der Frage nachzugehen, in welchem Ausmaß und mit welcher Bedeutung die Grundelemente des Lacanschen Konzepts durchzogen sind von einer Begrifflichkeit, die sich einer Vermittlung eindeutig widersetzen.

Damit soll das Geschäft einer genauen, ins Detail gehenden Lacankritik nicht erspart werden, wohl aber soll die Selbstzufriedenheit jener Ruck-Zuck-Vermittler, die mit ein paar kosmetischen Operationen da und vielen verschwiegenen Umdeutungen dort glauben, Marx und Lacan unter ein Dach gebracht zu haben, verunsichert werden. Nichts ist der Auseinandersetzung von Psychoanalyse und historischem Materialismus nämlich abträglicher als solche schnell bereiteten Verständigungen.

Ich möchte in dieser Situation auf eine Arbeit verweisen, die in genauer und ausführlicher Weise einen grundlegenden Beitrag zur Bezogenheit des Lacanschen Konzeptes auf Heidegger leistet, nämlich die Arbeit von Hermann Lang: »Die Sprache und das Unbewußte. J. Lacans Grundlegung der Psychoanalyse«[3]

Der Vorteil der Langschen Arbeit für unsere Frage liegt nicht zuletzt darin, daß seine Darstellung im Aufdecken der Beziehungsfiguren nach beiden Seiten hin höchst loyal verfährt. Langs Absicht ist keineswegs Lacankritik und schon gar nicht Lacankritik in der angeschnittenen Fragestellung, wohl aber bereitet die Arbeit einer Lacankritik den Boden und stellt verläßliches Material bei. Eben weil Lang sich strikt davor hütet, an irgendeiner Stelle über Lacan hinauszugehen, eignet sich seine Darstellung als vorzüglicher Beitrag zur Eröffnung ernsthafter Lacanstudien in Deutschland. Seine Zurückhaltung qualifiziert ihn gleichsam als antidot gegen jenen Interpretationswildwuchs, der nach freiem Belieben schaltet.

Damit wird Kritik in doppelter Hinsicht vorbereitet: Es werden die Kurzschlüsse einer vorschnell-eingleisigen Kritik ebenso abgewiesen wie schnelle Zustimmung, bei der isolierte Gedankengänge vor den eigenen Karren gespannt werden. Kurz gesagt, flacher Mäkelei wird ebenso der Boden entzogen wie dreistem Mißbrauch.

Lang beginnt, nach einer Einleitung, die ich übergehe, folgendermaßen:

> »Lacan stellt uns seine Theorie des Ich zunächst als eine genetische vor. Sie, die den Anfang seines Denkweges markiert, kann insofern als psychoanalytisch angesehen werden, als sie von der Beziehung des Subjekts zu seinem Leib ihren Ausgang nimmt und diese Relation als Identifikation mit einer Imago beschreibt.« (S. 47)

Kein Zweifel, der Begriff »genetisch« und die Kennzeichnung »als psychoanalytisch« machen klar, daß die Formel von der »Beziehung des Subjekts zu seinem Leib« in besonderer Bedeutung zu lesen ist: als Präsentation des Angelpunktes psychoanalytischer Erkenntnisprozesse. Neben eine erkenntnistheoretische tritt eine anthropologische Aussage. Persönlichkeitsbildung soll als In-Beziehung-treten eines Subjektes zu seinem Leib gesehen werden. Um gleich an dieser Stelle Langs Darstellung zur Lacankritik weiterzutreiben: In beiderlei Hinsicht ist diese Lacansche Grundfigur »subjektivistisch«:

der Ansatz ist nicht hintergehbar, nirgendwo ist erkennbar, daß der Frage nach dem individuellen Bildungsprozeß die Frage nach der Konstitution von Subjektivität[1] vorangestellt würde. Daß Lang den Lacanschen Grundton getreu getroffen hat, illustriert sich an der bekannten (und hervorzuhebenden) Stelle, in der Lacan vom »Spiegelstudium« des Kindes sagt:

»Bei einem Wesen, das in diesem Stadium *infans* seines Menschseins ein motorisch noch unentwickelter, hilfloser Säugling ist, will uns jetzt die triumphierende Aufnahme seines Spiegelbildes als exemplarische Situation für die Manifestation der symbolischen Matrix erscheinen, in der sich das *Ich* in eine erste Gestalt entwirft . . . (zit.: S. 48, Anm. 1)

Lang kommentiert zutreffend (im Lacanschen Sinne) diese »assomption jubilatoire« so: »Was hier geschieht, ist ursprünglich Identifikation mit der sichtbar gewordenen Gestalt des eigenen Leibes; das Menschwesen wird sich seiner als der im Spiegel repräsentierten Gestalt, als Einheit, als Ich inne. Es ist seiner innegeworden auf dem Boden der Lebendigkeit des eigenen Leibes« (S. 48). Kurzum, Lang macht eindeutig, daß bei Lacan »immer schon« mit einer der Auseinandersetzung mit gesellschaftlichen Prozessen vorangehenden, vorgegebenen Subjektivität gerechnet wird. Kann man das auch eindeutig feststellen, so muß man doch hinzufügen, daß eine solche Rechnung freilich bei Lacan nicht nach Art platt-anthropologischer Aussagen aufgemacht wird. Schon die Annahme eines »erkenntnistheoretischen Subjekts« träfe daneben, denn für Lacan gilt gewiß nicht weniger als für Lévi-Strauss die Ricœursche Bemerkung vom »kantisme sans sujet transcendental«. (Zit. nach Lang, S. 193)

Dennoch ist dort, wo von Bildungsprozessen in ihrer lebensgeschichtlichen Ausformung die Rede ist, dies der Ansatz:

»Im Gewahrwerden seiner selbst im Spiegel und der dazu korrelativen Erfahrungen erhaschte das Menschenwesen ein Bild von sich als einem einheitlichen, das die Antwort auf die Perzeption eines primordialen Diskordes darstellte, von der die Phantasien, die sich um die Imago vom zerstückelten Körper ranken, zeugten. Angesichts dieser unheimlichen Wahrheit wurde dem Menschen die Illusion der Einheit, die Maske ›Ich‹, – das Subjekt oder ›Je‹ entfremdete sich in ein ›moi‹, machte sich selbst zum Objekt, sofern es die Frage nach seiner Existenz und Wahrheit dadurch zu beantworten suchte, daß es sich in ein Bild fixierte. Der

Anfang für ein ›méconnaître‹ in allem ›me connaître‹ war gegeben.« (S. 246)

Jedoch nochmals: Sofort wird die Aussage von allen Verlokkungen zu positiv-anthropologischen Fixierungen befreit:

»Es drängt sich die Frage nach der Existenzweise jenes ›Je‹ oder Subjekts auf, ehe es sich dergestalt vergegenständlichte, und in die es offensichtlich vermöge psychoanalytischer Destruktion imaginärer Verfestigung zurückzufinden gilt. Wir hatten gesehen, daß dieses Geschehen der ›réalisation du sujet‹ nur in der Sprache sich vollziehen kann. Scheint die Sprache in ihrem Benennen und ihren Termini diese Entfremdung zunächst noch zu begünstigen – eröffnet sie doch auf diese Weise Reifikationsmöglichkeiten –, so hatten wir gleichwohl im Schweigen ein entscheidendes Sprachmoment insofern erkannt, als es hinderte, sich an dieser Bildwelt festzuklammern und so erneut die eigene Existenz zum Problem werden läßt. In der Folge hatte sich dann ergeben, daß es darum zu gehen habe, durch die kaschierenden Projektionen imaginärer Intersubjektivität hindurch einen ursprünglichen Bezug des Subjekts zur Sprache freizulegen.« (S. 246 f.).

Und schärfer noch:

»Unsere weiteren Ausführungen hatten indessen gezeigt, daß ein Subjekt, dessen Maß sich ganz im Felde der Bedeutungen erschöpfte, zu jenem ›moi‹ regredierte, dem wesenhaft Verkennung eignet. Überdies gebärdet sich das Subjekt hier, als seien die Bedeutungen, die es vorfindet, Produkte eigener Bewußtseinsakte. Die daraufhin wahrgenommene Äquivalenz zwischen Meinen und Gemeintem verführt es dann schließlich zu dem Glauben, sich selbst als Erkenntnisgegenstand ausloten zu können. Die Ebene der ›énonciation‹ wird dergestalt hinter der alles überflutenden Ebene des ›éconcé‹ nicht mehr fragbar. So greift diese Antwort zu kurz und provoziert eine neue Frage. Wie steht es um ein ›sujet de signifiant‹ neben dem genannten ›sujet de signifié‹?« (S. 248).

Der Gedankengang führt mithin zielstrebig zu der Lacanschen Feststellung:

»Die ursprüngliche Weise einer Auslassung des Signans, die wir hier als Matrix der *Verneinung* zu begreifen suchen, setzt das Subjekt als ein Negatives, läßt sie ihm doch jene Leerstelle zukommen, in der es seinen Platz findet.« (Zit. S. 255, Anm. 44)

Halten wir hier einen Augenblick inne, um uns die Aussagen über das Lacansche Verständnis von Subjektivität angesichts folgender Situation zu vergegenwärtigen: Soll die Vermittlung von Psychoanalyse und historischem Materialismus nicht als rezeptive Einpassung, sondern als wissenschaftlicher Beitrag zur Dialektik von Individuum und Gesellschaft fruchtbar werden, so muß dieser Beitrag zentriert sein um diejenigen Prozesse, die im Rahmen der politisch-ökonomischen Analyse nicht thematisiert sind, und – wie uns die Althussersche Radikalität klar macht[4] – gar nicht thematisiert werden können: die Frage der Herstellung des sinnlich-konkreten Individuums.

Daß die individuelle Struktur gesellschaftlich hergestellt wird, läßt sich aus der Gesellschaftstheorie, die aus der Kritik der politischen Ökonomie hervorgeht, zwingend ableiten. Zu zeigen ist aber

– wie diese Herstellung vorangeht,

– wie sie über physiologische Prozesse läuft und gleichwohl alle Handlungs- und Denkfiguren umfaßt,

– wie die vermittelnden Sozialisationsagenturen, nämlich die konkreten zwischenmenschlichen Verhältnisse, in die Persönlichkeitsstruktur eingehen,

– wie die zwischenmenschlichen Verhältnisse auf gesellschaftliche Verhältnisse zurückgehen,

– und wie die Herstellung individueller Struktur allemal zugleich eine beschädigende Herstellung ist.

All das läßt Lacan offen. Er weist nur auf Augenblicke des Vorgangs hin und beschreibt sie, wobei er die Naivität der psychoanalytischen Entwicklungspsychologie auf einen philosophisch akzeptablen Begriff bringt. Er begreift die »Unmittelbarkeit« dramatischer Umschlagstellen – macht aber nicht den Schritt, die »Vermitteltheit« aufzudecken.

Daran ändern Begriffsfiguren wie die der »Entfremdung« um so weniger, als sie im durchaus Vor-Marxschen Verständnis gebraucht werden und nicht einmal andeutungsweise die Bezogenheit subjektiver Strukturen auf die ökonomisch-objektive Struktur der Produktionsweise vorzeichnen.

Das Verhältnis von Subjektivität und Objektivität wird bei Lacan, in die empirischen Subjekte eingelagert, an Sprache gebunden.

»Wir sehen: Im Bemühen, sich vermöge einer Identifikation mit einem Signifiant Sinn zu geben, findet sich das Subjekt wiederum als Leerstelle, als sich selbst entzogenes ›sujet en fading‹ repräsentiert.« (S. 264) »So gipfelt Lacans Konzeption in einem extremen Subjektivismus – und ist doch dessen radikales Gegenteil. Wir reden von nicht anderem als von uns selbst und reden doch von einem Nichts.« (S. 265)

Im Moment der Realisation des Subjekts gilt:

»Nur noch ein wenig mehr, einen Augenblick später, und das Subjekt wäre verbalisiert, benannt worden, hätte als ein Selbst gesprochen, doch im Moment des Griffs nach der Sprache findet es sich schon verdrängt, und nicht es, sondern die Sprache spricht.« (S. 265)

Wir machen demnach die folgende interessante Entdeckung: Die Lacansche Denkfigur schlägt auf den Gipfel eines »extremen Subjektivismus« um und enthüllt sich als dessen Gegenstück. Lang läßt deshalb Sartre folgendermaßen zu Wort kommen:

»Das Schwinden, oder wie Lacan es nennt, die Dezentrierung des Subjekts, geht mit einer Diskreditierung der Geschichte einher. Wenn es keine Praxis mehr gibt, wird es auch kein Subjekt mehr geben. Was sagen uns denn Lacan und die Psychoanalytiker, die sich auf ihn berufen? Der Mensch denkt nicht, er wird gedacht, so wie er für bestimmte Linguisten gesprochen wird. In diesem Prozeß steht das Subjekt nicht mehr im Mittelpunkt. Es wird zu einem Element unter anderen. Entscheidend ist die ›Schicht‹ oder wenn Sie das vorziehen, die Struktur, in der es gefangen ist und die es konstituiert.« (S. 156).

Bemerkenswert, daß Sartre sich hier nicht beim Vorwurf eines »inhumanen« Objektivismus aufhält, sondern übergeht zu einem anderen Problem: der Geschichtslosigkeit. Indem wir – in der Langschen Darstellung – die Problematik Subjektivismus-Objektivismus durchmessen, stellen wir fest, daß wir bei Lacan ebenso von extremem Subjektivismus wie seinem »radikale(n) Gegenteil«, und von extremem Objektivismus wie seinem »radikale(n) Gegenteil« reden können. Welche Formulierung auch gewählt wird, jede führt zu einer anderen Figur, die nach beiderlei Seiten den Vorwurf der Geschichtsblindheit herausfordert! Bezeichnenderweise reagiert *darauf* Lacan heftig:

»Nehmen Sie in meinem Werk (sc. Ecrits) den Text, der ›Römischer Vortrag‹ genannt wird, und Sie können die Bedeutung ermessen, die ich hier der Geschichte zugestehe, will es mir doch scheinen, als erstrecke sich ihr Bereich ebenso weit wie der des Unbewußten. Das *Unbewußte ist Geschichte.* Gelebtes trägt die Marke primärer Geschichtlichkeit. All dies findet sich schwarz auf weiß in meinem Buch. Nun, ich lese Sartres Bücher, offensichtlich hat er mich aber nicht richtig gelesen.« (S. 157).

Und Lang nimmt in diesem Streit eindeutig Partei:

»Nun ich meine, unsere bisherigen Darlegungen haben gezeigt, daß der Sartresche Vorwurf eines angeblichen ›ahistorischen Denkens‹ Lacans jeder echten Grundlage entbehrt.« (S. 157),

wobei die Langschen Beteuerungen den wunden Punkt bei Lacan vollends freilegen, und zwar als jene »abstrakte Geschichtlichkeit«, die Lacan, hier zweifellos in Heideggernähe, von einem historisch-materialistischen Geschichtsverständnis grundsätzlich trennt.

Gerade dies aber wirft ein Licht zurück auf die Problematik des Subjektivismus, die uns nun folgendermaßen durchsichtig wird: Lacan ist subjektivistisch, eben weil er die Konstitution des Subjekts nicht in konkreten objektiven Prozessen verankert denkt (bzw. denkbar macht), sondern als abstrakte Konstitution unterstellt; er ist objektivistisch in der Weise, daß ihm zufolge nicht objektive gesellschaftliche Prozesse (dieser Gesellschaft auf diesem geschichtlichen Stand) die Form subjektiver Praxisfiguren bestimmen, sondern in den Individuen die abstrakte Objektivität einer Sprache »spricht«. Von daher wird auch deutlich, was es mit einem Vorwurf, den L. Sève erhebt, auf sich hat:

»Wenn beispielsweise angegeben wird, das Unbewußte sei wie eine Sprache strukturiert, ist das zweifellos ein erheblicher Fortschritt gegenüber dem ursprünglichen Freud'schen Begriffsgut, wonach es wie ein biologischer Organismus strukturiert sein sollte; wer Sprache sagt, sagt nämlich gesellschaftliches Verhältnis, und das bringt dem tatsächlichen menschlichen Wesen viel näher. Doch warum auf halbem Wege stehenbleiben? Wenn einmal erkannt ist, daß das Problem des Individuums nicht instinktbezogen, sondern auf ein gesellschaftliches Verhältnis bezogen gestellt werden muß, warum dann das sprachliche Verhältnis vom *Ensemble* der gesellschaftlichen Verhältnisse abstrahieren? Höchstens doch, um zu vermeiden, daß man bei den Produktionsverhältnissen anlangt. Und wenn die Sprachwissenschaft, was nicht Bestritten wird, der Psychologie einen Beitrag liefert, warum dann nicht *erst recht* darauf achten, welchen Beitrag sie von der politischen Ökonomie erhalten kann?«[5]

Genau das ist nämlich der Punkt, den weder Lacan noch Lang sehen können: Um die Verankerung von Lebensgeschichte in Geschichte konkret denken zu können, bedarf es eines Verständnisses von subjektiven Konstitutionsprozessen, bei dem aufzeigbar wird, wie subjektive Praxisfiguren hergestellt werden, und wie bei dieser Herstellung der Widerspruch von Produktionskräften und Produktionsverhältnissen sich in Figuren »beschädigter Herstellung« der individuellen Struktur niederschlägt.

Solches freilich läßt sich – und *darin* ist Sève recht zu geben – mit Lacan nicht denken, geschweige denn Schritt für Schritt aufzeigen. Soll ein Zusammenhang zwischen subjektiven Strukturen und objektiven Strukturen der Produktionsweise hergestellt werden – und das ist ja Sèves Mängelrüge an der Lacanschen Interpretation –, so muß die Ebene der Praxisfiguren in ihrer sensomotorischen Unmittelbarkeit (und nicht in ihrer Sprachlichkeit) berücksichtigt werden.

Die Gründe für diese Forderung lassen sich in aller Kürze natürlich nicht einleuchtend entfalten. Ich begnüge mich mit drei Hinweisen.

1. Die Wendung von der Erkenntniskritik qua Bewußtseinsanalyse zur Erkenntniskritik qua Sprachanalyse [im Zuge einer »Transformation der Transzendentalphilosophie«[6]] darf doch wohl nicht so verstanden werden, als sei der Gegensatz von Idealismus und historischem Materialismus von der Geschichte dadurch überholt worden, daß sich die sprachphilosophische Position sowohl unterm Aspekt von Erkenntnistheorie wie auch unter dem Aspekt des Zusammenhangs von Lebenspraxis und Sprache erreichen läßt. Das »vom Kopf auf die Füße stellen« hat sich nicht erübrigt, sondern muß auf neuer Position erneuert werden. Dies kann immer noch verfehlt werden, was hier heißt: es ist zu sehen, daß mit der Verankerung der Praxis in einem Unbewußten, das »gleich einer Sprache gebaut« ist, mit der Annahme einer Regulierung der Praxis durch eine »Rhetorik des Unbewußten« (Lang, 108) die Konstitution des menschlichen Wesens »sprachidealistisch« aus dem Zusammenhang konkreter geschichtlicher Praxis herausgelöst wird; Erfüllung oder Verfehlen menschlicher Möglichkeit wird zu einem von den konkreten gesellschaftlichen Auseinandersetzungen nur wie »von außen« beeinflußten Sprachschicksal. Das verweist schon aufs nächste:

2. Die Grundelemente subjektiver Praxis werden bei Lacan im Kind nicht in einem praktisch-dialektischen Prozeß zwischen mütterlicher Praxis und »innerer Natur« des Kindes

hergestellt, sondern gehören auf die Ebene der »Signifiants«, sind bloß Teile eines Textes und nicht unmittelbar Niederschlag einer Praxisvermittlung. Sie sind allenfalls Resonanzen eines symbolischen Gefüges. Formbestimmend ist demnach erst in zweiter Linie der Zusammenhang aktueller gesellschaftlicher Prozesse, in erster Linie gilt, daß »der Mensch schon vor Geburt und noch nach dem Tode in eine symbolische Reihe eingefügt ist, eine symbolische Reihe, die hier eine Abstammung begründet, noch ehe Geschichte gewoben ward« (S. 155).

3. Damit ist – bei Lacan – die Verkürzung der allseitigen Entfaltung des Menschen, ist Deformation nicht Resultat gesellschaftlicher Sprachlichkeit, ist in allen wesentlichen Momenten der geschichtlichen Aktualität enthoben.

In welchem Sinne bei Lacan von der Geschichtlichkeit des Menschen die Rede ist, macht Lang deutlich, indem er erläuternd Heidegger zitiert: »Die Sprache gewährt überhaupt erst die Möglichkeit, inmitten der Offenheit von Seiendem zu stehen. Nur wo Sprache, da ist Welt ... Nur wo Welt waltet, da ist Geschichte ..., sie (die Sprache) leistet Gewähr, daß der Mensch als geschichtlicher sein kann.« (S. 152 An solchen Stellen wird vollends klar, daß die Langsche Untersuchung dadurch der Lacanrezeption wie auch einer noch zu entfaltenden Lacankritik einen wichtigen Dienst leistet, daß sie die Lacansche Begrifflichkeit immer wieder auf ihre Wurzeln zurückführt, sie in die Gesamtzusammenhänge, denen Lacan immer noch verpflichtet ist, zurückstellt. Von solchen Stellen her wird auch deutlich, wie unsinnig es ist, die Lacansche Wendung gegen den psychoanalytischen Positivismus z. B. zu einer Wendung gegen das Bestehende im Sinne der Marxschen Kritik umzudeuten. Wie sehr auch Lacan »der Philosoph des Mangels, der Denker eines steten Anderswo« (S. 202) genannt werden kann, und die Wahrheit ihm nur in kritischer Destruktion des Bestehend-Unwahren zugänglich erscheint, so ist daraus dennoch keine historisch-materialistische Position abzuleiten. Allenfalls ist bei Lacan eine Nähe zur Marcuseschen Deutung des Unbewußten im Zusammenhang mit dem Gedanken der »großen Weigerung« zu erkennen.

»Das Ich hatte sich uns als jener Ort imaginärer Verkennung, als jene Maskerade gezeigt, die sich der Mensch bildet, um das Ausgesetztsein seiner selbst in eine radikale Fraglichkeit zu verschleiern. Es gilt also gerade nicht, das Ich an die Stelle des Es zu setzen, sondern eher ist das Umgekehrte richtig. Es gilt in jenen Bereich einzukehren, wie wir eigentlich schon sind, jenen Horizont, wo ›Es spricht‹ neu zu öffnen, jenen Horizont, der nicht mit der Omnikommunikation der Herrschaft der Öffentlichkeit verwechselt werden darf, sondern vielmehr durch deren Gerede verdunkelt wurde. Ist nicht der vergegenständlichende Artikel in der englischen Übersetzung ›Where the id was, there the ego shall be‹ bezeichnend für diese Attraktion eines ›man‹, das sich im ›moi‹ Lacans nicht nur spiegelt, sondern in dessen Struktur überhaupt die Motivation für seine Flucht nach vorne findet? Hier heißt es umkehren zu sich als ›ex-sistence‹, heißt es diese Exzentrizität auszuhalten und sich von ihr her zu bestimmen – ein Bestimmen, das je meine Geschichte ist, sei es als ›Je‹, das sich fragend übereignet, sei als ›Moi‹, das in seinem Streben nach Autonomie ›antwortend‹ zu verschleiern sucht. Nicht das Ich (›moi‹) des Menschen gibt hier dem ›Es‹ sein Gesetz, sondern ›Es‹ bestimmt den Menschen je in seinem Sein. Nicht ›the id was‹, noch ›c'était‹ ist deshalb die angemessene Übersetzung, sondern ›s'être‹. Der metaphysische Begriff ›absolute Subjektivität‹ kann hier erläutern – unter der entscheidenden Voraussetzung allerdings, daß er der Freud – Lacanschen ›Kehre‹ gemäß als fundamentale Exzentrizität verstanden wird. In diesem Sinne lesen wir jetzt Freuds Formel: ›... là où s'était ... c'est mon devoir que je vienne à être.‹« (S. 94 f.)

Man sollte die »idealistischen« Momente der Lacanschen Sprachphilosophie und jenen praxisfernen Rationalismus seiner psychoanalytischen Irrationalität, der in der Lehre vom Unbewußten unüberhörbar ist, niemals aus dem Auge verlieren. Um es mit Langs Worten zu sagen: »Das Unbewußte ist gewissermaßen ... das *Andere,* woher das Subjekt seine eigene ›vergessene Botschaft‹ in entstellter, ›inverser‹ Form erhält« (S. 123). Der »verborgene Horizont des großen Anderen« erscheint verschleiert nur in der Parole, von der gilt:

»Dieses Wort indessen, welches das Subjekt in seiner Wahrheit konstituiert, ist ihm auf immer untersagt. Nur in seltenen Augenblicken seiner Existenz kommt es bei aller Verworrenheit zu einem Versuch, dieses Wortes, wahrheitsgetreu habhaft zu werden, – mag auch die Rede der (alltäglichen) Vermittlung dazu verurteilen, es zu verkennen. Es spricht nämlich überall da, wo es zu seinem Sein gelesen werden kann, spricht auf allen Ebenen, wo es diese Rede geformt hat. Diese Antinomie liegt in der Bedeutung selbst, die Freud dem Begriff des Unbewußten verlieh.« (S. 108)

Dieser »große Andere« – hat wenig mit dem Nicht-Identischen eines praktisch-dialektischen Systems im Sinne von Marx zu tun; Dialektik ist auf eine idealistische Position zurückgefallen. Dem entspricht auch Lacans Wahrheitsbegriff.

So wenig von Lacan beim Problem der Strukturbildung die Konstitution der Subjektivität im Horizont einer Frage nach dem Subjekt konkreter gesellschaftlicher Praxis gesucht wird, so wenig ist »Wahrheit« bei ihm an geschichtliche Transformationsprozesse gebunden. Die Offenbarung der Wahrheit ist Epiphanie:

»›Was ist also mit diesem Subjekt, mit dem Sie uns ständig in den Ohren liegen?‹ ruft schließlich ein ungeduldiger Zuhörer. Ist es nicht schon lange eine Binsenweisheit, daß alles, was vom Individuum empfunden wird, als subjektiv gilt? Einfältiger Mund, den zu rühmen noch meine letzten Tage beschäftigen wird, öffne dich doch, um mich zu hören. Keine Veranlassung die Augen zu schließen. Natürlich reicht das Subjekt weiter als dies, was das Individuum ›subjektiv‹ empfindet, genau so weit nämlich wie die Wahrheit, die es erlangen kann und die vielleicht aus diesem Munde kommt, den Sie soeben geschlossen haben.« (S. 248)

Nochmals soll hervorgehoben werden, daß Lacans Auffassung nicht in die Verdinglichung einer »positiven Anthropologie« abrutscht; auch das wird auf der Diskussionsebene, auf der sich die Langsche Exegese des Lacanschen Entwurfs bewegt, eindeutig; die Lacansche Psychoanalyse überwindet ebenso die insgeheim kulturistische Absage der positivistischen Ichpsychologie an die psychoanalytische Triebtheorie[7], wie den Freudschen Biologismus. Lacan entwindet sich diesen Sackgassen der Theorie, die beide (mit unterschiedlichem Rang und Gehalt) denselben Effekt haben: den objektiven Grund der menschlichen Deformation in gesellschaftlichen Prozessen zu verschleiern. Lacan selbst wählt freilich eine dritte Möglichkeit, eine andere Mystifikation. Die Stelle der gesellschaftlichen Bestimmtheit der subjektiven Struktur wird zur »Leerstelle«: zum »leeren Grab Moses« (um mich einer Lacanschen Figur zu bedienen, Ecrits, S. 818). Lang kennzeichnet eine der wichtigsten Zentralfiguren des Lacanschen Entwurfs nämlich folgendermaßen:

»Wenn die Sprache einen Sinn entbirgt, Seiendes vorstellt, so geht damit wesenhafte Verbergung einher – ein Entzugscharakter, der so lange unaufhebbar bleiben wird, solange der Mensch spricht. Ist so die Sprache im Wesen verschiebende Verbergung, und ist Geschichte nur in ihrem Bedeutungsleben möglich, so kann auch jener Akt des Urvatermordes, der allererst Kultur und somit Sprache ›verursachen‹ soll, keine geschichtliche Begebenheit sein. Er wird zur mystischen Handlung, die nur in der Apparenz ihrer Wirkungen, in der Sprache als solcher, als eine sich entziehende da ist. Die eigentliche ›Ursache‹ wird zur ›cause absente‹. Dieser Akt ist somit, sofern der Mensch überhaupt spricht, bewahrt, aber als ein fundamental abwesender. Der Mythos vom Urvater wird dergestalt zur imaginär verkleideten Phantasie, die hier etwas ausdrücken will, das im Wesen unausdrückbar bleibt. Der eigentliche Vater ist der tote Vater, doch: ›. . . le tombeau de Moise est aussi vide pour Freud que celui du Christ pour Hegel! Unser Sprechen will uns jetzt als unendliche Wiederholung dieses Aktes vorkommen; denn sofern wir sprechen, erscheint immer etwas mit, das sich als Totes, Gemordetes entzieht. Um diesen Urmord zu bewahren, bedurfte es also nur der Sprache als solcher. Und jetzt wird auch jene Persistenz eines übermächtigen phylogenetischen Schuld-(un)bewußtseins deutlich,das einen Rank gar zum Ausdruck ›biologisches Schuldgefühl‹ verführte. Sobald der Mensch in das Verhältnis zur Sprache geraten ist, sobald er spricht, muß er eine Schuld übernehmen, muß er für eine Schuld bezahlen, von der er glaubt, er habe sie sich nicht zuschulden kommen lassen. Wenn die Geschichte des Rattenmanns jenes Bibelwort illustriert, das besagt: ›Die Väter haben saure Trauben gegessen, und den Kindern werden davon die Zähne stumpf‹, so darf jetzt in dieser Neurose der empirische Protest, mit alle seinen verkleideten kontingenten und zugleich notwendigen Wiederholungen gegen dieses transzendentale Schuldigsein gesehen werden« (S. 164 f.)

Das Bild vom »leeren Grabe« und die Begründung von Selbst- und Objekterfahrung im Sichtbarwerden des »Bote(n) des Todes . . . in jeder Beziehung, in der der Mensch zum Leben seiner Geschichte kommt« (S. 290). Zugegeben, das sind ungleich dichtere, gehaltvollere Mystifikationen als die dünnen Ersatzpositionen des psychoanalytischen Positivismus. Diese Formulierungen sind nur den großartigen Bildern des Freudschen Biologismus vergleichbar und dessen Darstellungen beschädigten Lebens hier und heute. Diese Formulierungen teilen aber auch deren Eigenart als ideologische Figuren: die Eigenart des bloßen Zum-Vorschein-Bringens der Wahrheit. Dies zu verkennen, anzunehmen, darin zeitlos das Schicksal von menschlichen Beziehungsstrukturen auf den Begriff gebracht zu haben, ist ein Irrtum, den Lang von Lacan übernimmt.

Das Grab, dieser Ort des Todes in Lacans, »den Bannkreis der Geschichte ›überschreitender‹ Sicht«, erscheint als »erstes Symbol«, in dem sich die tödliche Bedeutung des menschlichen Seins enthüllt.

Lang schreibt: »Lassen wir Lacan noch einmal zu Worte kommen und merken dabei auf die Anklänge, die die anfängliche Zusammengehörigkeit von Tod und Sprache schon ahnen lassen. ›Das erste Symbol, das uns die Menschheit in ihren Spuren zu erkennen gab, ist das Grab, und der Bote des Todes wird sichtbar in jeder Beziehung, in der der Mensch zum Leben seiner Geschichte kommt.

Einziges Leben, das währt und in Wahrheit ist, wird es doch, ohne sich zu verlieren, in der Tradition übermittelt, die sich von Subjekt zu Subjekt fortpflanzt. Wie sollten wir nicht sehen, von welcher Höhe es dieses vom Tier ererbte Leben transzendiert, welches das Individuum in der Gattung verschwinden läßt, scheidet doch keine Gedenktafel sein ephemeres Erscheinen von jenem Leben, das sie in der Unabänderlichkeit des Typus reproduziert. Wenn wir in der Tat jene hypothetischen Mutationen des phylum beiseite lassen, die eine Subjektivität, der der Mensch sich nur von außen nähern kann, integrieren soll, – nichts, wenn nicht die Erfahrungen, die der Mensch assoziiert, unterscheidet eine Ratte von der Ratte, ein Pferd vom Pferd, nichts, wenn nicht dieses inkonsistente Übergehen vom Leben zum Tode, – während Empedokles, als er sich in den Ätna stürzte, diesen symbolischen Akt seines Seins-zum-Tod auf immer im Gedächtnis der Menschen wach hält‹« (S. 290).

Ich möchte noch einmal unterstreichen: Dieser Rückgriff hinter Geschichte, dieses Aufdecken einer »anfänglichen Zusammengehörigkeit von Tod und Sprache« ist mehr und anderes als die positivistische Verleugnung der gesellschaftlichen Bestimmtheit der subjektiven Strukturen und der Geschichtlichkeit der Kategorien ihrer Analyse: Hier kommt das Verleugnete in der Leugnung unmittelbar zum Vorschein. Lang führt ja auch konsequent seine Lacaninterpretation zum Abschluß (in den letzten Zeilen des Buches):

»Wenn wir im Paragraphen ›Rhetorik des Unbewußten‹ das Unbewußte als ›discours de l'Autre‹ gekennzeichnet haben und diese Formel unter anderm auch an jenem Zwiegespräch exemplifizierten, das Freud auf einer Reise nach der Herzegowina führte, so bedarf es jetzt der Ergänzung.

Thema dieses Gesprächs waren Sexualität und Tod. Signorelli, dessen Namen zu erinnern er sich vergebens mühte, schuf jene großartigen Fresken von den letzten Dingen. Es war das Erscheinen des absoluten

Herrn, es war der Tod, der das Gespräch scheitern ließ. Das Unbewußte, die Sprache, wird zur Rede über dieses Andere schlechthin, zum Logos der Endlichkeit.« (S. 304)

Vergegenwärtigen wir uns angesichts dieser Rede vom Unbewußten als dem Logos der Endlichkeit, angesichts dieser Zentrierung der Lacanschen Grundlegung der Psychoanalyse auf den Tod, daß bei Freud sowohl die Frage nach dem Grund des psychoanalytischen Erkenntnisstandes, als auch die Suche nach der Ursache der Neurose in die großartigen Spekulationen einer Todesphantasie einmündeten, in die Lehre vom »Todestrieb«.

Auch an dieser Stelle legt Lacan unter der Tünche der positivistischen Verharmlosung der Psychoanalyse das ursprüngliche Freudsche Gemälde frei; ebenso aber gilt, daß auch an der Lacanschen Psychoanalyse zu kritisieren ist: in dem »bezeichnenderweise in der präfaschistische(n) Krise der zwanziger Jahre beschriebenen ›Todestrieb‹«[8] die gegenwärtige geschichtliche Situation zwar zum Vorschein[9], aber auf den falschen Begriff gebracht zu haben. Thomas Leithäuser[10] hat inhaltlich-detailliert aufgewiesen, wie in dieser Spekulation die geschichtlich-konkrete Ursache der Deformation subjektiver Struktur aufgedeckt *und* verschleiert wird. Nicht von ungefähr konzentrieren sich sowohl diese Bilder einer Zusammengehörigkeit von Tod und Sprache, als auch die Grundlegung der psychoanalytischen Analyse subjektiver Struktur auf dieselbe Figur, auf die auch Freud die menschlichen Bildungsprozesse und ihre Deformation zurückführte: den Tod.

Zweifellos scheiden sich die Geister an diesem Punkt. Es bleibt die Wahl zwischen den Möglichkeiten, dies mit Lacan (und Lang) als ein zutreffendes Erfassen menschlicher Grundproblematik anzusehen – oder aber darin die Verschleierung des aktuell-objektiven Bedingungsgefüges subjektiver Struktur zu erkennen: ein blindes Abbild der beschädigenden Herstellung menschlichen Lebens.

Lang ist genau in seiner Darstellung Lacans, indem er dessen ideologische Figuren minutiös nachzeichnet. Um unsere anfängliche Bewertung zu präzisieren: Indem Lang die Grundlinien der Lacanschen »Grundlegung der Psychoanalyse« freilegt, gibt er nicht nur ein allgemeines Gegenmittel gegen willkürlich-eklektizistische Lacanadaptationen an die Hand, sondern auch ein besonderes: gegen die an Althusser sich anlehnende Verwendung Lacanscher Theoriefiguren in historisch-materialistischen Analysen. Indem Lang unverfälscht die Lacanschen Theoriefiguren darstellt, verstellt er solchen Fehlgriffen den Weg und fundiert eine kritische (nun freilich über Lang hinausweisende) Auseinandersetzung mit diesem bedeutenden Psychoanalytiker.

Lacan als historisch-materialistischer Denker? Solcher Verfälschung bereitet Lang vorab jeder weiteren (und notwendigen) Lacan-Kritik ein Ende.

»Liest man die Einführung des Lacanschen Chefmissionars in Deutschland, Norbert Haas, so glaubt man sich freilich der Mühe enthoben, zwischen Lacan und dem historischen Materialismus eine Trennungslinie ziehen zu müssen. Er hat es deutlich getan. Wie gründlich, sei an einem kleinen, aber hübschen Ausrutscher demonstriert: Bei meinem Begriff des »probeweisen Einsatzes« lebenspraktischer Vorannahmen, den ich mit Bedacht aus dem handwerklichen Bereich entliehen habe, konnte Haas nicht einmal den richtigen Kontext ausmachen. Ihm fiel bloß strategisch-militärisches dazu ein – und machte ihn böse. Produktion und Kampf, damit will er nichts zu tun haben: Das eine kann er nicht erkennen und das andere verkommt ihm sofort zu Kasernenhofbildern – in so staubfreien Höhen bewegt sich die Psychoanalyse in jenem Verständnis.[11] Wie sehr müßte es Haas schmerzen, läse er in der Einleitung zu der deutschen Ausgabe eines Textes des – Lacan nahestehenden – Louis Althusser: »daß der jeweilige *Einsatz* der Worte und die implizite theoretisch-politische *Stoßrichtung* reflektiert werden . . .«[12]

Die Verfälschung Lacans zum historisch-materialistischen Denker verlegt den Zugang zu seiner bedeutenden Leistung: Noch einmal Psychoanlayse *innerhalb* ihres Theorierahmens *vor* jeder Auseinandersetzung mit der Marxschen Gesellschaftstheorie bis ans Ende gedacht zu haben, zum ersten Mal die faszinierende Problematik von psychoanalytischem Gegenstand und Sprache erfaßt und als Einheit gedacht zu haben. Unter dem Zwang dieser Einheit wird das Subjekt zur Leerstelle – und wird die Frage nach der Produktion individueller Struktur unter objektiven Bedingungen vorweg »gegenstandslos«. In der um jeden Preis festgehaltenen Einheit von psychoanalytischem Gegenstand und Sprache werden die Wahrheit und das Unbewußte dem irdischen Zusammenhang mit gesellschaftlicher Praxis so gänzlich entzogen, daß die Annahme, dieses Unbewußte sei ganz und gar Ergebnis einer beschädigenden Herstellung dieses Kindes in dieser Gesellschaft auf diesem geschichtlichen Stand, wie eine Tempelschändung anmutet. Sie muß begangen werden, der letzte Gegenstand der Psychoanalyse muß »hinter« Sprache in der freilich ohne Sprache nicht denkbaren praktisch-dialektischen Auseinandersetzung des Menschen mit Natur begriffen werden.

Anmerkungen

1 Louis Althusser, *Freud und Lacan*, Berlin 1970, S. 21.
2 Ebd., S. 16.
3 Hermann Lang, *Die Sprache und das Unbewußte. Jacques Lacans Grundlegung der Psychoanalyse*, Frankfurt 1973.
4 Louis Althusser, Etienne Balibar, *Das Kapital lesen*, Reinbek bei Hamburg 1972.
5 Lucien Sève, *Marxismus und Theorie der Persönlichkeit*, Frankfurt 1972, S. 170.
6 Karl Otto Apel, *Transformation der Philosophie*, Bd. II, Frankfurt 1973, S. 312.
7 Peter Fürstenau, *Ichpsychologie und Anpassungsproblem*. In: Jahrbuch für Psychoanalyse III, 1964.
Klaus Horn, *Insgeheime kulturistische Tendenzen der modernen psychoanalytischen Orthodoxie*. In: *Psychoanalyse als Sozialwissenschaft*, Frankfurt 1971.
8 Hans Kilian, *Das enteignete Bewußtsein*, Neuwied und Berlin 1971.
9 Helmut Dahmer, *Libido und Gesellschaft*, Frankfurt 1973.
10 Thomas Leithäuser, *Formen des Alltagsbewußtseins*. Frankfurt 1976.
11 Norbert Haas, Nachträge und Anmerkungen des Herausgebers. In: Jacques Lacan, *Schriften II*, Olten und Freiburg 1975, S. 264.
12 Peter Schöttler, Vorwort zu: Louis Althusser, *Elemente der Selbstkritik*, Westberlin 1975, S. 10, Kursivierung von mir, A. L.

8. Zum Verhältnis von Natur und Geschichte im Individuum

Ernest Jones[1] nannte die Arbeit »Die kulturelle Sexualmoral und die moderne Nervosität«, die Freud 1908 veröffentlichte, die erste »soziologische Arbeit« des Gründers der Psychoanalyse. Gemeinhin sieht man – vorsichtiger – in ihr den Beginn der kulturpsychologischen Schriften; aber, was es auch immer mit der Differenz der beiden Zuordnungen auf sich haben mag, fest steht, daß mit diesen Gedankengängen eine eigenartige Spannung in den Erfahrungsbereich und d. h. in das Gegenstandsverständnis der Psychoanalyse eindrang: die Spannung zwischen Natur und Geschichte. Man erinnere sich, daß Freud niemals dem Ziel untreu wurde, Psychoanalyse als eine strenge Naturwissenschaft zu begründen. Noch in dem kurz vor seinem Tode geschriebenen Fragment »Some elementary lessons in psycho-analysis« hob er fast provokativ hervor, »Die Psychoanalyse ist ein Stück der Seelenkunde, der Psychologie . . . Die Psychologie ist auch eine Naturwissenschaft. Was sollte sie denn sonst sein?«[2] Das bloß rhetorische dieser Frage, die Fraglosigkeit der Einordnung der Psychoanalyse ins Bukett der Naturwissenschaften ist klar – was auch die Beiläufigkeit verrät, mit der es im Abriß der Psychoanalyse heißt: ». . . hat uns in den Stand gesetzt, die Psychologie auf einer ähnlichen Grundlage aufzurichten wie jede andere Naturwissenschaft, zum Beispiel die Physik«.[3]

Angesichts solch eindeutiger Bekenntnisse zur Naturwissenschaftlichkeit von Verfahren und Gegenstand der Psychoanalyse wird klar, daß die Einführung der kulturellen Normen in den Bedingungszusammenhang neurotischen Leidens mehr ist als eine kleine Arabeske am Rande der Wissenschaft, mehr als eine vorüberziehende Unklarheit einer sich entfaltenden Disziplin. Die Auffassung vom Gegenstand der Psychoanalyse als einem natürlichen und die Auffassung von ihm als einem Kulturgegenstand stehen einander in tiefgreifender Spannung gegenüber. Der Erkenntnisgegenstand der Psychoanalyse ist in seinem Kern problematisiert.

Wie hart dieses Problem der Wissenschaft Psychoanalyse zusetzt, und wie unausweichlich es ins Selbstverständnis der

Psychoanalyse vordringt, dokumentiert sich in der Einteilung der psychoanalytischen Wissenschaftsgeschichte, wie sie David Rapaport gab: Kennzeichnende Leistung der fünften (und in seiner Aufzählung letzten Phase der Psychoanalyse) ist ihm das Herausarbeiten »psychosozialer Bezüge«.[4]

Man muß sich dieses zunehmende, aber immer wieder verleugnete Einrücken der sozial-psychologischen Problematik in die Grundannahmen von Psychoanalyse (als Theorie und Verfahren) klarmachen, wenn man sich die Bedeutsamkeit der Beziehung von Psychoanalyse und Gesellschaftswissenschaft, und die Leistung einer Psychoanalytikerin, die dieser Frage im Terrain der Soziologie selbst nachgegangen ist, erschließen will.

Nun hat man bei Einschätzung der Gewichtigkeit der Verknüpfung von Psychoanalyse und Gesellschaftswissenschaft zu berücksichtigen, daß Rapaport die Problemlage verharmlost hat. Für ihn reduzierte sich nämlich der Zusammenhang von Persönlichkeitsentwicklung und Gesellschaftsprozessen bloß auf die Frage nach der Determiniertheit der Individuen durch soziale Prozesse – gegenläufig zur triebbiologischen Determination. »Verharmlosend« muß diese Zurechnung deshalb genannt werden, weil sich so das Problem der Dialektik von Natur und Geschichte im Individuum gegenstandsanalytisch auflöst: Die eine Determinationsebene wird in naturwissenschaftlicher, die andere in sozialwissenschaftlicher Perspektive erledigt (wobei auf den beiden Gegenstandsebenen einheitswissenschaftlich verfahren wird).

Solche Zweiteilung beseitigt die Spannung von Natur und Geschichte im Erkenntnisgegenstand der Psychoanalyse radikal. Ohne es zu bemerken, liquidiert sie auch deren methodische und gegenständliche Eigenständigkeit. Wollte man dieser Einschätzung folgen, so würde die Psychoanalyse entweder zur methodisch-vorwissenschaftlichen Schmalspurpsychologie herabgesetzt (weil sie der experimental-psychologischen Validierungstechnik ganz offensichtlich nicht ebenbürtig ist), oder aber sie würde zur Feld-Wald- und Wiesenpraxis einer von der alten Psychoanalyse zwar heuristisch angeregten, von behavioristisch-naturwissenschaftlicher Methodologie aber überhaupt erst »wissenschaftlich« eingerichteten und deshalb bevormundeten Lehre vom menschlichen Verhalten.

Psychoanalyse ist aber nichts von alledem. Sie ist weder Schmalspurgesetzeswissenschaft, noch bloße Kunst. Nicht ums Aufdecken der Gesetzmäßigkeiten von Erlebnisabläufen geht es ihr, sondern um die Formulierung der Struktur psychischer Inhalte in der konkreten Einheit eines Individuums. Ziel der psychoanalytischen Erkenntnis ist es nicht, individuelle Eigenschaften hypothetisch-deduktiv einem Persönlichkeitskonstrukt (als einem System von Hypothesen individuellen Verhaltens) zu subsumieren, sondern umgekehrt, das einzelne konkrete Individuum in seiner lebensgeschichtlich-geschichtlichen Originalität zu rekonstruieren (ohne doch auf den bescheidenen Platz einer bloß deskriptiven Ideographie sich zu beschränken). Verglichen mit experimenteller Psychologie macht das einen Unterschied, der nicht geringer ist als die Differenz zwischen der Analyse der Struktur eines Baudelaire-Gedichtes und der wissenschaftlichen Überprüfung individueller Lesefunktionen im psychologischen Labor.

Doch überlassen wir diese Diskussion anderen Gelegenheiten, bei denen sie gründlicher geführt wird. Versuchen wir hier lediglich die Position zu umreißen, die sich in der Behauptung von Psychoanalyse als einer Strukturanalyse schon andeutete, und fassen wir zusammen: Nicht das Ermitteln natürlicher oder sozialer Bedingungen menschlichen Verhaltens ist Aufgabe der Psychoanalyse, sondern die individualisierende Identifizierung einer Erlebnisstruktur. Zu leisten ist die Analyse der real-wirksamen »Bedeutungen« des Verhaltens, und d. h. der verhaltensbestimmenden Handlungsentwürfe. Was dabei interessiert ist nicht der Umstand, daß ein Individuum im Schnittpunkt natürlicher und sozialer Bestimmungen steht, sondern ist die Konstatierung des jeweiligen Verhältnisses von Natur und Gesellschaft im individuellen Sinnsystem. Zielpunkt der psychoanalytischen Erkenntnis ist: Die Verzerrungen des Systems, die punktuelle Endsubjektivierung der Subjektivität konkreter Individuen zu begreifen. Weil Subjektivität sich realisiert als menschliche Praxis, läßt sich die Aufgabe der Psychoanalyse auch als Analyse der mißlungen-gelungenen Struktur individueller Praxis formulieren. Deren Struktur ist in ihrer diachronen und synchronen Entfaltung zu erfassen.

Woran setzt die Analyse der »individuellen Erlebnisstruktur« als dem »in« Individuen entwickelten System von verhaltenswirksamen Handlungsentwürfen an? Wie sichtet die Psychoanalyse die »mißlungenen« und die »gelungenen« Elemente individueller Praxis?

Um die Darstellung abzukürzen und schneller zur Untersuchung dessen »was der Psychoanalytiker macht« zu kommen, soll eine Antwort zur Debatte gestellt, eine These eingeführt werden: Psychoanalyse problematisiert die »Bedeutungen der individuellen Äußerungen in Interaktion und Kommunikation«.

Daß Deutung und Bedeutung Angelpunkt der psychoanalytischen Technik sind, ist unstrittig. Das gilt nicht nur für die Bedeutung[5] der Traumsymbole, sondern allgemein für das, was Psychoanalyse untersucht, weshalb man das psychoanalytische Verfahren kurz und knapp als eine »Bedeutungsanalyse« bezeichnen kann. Die methodische Sachlage wiederum beeinflußt selbstverständlich auch die psychoanalytische Theorie von der menschlichen Persönlichkeit. Auch die psychoanalytische Persönlichkeitstheorie kreist um den Begriff Bedeutung. Rosen hat in seinem Bericht einer ersten Arbeitsgruppe über Sprache und Psychoanalyse auf einem internationalen psychoanalytischen Kongreß zu Recht festgestellt: »Im Gange der Entwicklung der Psychoanalyse haben wir gefunden, daß die Frage der Bedeutung für alle unsere Hypothesen wesentlich ist . . .«[6] Kurz gesagt also, sowohl für die – metatheoretische – Diskussion über Psychoanalyse wie auch für die Diskussion der einzelnen psychoanalytischen Theoreme ist »Bedeutung« der Schlüsselbegriff fürs Verständnis. Der Begriff »Bedeutung« erscheint mir aber auch der Schlüssel für das zu sein, was Psychoanalyse als Sozialisationstheorie zu einer Gesellschaftstheorie beizutragen hat, und was im Moment noch der Rätselpunkt aller Sozialisationstheorien ist.

Erinnern wir uns an die frühe Freudsche Krankendarstellung des »Kleinen Hans« mit seiner Pferde-Phobie:[7]

Schon eine erste – noch keineswegs psychoanalytisch aufgeklärte – Interpretation rückt uns in diesem Falle das Problem der Bedeutung vor Augen: Verglichen mit einem kleinen Jungen, der Pferde mag, aber auch mit dem breiten Durchschnitt aller anderen, »bedeutete« Pferd für Hans offensichtlich etwas Besonderes, besonders Schreckenerregendes.

Lassen wir vor der Hand ruhig alle psychoanalytischen Interpretationen beiseite. Lassen wir offen, *welche* Bedeutung das Pferd für den kleinen Hans hatte. Schließen wir uns ruhig der Annahme an, hinter der Bedeutungsverzerrung stecke wenig mehr als der Eindruck eines Realerlebnisses, nämlich des Anblickes eines krawallmachenden, zu-Fall-gekommenen, gefährlich umsichschlagenden Pferdes. Was lehrt uns auch in dieser verkürzten Fassung der Vorgang allemal?

Nun ich denke: einen Bezug von Bezeichnung und Bezeichnetem, den uns die unkompliziert normalen Fälle der Regel nach verbergen. In aller Regel erscheinen uns ja die Wörter und Begriffe auf *Gegenstände* zu verweisen, Gegenstände zu bedeuten. Und das ist hier anders. Denn hier bricht durch die dinglich-sachliche Maske ein ungleich mehr archaisch-ursprünglicher Zusammenhang durch: Das Verhältnis des Begriffes zu einer komplexen Situation. Pferd bedeutet hier unzweifelhaft: Zusammenstoßen mit einem Pferd, Situation des Beschädigtwerdens durch ein Pferd. Kurzum, die Bedeutung von Pferd ist hier nicht Denotation eines Gegenstandes, sondern einer Szene.

Selbst so knapp und simpel aufbereitet wie in meiner Skizze, bietet uns der Fall also drei Schlüsse an:

1. Die Bedeutung des Sprachsymbols Pferd hat hier eine privatsprachliche Besonderung erfahren. Pferd bedeutet für Hans etwas Besonderes gegenüber dem, was es für seinen Freund Fritzl bedeutet, der ja keine Schwierigkeiten hat, an Pferden vorbeizugehen.

2. Diese besondere Bedeutung verweist auf einen situativen Zusammenhang, dessen Pole das bedrohende Pferd und der bedrohte Junge sind. »Pferd« bedeutet immer auch diesen kleinen Jungen mit. Genau das ist ja das Leiden des kleinen Hans – abstrakt formuliert –, daß er bei »Pferd« nicht von sich absehen kann.

3. Dieser szenische Komplex, der die Bedeutung des Begriffes »Pferd« ist, kann allenfalls in der Genese der Bedeutungsverzerrung eine reale Szene gewesen sein. Zu jedem späteren Zeitpunkt verweist der Begriff »Pferd« auf einen inneren szenischen Komplex im Patienten, u. d. h. genau formuliert, auf einen subjektiven szenischen Entwurf.

Haben wir damit ein Stück Pathologie der Bedeutungsfunktion der Sprache beschrieben – ein Stück Pathologie, das im Sinne der alten Lehre vom Bedeutungs- und Beziehungswahn jenseits des Grabens von gesund und krank angesiedelt, nichts über den normalen Bedeutungszusammenhang aussagt? Keineswegs. Meine These ist, daß die Pathologie des Falles in der Regression (und in der Regression verzerrt) eine frühe Entwicklungsstufe des Zusammenhanges von Sprachsymbolen und Realität aufgedeckt hat: Vielleicht noch nicht ganz durchsichtig, und vielleicht können wir uns diesen Zusammenhang noch deutlicher machen, wenn wir einen anderen Argumentationsgang einschlagen. Etwa den folgenden: Was bedeutet der Begriff »Bleistift«? Einen Gegenstand aus Holz mit einem Graphitstift? Gewiß. Aber zugleich ist uns »Bleistift« ein Handlungsentwurf zum Schreiben. Ein lebenspraktisches Muster, so wie Tisch, Stuhl, Telefon oder Ehering ebenfalls lebenspraktische Muster sind, die in den Zusammenhang instrumenteller oder kommunikativer Verläufe gehören.

Was für das Problem der Funktionalität zutrifft, gilt auch für die objektive Genese des »Dinges«: zugleich bedeutet Bleistift auch »Produkt eines Arbeitsprozesses«, also Produkt menschlicher Praxis, menschlicher Auseinandersetzung mit den Weltgegenständen. Auch da verweist der Begriff nicht auf ein neutral distanziertes Ding, sondern auf ein Verhalten, einen Arbeitszusammenhang. Und das heißt der subjektiven Struktur nach wiederum: auf einen szenischen Zusammenhang.

Halten wir also fest, in beiden Perspektiven, sowohl der Dimension der Funktion wie der Genese, werden wir auf lebenspraktische Zusammenhänge verwiesen. Freilich, ein hartnäckiger Gegner mag immer noch einwenden: Es kann sein, daß wir immer auch auf szenische Zusammenhänge hingewiesen werden; zumindest aber gilt doch der Hinweis wohl *zunächst* dem Gegenstand und dann erst »zusätzlich« einem szenischen Gefüge. Der Begriff Bleistift denotiere doch wohl in erster Hinsicht den Gegenstand Bleistift, um dann noch zusätzliche Konnotationen nach sich zu ziehen.

Gegen ein solches Argument möchte ich in eine weitere Überlegung eintreten mit dem Versuch, die Ontogenese zu rekonstruieren.[8] Fragen wir: Wie wird dem Kind die Bedeutung von Bleistift erschlossen? Indem der Gegenstand gezeigt und das Wort Bleistift dazu gesprochen wird? Gewiß. Aber beginnt da die Bedeutungsbildung? Spielt es denn keine Rolle, was das Kind vorher schon mit diesem Ding machte, wie es immer schon versucht hat, das Ding zu umgreifen?

Doch selbst diese Aussage ist ein unvorsichtig-voreiliger, nämlich adultomorpher Schluß. Und zwar in doppelter Hinsicht: Weder ist das Kind ein ausgebildetes Subjekt, das der Welt gegenüberstünde – ja es ist für sich nicht einmal ein Ich, das sich von den Gegenständen abhebt – noch auch treten ihm die Gegenstände als von einander separierte Dinge auseinander.

Dieses »Ding« ist anfänglich niemals mehr als Teil einer praktischen Auseinandersetzung, aus der »wahrnehmendes Ich« und »wahrgenommene Umwelt« sich überhaupt erst herausbilden müssen. Das alles beginnt lange vor der Einführung von Wörtern (wo der Prozeß freilich eine wichtige Wendung nimmt). Der Prozeß beginnt in einer undifferenzierten Einheit, die wir von außen her als Einheit von Kind und Umwelt bezeichnen, die für die kindliche Erfahrung selbst aber nichts anderes ist als das ungeschiedene Kontinuum einer Aktionseinheit der unaufgetrennten Mutter-Kind-Dyade.

Doch was steckt *im* embryonalen, fetalen und kindlichen Organismus an Strukturierungskräften und Bildungsgestalten? Eine Triebnatur, die aus sich heraus Inhalte hervortreibt? »Angeborene« Inhalte, die allenfalls eine gewisse kulturelle Varianz gewinnen, grundlegend aber allgemein menschliche Grundmuster zur Geltung bringen? Wäre dies richtig, so müßten wir die individuelle Struktur in ihrem Kern als vorgesellschaftlich und geschichtslos ansehen. Das Individuum bestünde in seinem Wesen unabhängig von und »vor« jeder Gesellschaft. Diese Lösung ist inakzeptabel.

Andererseits, wie sollten wir uns denn die gesellschaftliche Formbestimmung denken? Wie gelangen die gesellschaftlichen Praxisformen in das Individuum? Wie können wir uns die Strukturbildung als praktisch dialektische Auseinandersetzung von gesellschaftlichen Formen und konkreter Natur des Kindes vorstellen?

Der Grundmechanismus ist einfach: Indem der mütterliche und der embryonale Organismus zusammenspielen, bilden sie Reiz-Reaktions-Zirkel, die sich Schritt für Schritt als Verhaltensmuster niederschlagen: Die verhaltensbestimmenden Strukturformeln *im* Individuum sind nichts anderes als der Niederschlag des realen Austauschs zwischen mütterlichem und kindlichem Organismus. Diese »inneren Niederschläge« sind die Grundlage der szenischen Komplexe, auf denen und aus denen sich das Erlebnis aufbaut. Sie sollen »Interaktionsformen«[9] genannt werden.

Schritt für Schritt vermehren sich die Niederschläge – die Interaktionsformen – und das heißt: Schritt für Schritt differenziert sich das »innere« szenische Gefüge der Interaktionsformen, bis ein einigermaßen profiliertes »Ich« einem Horizont von sich allmählich aufgegliedernden »Gegenständen« gegenübersteht. Auf solche Weise erhalten »Ich« und »Gegenstände« schon auf vorsprachlichem Niveau Profil und individuelle Ausformung. Jede Ontogenese ist ja Synthesis zwischen innerer Natur *dieses* Kindes und vermittelten gesellschaftlichen Formen in den je besonderen, *diese* Lebensgeschichte ausmachenden Interaktionsformen.

Die Spracheinführung trifft nicht auf eine Tabula rasa der Sensorik und der motorischen Erfahrungen des Kindes und auch nicht auf ein Chaos zusammenhangslos angehäufter Eindrücke. Zweifellos gibt es eine vorsprachliche Gegenstandssystematik als Frucht einer vorsprachlich praktischen Entfaltung von Sensorik und Motorik. Spracheinführung ist die Verknüpfung der einzelnen Sprachzeichen mit den Ergebnissen dieser vorsprachlichen Praxis.

Diese vorsprachliche Systemik ist aufgebaut aus jener ursprünglichen Einheit von Ich und Nicht-Ich, jener in sich ungeschiedenen Aktionseinheit, von der vorstehend die Rede war. Die vorsprachliche Praxis kann nur in unaufgetrennten Aktionskreisen gedacht werden. Diese Aktionskreise erhalten vorsprachlich schon eine praktische Systematisierung und Differenzierung, eine Polarisierung in Ich und Nicht-Ich. Sie bleiben aber szenische Einheiten und werden als szenische Einheiten in der Spracheinführung mit den Sprachsymbolen verbunden.

Bleiben wir nicht bei diesen Überlegungen stehen, sondern fassen wir das Gesagte in aller Kürze zu zwei Thesen zusammen.

1. Die vorsprachliche Erfahrung wird in die Bedeutungs-

struktur der Sprache eingebracht. Die Auseinandersetzung des Kindes (und vorweg des Fötus und Embryonen) mit seiner Umwelt wird in ihrem individuellen Profil eingeholt. Diese Annahme führt nicht zu einem individualistischen Fehlschluß hinsichtlich der Praxis und Sprachbildung und ist auch kein Plädoyer für eine Privatsprache, wie sie schon Ludwig Wittgenstein[10] abgewiesen hat. Individuation erweist sich gerade darin als Sozialisation, daß auf der Einsicht der Bildung individueller Struktur in jeder Ontogenese bestanden wird. Nur indem die Verankerung der Persönlichkeitsbildung in einer lebensgeschichtlich besonderen Ontogenese betont wird, kann begriffen werden, was und wie das einzelne Individuum seinen »sozialen Ort«[11] erhält, mit seiner Lebensgeschichte in Geschichte verankert wird.

2. Die Einsicht in die lebensgeschichtliche Verwurzelung der menschlichen Praxisfiguren, auf die sich die Bedeutung der Sprachsymbole bezieht, impliziert natürlicherweise: Der Aufbau der Praxisfiguren entwickelt sich in und aus dem Felde heraus, das die Realität der frühkindlichen Entwicklung bestimmt, nämlich aus dem konkreten familialen Beziehungsspielraum. Wenn die Aktionseinheiten im Zuge der frühen Entwicklung schrittweise Ich-Pole einerseits und Gegenstands-Pole andererseits ausbilden, so spielt sich diese Differenzierung innerhalb des kindlichen Beziehungsfeldes ab. Die Aktionseinheiten sind Interaktionseinheiten. Deshalb gilt ja: Die individuellen Praxisfiguren sind von Anfang an Niederschläge dieser familialen Interaktion.

Kehren wir damit zum Fall des kleinen Hans zurück. Wir hatten die psychoanalytischen Interpretationen zurückgestellt und unberücksichtigt gelassen, daß die besondere Bedeutung »Pferd« nicht nur auf ein besonders situatives Verhältnis als Niederschlag eines Ereignisses zurückgeht, sondern daß in dieser Praxisfigur auch ein gestörtes Verhältnis zu den frühkindlichen Beziehungspersonen, also hier den Eltern, sich ausdrückt. Das böse Pferd enthält zum Beispiel einen verschobenen Anteil des bösen Vaters, was man in die Formel »Pferd gleich Vater« bringen kann. Das zu verstehen darf nun keine Schwierigkeiten mehr bereiten, denn natürlich müssen wir uns sowohl die Ausdifferenzierung der Ich- und Gegenstandspole in den Aktionseigenheiten, als auch die Auseinandersetzung mit den Sachen eingebettet denken in das mitmenschliche Beziehungsfeld. Der Aufbau der Gegenstandswelt verläuft über eine Ausdifferenzierung der Beziehungen des kindlichen Individuums zu seiner Mitwelt. Personen wie Sachen, belebte wie unbelebte Gegenstände strukturieren sich aus der ursprünglichen Mutter-Kind Einheit heraus. Diese ist der ontogenetisch konkrete Grund aller späteren Ausdifferenzierungen. Die vorsprachlichen Praxisfiguren, die in der Mutter-Kind Dyade gebildet werden, sind das Fundament der sprachlichen Systematisierung und Differenzierung. Die praktische Strukturierung der Aktionseinheiten und erst dann die sprachliche Systematisierung treiben die Aufgliederung des frühen Beziehungsfeldes weiter, um aus dem Beziehungsfeld herauszuführen. Was im Kontinuum der frühen Aktionseinheit begann, endet in der Ausbildung profilierter Selbstrepräsentanzen einerseits und Objektrepräsentanzen andererseits – sofern der Prozeß nicht fixiert und verzerrt wird.

Lag unser Augenmerk bislang darauf, die kindliche Entwicklung als gesellschaftliche Herstellung auszuweisen, so kommen wir erst dann zu dem eigentlichen Thema der Psychoanalyse, wenn wir Herstellung von Praxisstrukturen als »beschädigende« Herstellung ins Auge fassen, also darzustellen versuchen, daß und wie individuelle Praxis immer auch verzerrte, punktuell-zerstörte Praxis ist. Dieser Punkt ist entscheidend, denn Psychoanalyse ist ja immer in einem doppelten Sinne konkrete Psychologie.

a) Sie rekonstruiert das einzelne Individuum, indem sie es in seiner lebenssituativen Konkretheit individualisiert. Dieses individualisierende Begreifen der Persönlichkeit unterscheidet sich grundlegend von allen anderen psychologischen, aber auch soziologischen Persönlichkeitstheorien und von jeder generalisierenden Erfassung individueller Eigenschaften. In all diesen Disziplinen wird nämlich das konkrete Individuum in einen Merkmalskatalog, in eine beliebige Aufreihung von Schnittpunkten hypothetisch-deduktiver Operation aufgelöst. Bei der Psychoanalyse ist diese Mannigfaltigkeit selbst Gegenstand des Begreifens.

(b) Psychoanalyse ist darüber hinaus konkrete Psychologie in einem besonderen Sinne. Die bewahrte Mannigfaltigkeit des Einmalig-Individuellen dient in der Analyse in erster Linie dazu, die Einheit von gelungenen *und* mißlungenen Formen der individuellen Konstitution von Praxis zu zeigen. Individuelle Praxis wird als Resultat gelungener und mißlungener Synthesis von Natur und gesellschaftlicher Praxis begriffen. Die Legitimation von Psychoanalyse als Neurosenlehre, als Theorie und Therapie »beschädigten Lebens« fällt mit der Legitimation von Psychoanalyse als Sozialwissenschaft zusammen. Psychoanalyse erfaßt die Resultate gesellschaftlicher Widersprüchlichkeit im Individuum. Verzerrte Praxiselemente, »Interaktionsformen«, die inkompatibel die innere Abgestimmtheit und Konsistenz des Systems von Handlungsentwürfen sprengen, spiegeln in ihrer privatistischen Verschrobenheit die Isolierung des (an einem bestimmten sozialen Ort sich bildenden) Individuums wider. Die antagonistische Zerfallenheit der inneren Harmonie, die verfehlte Abstimmung der einzelnen Handlungsentwürfe mit den anderen in der Einheit des Systems aller Interaktionsformen ist letzten Endes der individuelle Ausdruck antagonistischer Zerfallenheit gesamtgesellschaftlicher Praxis. Die antagonistische Aufspaltung der Gesellschaft erscheint im Individuum als Widersprüchlichkeit der Interaktionsformen. An die Stelle eines Zusammenhangs konsistent sich zu einander verhaltender Interaktionsformen treten »inkonsistente Praxisfiguren«.

Nun stellen sich zwei Möglichkeiten zur Wahl: Die Widersprüchlichkeit von Interaktionsformen kann einigermaßen weitauseinanderliegende Handlungsentwürfe betreffen, – Handlungsentwürfe, die nur in sehr vermittelter Weise die szenischen Arrangements verzerren. Die einzelnen Situationen laufen ungestört ab, die einzelnen Momente der Szene widersprechen einander weder nacheinander noch nebeneinander; die problematische Lage dieser Praxisfiguren meldet sich erst, wenn die Praxiskomplexe in Sprache eingeführt werden, die Interaktionsformen also mit Sprachfiguren verbunden werden sollen.

An diesem Punkt kommt es zur Störung, und zwar aus folgendem Grund: Zwar sind die ontogenetisch-vorsprachlich gebildeten Interaktionsformen nicht willkürlich-chaotisch. Sie sind schließlich die Ergebnisse gesellschaftlicher Praxis und folgen deren Ordnungsprinzipien. Als Resultat ontogenetisch-individueller Synthesis in Auseinandersetzung mit der inneren Natur dieses Kindes formen sich aber auch Diskrepanzen aus. Sie werden erst manifest, wenn die sprachliche Fassung der Praxiselemente bei Bildung symbolischer Interaktionsformen ansteht. Dann werden nämlich alle Praxiselemente in eine durchgängige Verbindung gesetzt; eine der herausragenden Effekte der Verknüpfung von Interaktionsformen (also vorsprachlichen Verhaltensentwürfen) und Sprachfiguren ist ja, daß die Diskrepanzen nun unabhängig vom Zusammenprall widersprüchlicher Interaktionsformen in einer einzigen realen Szene in vermittelter Weise fatal zum Vorschein kommen: Widersprüchliche Interaktionsformen lassen sich nicht auf den Begriff bringen, die betroffenen Interaktionsformen können nicht symbolisiert werden. Im klassischen Fall der Neurose ereignet sich die Störung nach der Spracheinführung als *Desymbolisierung*. Bereits in Sprache eingeführte Interaktionsformen gewinnen in der Entwicklung eine Unverträglichkeit, die nur die Alternative läßt: Entweder werden die verpönten Interaktionsformen unterdrückt, oder aber ihr Zusammenhang mit Sprache (der ihr Bewußt-Sein ausmacht) wird gekappt; die verpönten Interaktionsformen werden aus dem Zwang zur Einfügung ins bewußte Denk- und Handlungssystem entlassen.

Die Desymbolisierung imponiert als Verdrängung – die Interaktionsformen werden wieder in den Bereich der vorsprachlich-bewußtlosen Interaktionsformen zurückgestoßen – und/oder als Isolierungsmechanismus, der die Sprachfiguren als emotionsleere (weil von den Interaktionsformen abgetrennte) Zeichen der Verfügung des Individuums überläßt. Die entscheidende Operation jedenfalls ist im klassischen neurotischen Falle die Auftrennung der Einheit von symbolischen Interaktionsformen, und zwar als augenfällige Wirkung tieferer, mehr oder weniger vermittelter, mehr oder weniger szenisch-unmittelbarer Praxisinkonsistenz.

Praxisinkonsistenz in ihrer groben, bereits in vorsprachlich inkonsistenten Praxisfiguren sich darbietenden Unvereinbarkeit dagegen ist Merkmal psychotischer Grundstörung. Paradigmatisch ist dabei der vergebliche Versuch, zwei einander direkt widersprechende Interaktionsformen in *einer* Szene zum Ausgleich zu bringen. Da die einander widersprechenden Handlungsentwürfe – Interaktionsformen – Niederschläge von real abgelaufenen Interaktionen sind, verweisen die inkompatiblen Interaktionsformen auf eine Real-Situation, in der die »praxisvermittelnden« Beziehungspersonen (pränatal und frühpostnatal ist dies ausschließlich die Mutter) ein widersprüchliches Verhalten darboten. Die Folge davon sind Verhaltenshemmungen, paradoxe Verhaltensansätze, das Zerreißen der Konsistenz individueller Praxisstruktur an dieser Stelle. Daß der sehr viel später erfolgende Versuch, diese inkonsistenten Praxisfiguren in Sprache einzuführen, mißlingen muß, ist klar. Gewichtiger noch als bei dem vorher erwähnten Fall einer bloß mittelbaren Widersprüchlichkeit der Interaktionsformen wirkt sich hier die Inkompatibilität als Sperre der Begriffsbildung aus. Es ist unmöglich, die in sich zerrissene Szene mit einem einheitlichen Namen zu belegen. Diese Spätfolge der Zerreißung, der beschädigenden Herstellung von Interaktionsformen, verzerrt die sprachlichen Bedeutungen; die Lücken müssen ja geschlossen werden und sei es um den Preis einer eingreifenden semantisch-syntaktischen Deformierung. Man muß sich dabei stets vor Augen halten, daß die ursprüngliche Schädigungsebene nicht in der Sprache, sondern in der Konstitution vorsprachlich-praktischer Profilierung von Ich und Gegenständen liegt. Die Praxisstörung wirkte sich u. U. deshalb auch vorgängig schon auf der Ebene der basalen Organisation von Verhaltens- und Handlungsentwürfen aus – so z. B. in einem paramimischen Zerfall psychomotorischer Verhaltenseinheiten bis hin zu deren Ende im Hospitalismus.

Vergleicht man das Modell des »psychotischen Praxiszerfalls« und das Modell der »neurotischen Sprachzerstörung«, dann lassen sich neben den hier nur skizzenhaft umrissenen Unterschieden natürlich auch durchgängige Gemeinsamkeiten ausmachen. »Im Grunde genommen« geht auch die neurotische Desymbolisierung auf inkonsistente Praxisfiguren zurück, weshalb in der therapeutischen Aufhebung der Defekte ja auch beidemale nicht nur tiefenhermeneutisch übers Verstehen hinaus auf die praktische Grundmatrix des Verhaltens zurückgegriffen werden muß, sondern in unmittelbarem Zusammenleben[11] auf dieser Ebene Arbeit zu leisten ist.

Daß einschneidende technisch-praktische Differenzen zwischen Neurosen- und Psychosentherapie bestehen (und sich begründen lassen), braucht gewiß nicht hervorgehoben zu werden. Andererseits ist auch klar, daß es zwischen beiden »Idealtypen« von Störung Übergänge gibt. Schließlich: Beide Deformationsformen sind Resultate eines Prozesses mit graduell verschiedener Auswirkung,

– beide Deformationsformen werden innerhalb der Mutter-Kind-Dyade vermittelt und

– beide Deformationsformen gehen »letzten Endes« auf gesamtgesellschaftliche Praxis-Inkonsistenzen (auf Grund gesellschaftlicher Antagonismen) zurück.

Diese Annahme eines gesellschaftlichen Bedingungszusammenhanges wird auch von der Einsicht nicht in Frage gestellt, daß jede Ontogenese eine Synthesis ist, die mit der realen Partikularisierung der menschlichen Natur, die wir sind, mit innerer Natur also, zu rechnen hat. Gerade weil wir Ontogenese als Synthesis von Natur und gesellschaftlicher Praxis verstehen, kann diese Synthesis immer an den biologischen Differenzen scheitern. Aber auch *dieses* Scheitern verrät noch seinen gesellschaftlichen Grund – »Praxis« ist in ihrer abstraktesten Bestimmung immer gesellschaftliche Auseinandersetzung des Menschen mit äußerer *und* innerer Natur. Scheitern am einen oder anderen Pol ist Ausdruck einer gesellschaftlichen Schwäche in der Auseinandersetzung mit innerer und äußerer Natur, ist partiell *Starre* aufgrund »versteinerter Verhältnisse«.[13]

Anmerkungen

1 Ernest Jones, *Leben und Werk von Sigmund Freud*, Bd. II, Bern 1962.
2 Sigmund Freud, Ges. Werke, London 1941, Bd. XVII, S. 142 f.
3 Ebd. S. 126.
4 David Rapaport, *Die Struktur der psychoanalytischen Theorie*, Stuttgart o. J., S. 23.
5 Werner Kemper, *Der Traum und seine Bedeutung*, Reinbek 1955.
6 V. H. Rosen, *Introduction to the panel on language and psychoanalysis*, Intern. Journal of Psychoanalysis 50, 1969.
7 Sigmund Freud, *Analyse der Phobie eines 5jährigen Knaben*, Ges. Werke, Bd. VII, London 1941.

Vgl. Alfred Lorenzer, *Sprachzerstörung und Rekonstruktion*, Frankfurt (1970) 1973.

8 Alfred Lorenzer, *Zur Begründung einer materialistischen Sozialisationstheorie*, Frankfurt 1972.
Alfred Lorenzer, *Die Wahrheit der psychoanalytischen Erkenntnis*, Frankfurt 1974.

9 Ebd.

10 Ludwig Wittgenstein, *Schriften*[1], Frankfurt 1963.

11 Siegfried Bernfeld, *Der soziale Ort und seine Bedeutung für Neurosen, Verwahrlosung und Pädagogik*, Imago 1929.

12 Alfred Lorenzer, *Die Wahrheit . . .*, a.a.O., Kapitel VIII.

13 Karl Marx; *Zur Kritik der Hegelschen Rechtsphilosophie*, Einleitung, MEW Bd. 1, S. 381.

9. Zum Verhältnis von objektiver und subjektiver Struktur

In der Arbeit »Zur Dialektik von Individuum und Gesellschaft«[1] habe ich Überlegungen, die L. Sève zum Verhältnis von Persönlichkeitstheorie und Gesellschaftstheorie[2] anstellt, aufgegriffen, um die psychoanalytische Analyse des konkreten Individuums der politökonomischen Analyse gegenüberzustellen.

Sève orientiert sich bei seinem Programm einer künftigen marxistischen Persönlichkeitstheorie an der Wissenschaftsstruktur, die von der Marxschen Kritik in die politische Ökonomie eingeführt wurde: Wesen und Erscheinung. Hatte die klassische politische Ökonomie die Produktion der Dinge als ihren »Gegenstand« genommen, um Gesetzmäßigkeiten des Verhaltens dieses Gegenstandes zu untersuchen, so hat Marx seine Erkenntnisse aus dieser Einschichtigkeit hinausgeführt, indem er von den Erscheinungen (die auch ihm Material von Untersuchungen waren) zum »Wesen« vordrang, nämlich zu den die Produktion regulierenden Produktionsverhältnissen. Da diese Produktionsverhältnisse zugleich aber nichts anderes sind als die gegenwärtige Organisation der gesellschaftlichen Auseinandersetzungen des Menschen mit der Natur, gilt auch: die Produktionsverhältnisse erscheinen in der Produktion. Freilich sind sie nicht jedem sichtbar, weshalb ja auch gilt: »jede Wissenschaft wäre überflüssig wenn die Erscheinungsformen und das Wesen der Dinge unmittelbar zusammenfielen«.[3]

Selbstverständlich hat das alles nichts mit hypothetisch-deduktiven Konstrukten zu tun. Das Vordringen von den Erscheinungen zum Wesen sucht keine Verknüpfung der in der Erscheinung zugänglichen Erkenntnisgegenstände, sondern wechselt auf eine andere Ebene, eine andere Art von Erkenntnisgegenständen über. Nicht die Verhaltensgesetzmäßigkeiten der Dinge sondern die Verhältnisse der Gesellschaft stehen zur Frage.

Ich bin auf diese Problematik so detailliert eingegangen, nicht weil ich annehme, daß Leser in Gefahr stünden, den

Unterschied zwischen der Bildung von Konstrukten in technisch-naturwissenschaftlichen Disziplinen mit dem Wechselverhältnis von Wesen und Erscheinung gleichzusetzen, sondern weil ich auf eine Analogie auf der Gegenseite, nämlich im Bereich der Persönlichkeitsuntersuchung hinweisen möchte, – und da ist in der Tat gegen die Voreingenommenheit durch ein Alleingültigkeit beanspruchendes nomothetisches Wissenschaftsverständnis anzukämpfen. Verbleiben wir deshalb noch bei der Analyse der politischen Ökonomie, um uns drei Besonderheiten des Vordringens von den Erscheinungen zum Wesen klar zu machen.

1. Ein Merkmal, auf das Sève nicht ausdrücklich eingeht, weil er es voraussetzt, ist: Dieses »Wesen« hat allen substanzialistischen Idealismus (oder naiven Materialismus) abgestreift und d. h., es werden nicht dogmatisch von einem »Wesen« her die Erscheinungen als dessen Ausdruck abgeleitet. Vielmehr sind es die konkreten – und das meint: hier und jetzt vorfindlichen – Erscheinungen als gegebene Wirklichkeit, an der anzusetzen ist, um zum Wesen vorzudringen. Die Analyse muß sich auf die Erscheinungen einlassen, sie muß die glatte Oberfläche dieser Erscheinungen aber kritisch auflösen, hat dafür aber keinen anderen Ansatz als den widersprüchlichen Spalt zwischen den Erscheinungen.

2. Der Analytiker besitzt dabei keinen festen Standort außerhalb der Auseinandersetzungen – er gehört selbst den gesellschaftlichen Verhältnissen und d. h., den gegenwärtig geltenden Verhältnissen zwischen Personen bzw. Klassen an. Wir finden eine gänzlich andere Situation vor als die einer neutralen Beobachter-Beobachtungsdistanz.

3. Allerdings ist die Position des Untersuchers nicht beliebig. Der Untersucher ist parteiisch involviert, was sich zwingend schon allein aus dem Zusammenhang von kritischer Erkenntnis und objektivem Interesse an der praktischen Änderung der gesellschaftlichen Verhältnisse ergibt.

Diese drei Merkmale soll die folgende Skizze abbilden, wobei die Einnahme eines »Klassenstandpunktes«, die Verankerung *in* gesellschaftlichen Verhältnissen, die Zuwendung zur gegenwärtig aktiven Wirklichkeit und das Durchdringen zum »Wesen« in die Form einer zurückbezogenen Bewegung gebracht wurde:

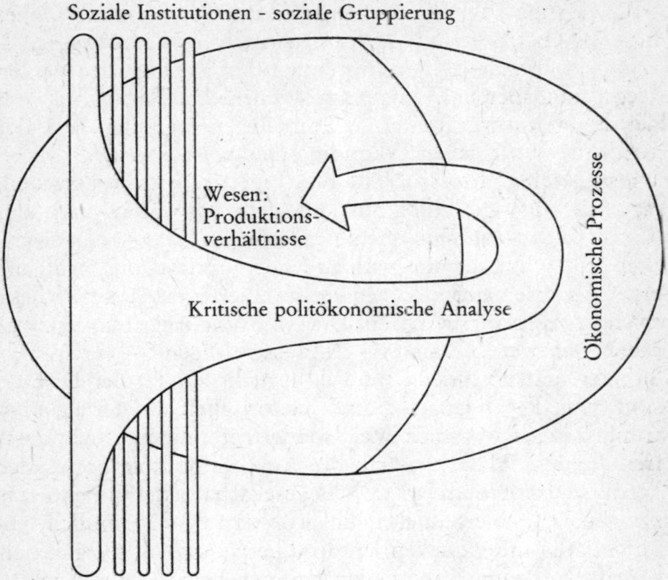

Bevor wir uns der analogen Situation einer kritischen Analyse des konkreten Individuums zuwenden (und zeigen, daß Psychoanalyse diese Funktion erfüllt – wenngleich auch blind in ihrem eigenen Selbstverständnis), möchte ich als Antidot gegen ein allzu leichtfertiges Analogisieren von vornherein die Empfindung für die Gegensätzlichkeit beider Analysen schärfen, indem ich das Verständnis einer Analyse objektiver Struktur durch den Hinweis auf das Konzept von Louis Althusser verdeutlichen möchte.

Ich übergehe dabei die Bedenken, die Althusser gegen den Begriff »Wesen« vorbringt. Gleichgültig, ob sie berechtigt sind oder nicht, für unsere Skizze fallen sie deshalb nicht ins Gewicht, weil Einigkeit darüber bestehen dürfte, daß das Vordringen der Analyse von den Erscheinungen zum Wesen als Wechselspiel anzusehen ist, bei dem das Erfassen der ökonomischen Phänomene den Begriff der ökonomischen Struktur, und dieser schon den Begriff der Struktur der Produktionsweise erfordert. Gleichermaßen strenge Unterscheidungen werden wir – wie sich zeigen soll – auf unserem Erkenntnisterrain beachten.

Der »Antidot« soll uns nicht nur davor schützen, einer falschen Gleichsetzung der beiden Analysen vorzubeugen, es soll auch gegen die irreführende Vermischung der beiden Gegenstandsbereiche eingesetzt werden. Die Radikalität, mit der bei Althusser Methode und Gegenstand der (aus der Kritik der politischen Ökonomie herauswachsenden) Marxschen Gesellschaftstheorie in ihrer Eigenart präzisiert werden, ist eine wichtige Hilfe, um aus dem sowohl-als-auch der »Früh-Schrift-exegeten« herauszukommen. Das ist eine wichtige Hilfe, um die unterschiedliche Funktion und Aufgabe einer Analyse der objektiven versus einer Analyse der subjektiven Prozesse anzuvisieren. Die Ablösung eines humanizistischen Marxverständnisses – Althusser folgend – verlegt der Subjektivitätsdiskussion (und d. h. nicht zuletzt der Diskussion von Psychoanalyse und historischem Materialismus) nämlich keineswegs den Weg, sondern gibt ihn überhaupt erst frei. In dem Maße, in dem die Analyse politökonomischer Prozesse davon befreit wird, die gesellschaftliche Objektivität *und* zugleich die Subjektivitätsproblematik des sinnlich-unmittelbaren Individuellen zu formulieren und auf die gleichen Begriffe zu bringen, wird der legitime Ansatz einer Analyse subjektiver Struktur (nach dem Beispiel der Psychoanalyse) aus dem subjektivistischen Schmollwinkel herausbefördert. Freilich gehen wir mit dieser Auffassung schon über Althusser hinaus, indem wir gegen sein geschichtsphilosophisches Selbstverständnis die Fortentwicklung des Marxschen Denkens zu einer Analyse objektiver Struktur als Freisetzung der Subjektproblematik deuten: Je klarer die im *Kapital* entfaltete Analyse sich auf die objektive Analyse konzentriert, desto eindeutiger leistet sie zugleich die Ausgrenzung einer nach Gegenstand und Methode anders anzulegenden Untersuchung konkreter Individuen – ohne doch den Zusammenhang zu durchtrennen.

In dieser Auffassung soll die Althussersche Feststellung gelesen werden:

»Denn die gesellschaftlichen Produktionsverhältnisse sind in keiner Hinsicht auf einfache zwischenmenschliche Beziehungen zurückzuführen, d. h. auf Beziehungen, die ausschließlich von Menschen getragen werden. Daher sind sie auch nicht auf irgendwelche Varianten eines allgemeinen Grundmusters der Intersubjektivität wie Anerkennung, Prestige, Kampf, Herrschaft/Knechtschaft etc. reduzierbar. Bei Marx setzen die gesellschaftlichen Produktionsverhältnisse nicht die Menschen (im anthropologischen Sinne) in Szene, sondern – in spezifischen – Kombinationen die Träger des Produktionsprozesses und dessen materielle Bedingungen.«[4]

Dazu noch die nachfolgende ausführlichere Bemerkung (die Wiederholung verdeutliche das Gewicht der Aussage):

»Wir treffen hier auf Ergebnisse anderer Untersuchungen dieser Arbeit: z. B. auf die Erkenntnis, daß die *Struktur der Produktionsverhältnisse die Stellen und Funktionen bestimmt, die die Produzenten dann besetzen und übernehmen;* die Produzenten sind immer nur in dem Maße die Inhaber bestimmter Stellen, wie sie auch die ›Träger‹ bestimmter Funktionen sind. Die wahren (einen Prozeß konstituierenden) ›Subjekte‹ sind daher weder die Stelleninhaber noch die Funktionäre, also – allem Anschein und jeder ›Evidenz‹ des ›Gegebenen‹ im Sinne einer naiven Anthropologie zum Trotz – eben nicht die ›konkreten Individuen‹ und die ›wirklichen Menschen‹: die wahren ›Subjekte‹ sind die Bestimmung und Verteilung dieser Stellen und Funktionen. *Die bestimmenden und verteilenden Faktoren, kurz die Produktionsverhältnisse (und die politischen und ideologischen Verhältnisse einer Gesellschaft) sind die wahren ›Subjekte‹.* Aber da es sich hierbei um ›Verhältnisse‹ handelt, können sie in der Kategorie des Subjekts nicht gedacht werden. Und wenn man zufällig darauf verfiele, die Produktionsverhältnisse auf zwischenmenschliche Beziehungen zurückführen zu wollen, so täte man dem Marxschen Denken Unrecht; denn Marx zeigt mit aller Gründlichkeit (vorausgesetzt, man unterwirft einige seiner nicht ganz eindeutigen Formulierungen einer kritischen Lektüre), daß die Produktionsverhältnisse (genau wie die politischen und ideologischen Verhältnisse) nicht auf eine anthropologische Intersubjektivität reduzierbar sind, weil die Produktionsverhältnisse die Produzenten und Gegenstände nur im Rahmen einer spezifischen Struktur der Distribution von Beziehungen, Stellen und Funktionen miteinander verbinden, die von den Produktionsgegenständen und Produzenten ausgefüllt und ›getragen‹ werden.« (S. 242, Kursivierungen von mir, A. L.)

Das letztgenannte Zitat enthält eine merkwürdige Alternative. Der von Althusser ins richtige Licht gerückten Klarlegung des Marxschen Konzeptes als einer ökonomischen Analyse wird der Versuch entgegengehalten, die Produktionsverhältnisse auf anthropologisch invariante Intersubjektivität zu reduzieren.

Lassen wir offen, ob und in welcher Weise hier Althusser Vertreter eines humanizistischen Marxverständnisses zutreffend charakterisierte, – uns beschäftigt, daß die »antihumanistische« Klarstellung des Gegenstandes der Marxschen Theorie konfrontiert wird mit einer Figur bürgerlicher Ideologie. Das wäre nicht zu kritisieren, wenn nicht Althusser die *Thematik* der Intersubjektivität und des konkreten Individuums mit dieser Alternative verknüpft hätte; entweder rechnet er das Thema der Subjektivität dem Subjektivismus zu, oder aber vereinnahmt es ins eigene Konzept. Aus dieser schlechten Alternative muß sich ein historisch materialistischer Ansatz einer Analyse subjektiver Strukturen befreien, indem die Eigenständigkeit von Gegenstand und Methode beider Analysen herausgearbeitet wird. Dabei kann die Problematik der Individuen selbstverständlich keineswegs aus dem Geltungsbereich der Gesellschaftstheorie entlassen werden. Die Individuen und der Prozeß der Herstellung individueller Struktur müssen immer auch als Moment gesellschaftlicher Prozesse begriffen werden. In diesem Sinne schließen wir uns den Althusserschen Überlegungen an und folgern für unseren eigenen Themenbereich: Wir dürfen den Zugang zum konkreten Individuum, wie ihn die Psychoanalyse erschloß und in eine differenzierte Theorie einbrachte, nicht preisgeben. Wir müssen Psychoanalyse als Paradigma der Analyse sinnlicher Unmittelbarkeit ansehen, d. h. als Ansatz zu der Analyse jenes Erkenntnisgegenstandes, der von der wissenschaftstheoretischen Konzeption des »Kapitals« mit Notwendigkeit zunehmend ausgeklammert wurde. Die Psychoanalyse hat den Weg gebahnt, das konkrete Individuum in seiner sinnlichen Unmittelbarkeit zu erkennen. Zugleich aber müssen wir der Vermitteltheit dieser Unmittelbarkeit nachgehen, was heißt: wir müssen die Herstellung und Beschädigung der Individuen begreifen, indem wir eine Beziehung zwischen der psychoanalytischen Analyse und der Analyse objektiver Struktur herstellen.

Nun versteht es sich, daß wir diese Verbindung nur herstellen können, sofern wir in der ausgeprägten Gegenüberstellung von Erkenntnisgegenstand und Methode eine strukturelle Entsprechung finden. Die Psychoanalyse, so wie sie vorliegt, hat jedenfalls mit einer kritischen politökonomischen Analyse von vornherein folgendes gemein:

1. Das Fortschreiten der Analyse von den Erscheinungen zum Wesen, vom Verhalten zu den Verhältnissen, wobei bei der Psychoanalyse freilich nicht die gesellschaftlichen Verhält-

nisse gemeint sind. Der Rahmen ist eng auf »familiale« Verhältnisse beschränkt. Das Wesen des sich verhaltenden Menschen ist nicht jenes Ensemble gesellschaftlicher Verhältnisse, von dem die sechste Feuerbachthese spricht. Der beliebte Vergleich Freud-Marx ist in diesem Punkte falsch. Auch wenn die psychoanalytische Beschränktheit anders angelegt ist als die der klassischen politischen Ökonomie – beide isolieren ihr Untersuchungsobjekt von seinem gesellschaftlichen Erklärungsgrund. Diese, indem sie oberflächlich *bleibt*, jene, indem sie wieder oberflächlich *wird:* das lebensgeschichtliche Profil wird wieder aufs Individuum zurückprojeziert, und zwar ins Instanzenmodell. Die Niederschläge frühkindlicher Interaktion werden nicht als gesellschaftliche Produktion begriffen. Nur abstrakt scheint eine allgemein menschliche Auseinandersetzung zwischen Natur und Kultur das Individuum zu betreffen. Auch wenn wir daran festhalten, daß die Psychoanalyse als kritisch-hermeneutisches Verfahren mit der Erhebung des lebensgeschichtlichen Befundes der Individuen deren soziales »so-und-nicht-anders« erfaßt, – in den Begriffen kommt dies nur in Mystifikationen zum Vorschein. Die Mystifikationen müssen kritisch aufgelöst werden und d. h. vor allem: die zwischenmenschlichen Verhältnisse müssen als gesellschaftlich hergestellte erkannt werden. Das geht notwendig über die der psychoanalytischen Methode unmittelbar zugeordneten Begriffe hinaus.

Immerhin aber legt die Psychoanalyse die erste Wegstrecke vom individuellen Verhalten auf Verhältnisse zurück.

2. In einem weiteren Punkt ist der Vergleich beider Analysen augenfälliger und eindeutiger: der Analytiker tritt gleichfalls in das Untersuchungsfeld unmittelbar ein. Er ist gleichfalls nicht Beobachter von außen, sondern Teilnehmer, er untersucht nicht den Patienten, sondern die gemeinsame *Situation,* so wie die Gesellschaftsanalyse nur aus der Position der Mitbetroffenheit möglich ist.

3. Analog ist auch, daß die Position im Spiel nicht beliebig ist. Der Analytiker bezieht Stellung in der Verständigung wie im unmittelbaren Zusammenspiel. Er nimmt Partei. Freilich innerhalb der Familiengeschichte, der realen Sozialisationsgeschichte des Patienten. Er läßt sich seinen bestimmten Platz in der Wiederholung des Familiendramas und d. h., in der Über-

tragung anweisen. Er versteht den Patienten aus der Interaktion mit ihm, genauer noch: er versteht und begreift die Interaktion als Ausdruck der im Patienten eingelassenen Interaktionsform.

Schematisieren wir auch hier die Situation

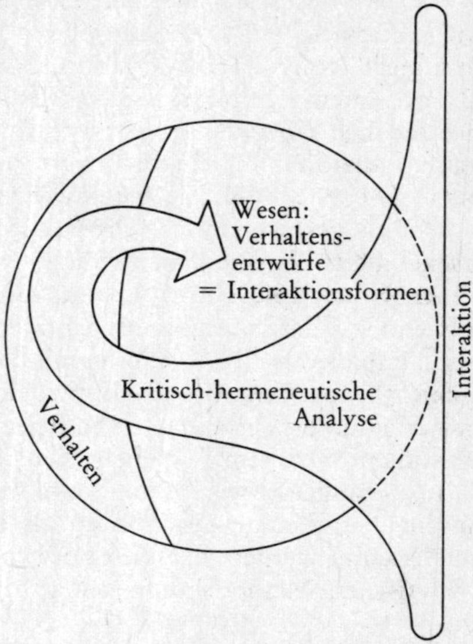

Wir sahen: das Verhalten verschwindet aus dem analytischen Gegenstand. Es löst sich auf in Situationen, die in der analytischen Situation real dargestellt werden, sowie in real erlebte oder imaginierte Szenen, die der Patient berichtet. Alle diese Gruppen bieten ein Erscheinungspanorama, aus dem die inneren szenischen Entwürfe zu erschließen sind. Diese szenischen Entwürfe stehen als Verhaltensmuster zu den realen Interaktionen in einem zweiseitigen Wechselverhältnis.

Daß der Begriff Interaktion in unserer Betrachtung nicht reserviert sein kann für intersubjektive Beziehungen, wird deutlich, wenn wir uns die Wechselbeziehungen zwischen realen Verhaltensverläufen und inneren Verhaltensmustern in den Anfängen der Strukturbildung in der Mutter-Kind-Dyade betrachten: nicht nur hat da der Begriff Intersubjektivität seinen Sinn verloren (schließlich kann der embryonale Organismus nicht als Subjekt gelten). Auch der Begriff Individuum verliert für den ersten Ansatz jede wissenschaftliche Brauchbarkeit; allenfalls Juristen und Moraltheologen mögen damit operieren. Wir jedenfalls dürfen uns weder von dogmatischen, noch von konventionalistischen Setzungen verwirren lassen, sondern müssen ausdrücklich hinter die Individualität zurückgehen, um den Aufbau der physisch-psychischen Struktur dieser Individualität, die Konstitution von Subjektivität aus einem »vorsubjektiven« Status heraus uns klarzumachen.

Bei diesem Ansatz werden aber auch Unterscheidungen wie die zwischen instrumentellem und kommunikativem Handeln bedeutungslos. Die Trennlinie läuft hier anders: sowohl instrumentelles wie kommunikatives Handeln zerfallen in zwei Qualitäten: in ein bloß reaktives-vorsubjektives Verhalten und eine nach der Entfaltung von Subjektivität mögliche kreative Auseinandersetzung mit anderen Subjekten oder auch Objekten. Diese Trennlinie ist aber keine bloß zeitlich-entwicklungsgeschichtliche. Vielmehr kommt es nach dem Auftreten subjektiver Entfaltung immer wieder zu Zerfallsformen, zu einem repititiv-fixierten Verhalten auf der Grundlage nicht symbolischer und desymbolisierter Interaktionsformen. Bloß reaktives wie auch repetitiv-fixiertes Verhalten stehen einem kreativen Handeln sowohl im Bereich instrumentellen wie kommunikativen Umgehens gegenüber. Es ist dies der Gegensatz zwischen einem Operieren mit nichtsymbolischen bzw. desymbolisierten Interaktionsformen und einer bewußten Auseinandersetzung mit Dingen wie Individuen mittels symbolischer Interaktionsformen.

Beim repetitiven Verhalten treten anstelle von symbolischen Interaktionsformen desymbolisierte, emotional erfahrungsleere Zeichen auf, und setzen sich physisch-emotionale Bedürfnisse in Klischees durch. Das Spiel der Phantasie ist eingefroren, Veränderungen werden nicht zugelassen und d. h. gegenüber den anderen Individuen: Verständigung wird durch bloßen Informationsaustausch (bei dem man über das zu Verständigende meint verständigt zu sein) und blind-rücksichtsloses (wiewohl angepaßtes) Agieren ersetzt. Kurz gesagt: die Arbeit wird unspontan-phantasielos und die Individuen sind gegeneinander isoliert. Daß dies die subjektive Seite der objektiven Erwartung an austauschbar »gleichgültig-gleichgeltende« Arbeiter unter den Bedingungen kapitalistischer Produktionsweise ist, sei nur am Rande erwähnt. Die Thematik der objektiven *Bedingungen* individuellen Verhaltens kann später nur gestreift werden.

Die Interaktionsformen sind die Grundelemente jeder Organisation menschlichen Verhaltens. Auf der Stufe symbolischer Interaktionsformen ermöglichen sie sowohl planvolles Handeln, Kooperation, Selbstverständigung und Verständigung mit anderen, als auch Reflexion auf die Grundmuster von Handeln und Denken. Desymbolisierte Interaktionsformen sind Folge von Deformation.

4. Interaktionen sind beobachtbare oder doch beschreibbare (Imagination!) Szenen. Interaktionsformen sind weder beobachtbar noch beschreibbar, sie können als abstrakte Erkenntnisgegenstände nur analytisch erschlossen werden. Interaktionsformen sind »innere Entwürfe«. Der Begriff »Interaktionsform« ist eine Kategorie des Wesens, er gehört nicht auf die Ebene der Erscheinungen. Deshalb können Interaktionsformen nicht bloßen Auges wahrgenommen werden. Deshalb müssen Interaktionsformen aus realisierten, imaginierten Szenen – Interaktionen also – erschlossen werden. Deshalb muß die Psychoanalyse den Weg über szenisches Verstehen und über die »Inszenierung« im Zusammenspiel nehmen, um sich das Wesen unmittelbaren Verhaltens zugänglich machen zu können, und zwar als das, was es ist: als Gefüge von Interaktionsformen, als Niederschlag vergangener Interaktionen.

5. Weil es bei der Therapie der Psychoanalyse um die Veränderung einsozialisierter Interaktionsformen geht, muß sie die genetisch wirksamen Interaktionen der frühen Kindheit als beschreibbare Erlebnisse »rekonstruieren«, nicht als Ereignisse selbstverständlich. Die frühkindliche Szenerie ist das konkret zu beschreibende Erfahrungsfeld. In Rekonstruktion seines Erscheinungsgefüges innerhalb des Spieles von

Interaktionsformen – Interaktionen

vollzieht sich die praktische Veränderung als Eingriff in den Beziehungskonflikt mit der Konsequenz

Interaktion → Interaktionsformen: I → Ifn

(Wiederholung der ursprünglichen Genese).

Wohlgemerkt, die Psychoanalyse bleibt bei alledem aber stets innerhalb des Rahmens der familialen Interaktionen. Sie kann mit ihren Mitteln nicht über diesen Rahmen hinausdenken. Sie muß sich von außen – von der Gesellschaftstheorie her – nahebringen lassen, daß die Familie eine Sozialisationsinstanz ist.

Gewiß, als kulturelles Bildungsfeld kann sich die Psychoanalyse die Familie wohl denken. Sie hat das in der Ethnopsychoanalyse mit den Mitteln einer psychosozial- oder sozialpsychologisch erweiterten Psychoanalyse getan. Nur, dabei geht es keineswegs um den Bezug auf eine »Gesellschaft«, die im Gange einer Analyse der Produktionsweise »konkret« gedacht werden könnte.

Die beiden vorstehenden Skizzen sollten verdeutlichen, daß die Herstellung einer Beziehung zwischen den beiden Analysen (der Analyse konkreter Gesellschaftsprozesse einerseits und der Analyse des konkreten Individuums andererseits) nicht gradlinig in Verlängerung des einen oder anderen Erkenntnisweges möglich ist. Solche Eingemeindungsversuche sollten als Verfallsformen bekannt sein: als Ökonomismus oder Psychologismus.

Die Resultate der Analyse der Persönlichkeitsstruktur einerseits und der objektiven Struktur andererseits müssen aber vermittelt werden. Diese Vermittlung darf freilich nicht in eine Supertheorie auslaufen. Gegenstand der Vermittlung ist weder das Individuum, noch die Gesellschaft, sondern das *Verhältnis von Individuum und Gesellschaft*, und zwar als genetisches Problem individueller Strukturbildung, sowie als Problem einer von Menschen gebildeten Gesellschaft. Soll diese Vermittlungsebene nicht in der Luft hängen, so muß sie entweder an der Analyse der *einen* oder der *anderen* Struktur festgemacht werden. Objektive und subjektive Struktur verlaufen in je unterschiedlichen Perspektiven ineinander, sie sind voneinander abhängig; die je andere Struktur ist die Bedingung der einen. Die Bedingungen der Persönlichkeitsstruktur liegen in gesellschaftlichen Prozessen, die Bedingung konkreter gesellschaftlicher Vorgänge sind Menschen in ihrer besonderen Struktur.

Wir haben uns deshalb für die eine *oder* andere Strukturanalyse zu entscheiden, und müssen den Bezug zur je anderen herstellen, indem wir deren Erkenntnisresultate als Theorie »heranziehen«. Nur indem wir die theoretischen Einsichten in die systematische Gebrochenheit individueller Struktur (im Qualitätsunterschied zwischen desymbolisierten und symbolischen Interaktionsformen) bedenken, verhindern wir die Eingleisigkeit ökonomistischer und organisationsfetischistischer Umstandlosigkeit im Verhältnis von Individuum und Gesellschaft. Und umgekehrt: nur indem wir uns die Interaktionsformen als Produkt eines besonderen Produktionsprozesses klarmachen, durchbrechen wir die subjektivistische und familialistische Beschränkung in der Psychoanalyse. Sehen wir uns diese Schritte noch etwas genauer an.

Geht man von der klassischen Psychoanalyse aus, setzt man also unmittelbar an psychoanalytisch formulierten Erfahrungen an, dann hat die Vermittlung zwei Etappen der Erweiterung zu durchlaufen.

Der erste Schritt einer Erweiterung der monadischen Beschränktheit des psychoanalytischen Selbstverständnisses ist, zu sehen, daß das, was Psychoanalyse untersucht, Erlebnisfiguren als Teile von Sinnzusammenhängen menschlichen Handelns sind – in beschädigter und unbeschädigter Form. Demgemäß müssen die psychoanalytischen Begriffe im Horizont einer Handlungstheorie betrachtet werden, was für diejenigen, für die Handeln mit Sprache verknüpft ist, heißt: im Rahmen einer Sprachtheorie, die den Zusammenhang von Sprechen, Denken, Handeln und Erleben begreifen will. Andernorts[5] und in diesem Buche[6] habe ich dazu auf das Wittgensteinsche Sprachspielmodell zurückgegriffen und auch die notwendige Sprengung dieses Konzeptes (im Begriff des halbierten Sprachspiels) angezeigt, um darauf zu verweisen, daß (und warum) es hinter Sprache auf die in Sprache enthaltene nichtsymbolische Praxismatrix zurückzugreifen gilt, auf bestimmte Interaktionsformen also.

Nun soll sich im Begriff »Interaktionsform« zweierlei andeuten: das *Hergestelltsein* von individuellen Denk- und Handlungselementen und das Hergestelltsein als *Niederschlag* von Interaktionsfiguren. Weil der Begriff »Interaktionsform« den zweiten Schritt akzentuiert, mit Betonung auf das genetische Moment verweist, besteht die Gefahr, daß der andere Aspekt, nämlich der Hinweis auf die Herstellung jedes einzelnen Grundelements des Erlebens, verdunkelt wird. Gerd Kaliwoda[7] hat deshalb vorgeschlagen, die Grundelemente des Erlebens nicht Interaktionsformen, sondern »Aktionsformen« zu nennen. Mit solcher Benennung würde tatsächlich die Erweiterung der psychoanalytischen Persönlichkeitstheorie zu einer allgemeinen Handlungstheorie markiert, würde deutlicher als im Begriff »Interaktionsform« die Zugehörigkeit zur inneren Wirklichkeit betont. Dennoch zögere ich, einer solchen Verdoppelung der Begriffe zuzustimmen, denn auf der zweiten Stufe, wenn es daraum geht, den Durchblick vom Verhalten auf Verhältnisse zu kennzeichnen, wird der Begriff »Interaktionsform« unentbehrlich.

In jedem Fall aber kann die Formulierung »die Interaktionsformen sind die Aktionsformen von Denken und Handeln« nützlich sein, um den Charakter dieser Grundelemente psychischer Struktur zu verdeutlichen. Auch muß in jedem Fall erkannt werden, daß der Begriff »Interaktionsform« kein Begriff *im* Rahmen der psychoanalytischen Theorie – auch nicht im Sinne einer handlungstheoretischen Kategorie – ist, sondern in einem über Psychoanalyse hinausreichenden Theorierahmen verwurzelt ist, der die *Vermittlung* von Psychoanalyse mit konkreter Gesellschaftstheorie herstellt. Nur da, wo individuelle Struktur in ihrer objektiven Bedingtheit gesehen und im objektiven Bildungszusammenhang begriffen werden soll, wird der Begriff »Interaktionsform« sinnvoll und unerläßlich. Von daher wird der Begriff »Interaktionsform« auch zur Kategorie einer subjektiven Strukturanalyse, die ja insofern nicht identisch sein kann mit der Psychoanalyse, als sie die therapeutische Aufgabe von Psychoanalyse als methodisches »Paradigma«, und damit gerade *nicht* konkretistisch als eine ein für allemal festgeschriebene Aufgabe nimmt. Der Bereich der aus Psychoanalyse zu entwickelnden subjektiven Strukturanalyse ist ungleich weiter als der therapeutische Wirkungsraum der Psychoanalyse, entsprechend der Tatsache, daß weder die Familie, noch die analytische Situation die einzigen Sozialisationsinstanzen sind, mithin der familialfrühkindliche Organisationsrahmen weder der einzige, noch gar der letzte Deutungsrahmen einer Analyse subjektiver Struktur sein kann. Daneben treten andere – Arbeit, Schule, gesellschaftliche Institutionen, aber auch »Texte« – um nur ein paar in sich bereits ungemein verschiedenartige beim Namen zu nennen.

Überall da, wo wir diese Institutionen als Wechselstellen objektiver und subjektiver Struktur in ihrer Bedeutung für das Verhältnis von Individuum und Gesellschaft betrachten (und nicht in objektiver Perspektive), betreten wir das Terrain einer Analyse subjektiver Strukturen – ein zumeist noch nicht einmal in Ansätzen entwickeltes Gelände.

Um Mißdeutungen zu vermeiden, seien einige Anmerkungen zu den Begriffen *»individuell«* und *»subjektiv«* eingerückt. Wie die Verwendungsweise in diesem und früheren Aufsätzen wohl andeutet, werden »individuell« und »subjektiv« keineswegs synonym gebraucht. Zum erklärten Ziel wurde in einigen Arbeiten darüber hinaus, die gewohnte Gleichsetzung ausdrücklich aufzulösen. Das hat verschiedene Kritiker beunruhigt, und soll es auch. Denn die von mir vertretene Psychoanalysedeutung stößt sich an zwei Stellen mit dieser Gleichsetzung.

1. »Mikrostrukturell«: Meiner Auffassung nach gehört es zu den wichtigsten Beiträgen der Psychoanalyse insgesamt, die Auflösung einer pauschalen Krankheitszuschreibung bewerkstelligt zu haben. Jeder ist punktuell »normal« und punktuell »neurotisch« oder »psychotisch«. Das impliziert aber über einige Argumentationsglieder hinweg, die ich hier beiseite lasse, daß bei jedem Subjektivität punktuell vorhanden und punktuell ausgelöscht ist. Subjektivität ist also eine Qualität innerhalb der individuellen Persönlichkeitsstruktur.

2. »Makrostrukturell«: Fassen wir Subjektivität in actu – bei kreativer Arbeit, bei den Bildungsprozessen in der Mutter-Kind-Dyade oder bei politischen Aktivitäten; keines dieser Beispiele verträgt sich mit einem individuell beschränkten Subjektbegriff. Ja, keines dieser Beispiele hat denselben Umfang wie die anderen. Für die Mutter-Kind-Dyade habe ich hervorgehoben, daß Subjektivität notwendig dyadisch gesehen werden muß. Dasselbe gilt für die psychoanalytische Situation, während die künstlerische Tätigkeit allemal den oder die Künstler über die künstlerische Darstellung hinweg mit den Rezipienten in eine umfassende Subjektivität stellt. Ganz zu schweigen von der Subjektivität des revolutionären

Subjekts als Klasse. All dies erfordert zwangsläufig einen überindividuellen Subjektbegriff.

Mit dieser Subjektproblematik eng verbunden ist auch eine andere Thematik: Die unterschiedliche Spannweite der Interaktionsformen, die von privatistisch isolierten (und unverständlich vereinzelten) Interaktionsformen zu den nicht mehr individuellen, weil *typisch*-umfassenden Interaktionsformen reicht (wie sie für die künstlerische Darstellung charakteristisch sind[8]).

Und noch ein letzter Punkt. Gemäß den unterschiedlichen Umsetzungen objektiver in subjektive Prozesse ist der Ansatz einer Analyse subjektiver Strukturen different: von individuellen Entwicklungsverläufen über die verschiedenen – vorher schon genannten – Wechselstellen, an denen subjektive in objektive, objektive in subjektive Prozesse umgesetzt werden, bis zur Analyse von kollektiven Bildungskomplexen – sofern diese nicht als Momente objektiver Prozesse gesehen werden sollen. Dieses »sofern« ist der springende Punkt im Gedankenpanorama vom »Individuum zur Gesellschaft«. Noch das vereinzelte Individuum kann auf beiderlei Weise betrachtet werden: als Feld einer subjektiven Strukturanalyse und als Moment des gesellschaftlich Ganzen; als Person oder als »Personifikation, Trägerfunktion von Funktionen«, um auch hier die Marxsche Unterscheidung zu benutzen. So ist das durchgehend, denn andererseits können auch die Kollektive in ihrer subjektiven oder objektiven Seite genommen werden. Kurz gesagt, innerhalb der Spannung von Individuum und Gesellschaft kann alles in der einen oder anderen Weise angegangen werden.

Aber nicht in beiden *zugleich* und nicht so, daß Subjektivität abgetrennt von den objektiven Prozessen betrachtet werden darf. Wer eine Analyse ansetzt, wird die Entscheidung treffen müssen. Das sei nochmals betont. Denn gerade da lauert ein besonders hartnäckiges Mißverständnis. War vorher zu betonen, daß die eine Analyse nicht die andere ersetzen kann, beide weder in eine Superanalyse überführt, noch voneinander isoliert werden dürfen, so soll jetzt noch klar gemacht werden, wie beide Analysen stets »übereinander« sich durch das Feld von Individuum und Gesellschaft hindurchziehen. Eben weil wir die alte Einteilung in Individuum = Subjekt und Gesellschaft = Objektivität dort, Psychologie hier und Soziologie auf der anderen Seite aufzugeben haben, müssen sich im gesamten Spielraum von Individuum und Gesellschaft subjektive und objektive Strukturen in ihrer gegenläufigen analytischen Perspektive und ihren ganz verschiedenen Begriffen auffinden lassen. Es muß analytisch stets streng getrennt werden. Wenn z. B. von »Produktion« die Rede ist, so bewegen wir uns niemals auf der Ebene einer subjektiven Analyse, sondern stets in der Untersuchung objektiver Zusammenhänge. Und wenn von Interaktionsform gesprochen wird, so steht in jedem Falle subjektive Analyse zur Debatte. Nur wenn wir »Interaktionsformen als Produkte und Produktionsmittel« bezeichnen, vermitteln wir beide Ebenen, bewegen uns aber der einen wie der anderen Analyse gegenüber auf dem Niveau einer praxisfernen Abstraktion.

Weil die Vermittlung die beiden analytischen Ebenen in ihren Begriffen aufeinander beziehen muß, gilt es, für die Formulierung »Interaktionsform als Produktion« – allerdings auch bei den objektiven Begriffen – jene Erweiterung kritisch zu erreichen, die wir gegenüber den psychoanalytischen Begriffen vertreten haben. Es wäre naiv und unkritisch, anzunehmen, die Auseinandersetzung von Psychoanalyse und historischem Materialismus ließe sich als einseitige Begriffseinpassung betreiben, etwa in dem Tenor: das Marxsche Konzept habe das Freudsche immer schon vorweggenommen.

Im übrigen ist es nicht die Marxsche Begrifflichkeit, die sich sperrt. Marx hat ausdrücklich auf die begriffliche »Verengung« hingewiesen, die ihm sein Erkenntnisgegenstand und seine Untersuchungsaufgaben in der kapitalistischen Produktionsweise abnötigten. Die Marxsche Konzentration auf die Analyse der Produktionsweise enthält mithin zwei Entwicklungslinien, die sich durchdringen. Gibt die Konzentration auf den objektiven Gegenstand das Feld für eine Analyse subjektiver Struktur ausdrücklich frei, so behindert die Konzentration auf die Besonderheit der gegenwärtigen Produktionsweise und die Untersuchung im Feld des dominierenden Produktionsbereichs die Vermittlung dort, wo eine verständige Abstraktion dogmatisch verwehrt wird. *Die historische Verengung des Erkenntnisgegenstandes der politischen Ökonomie wird für eine solche Fixierung zur logischen Beschränkung.*

Die Notwendigkeit für eine kritische Analyse, an der gegenwärtigen Wirklichkeit anzusetzen, wird zur Unterwerfung unter diese Wirklichkeit. Genau das ist das Elend der Objektivisten, daß sie die schlechte Wirklichkeit sich aufschwatzen lassen, indem sie nicht sehen, daß die Ausklammerung der »Ökonomie des Lebens« – um diesen Begriff von Rudolf zur Lippe[9] zu benutzen – aus dem dominanten Produktionssektor nicht begrifflich legalisiert werden darf. In den Produktionsbereichen, in denen die »Verengung« nicht stattgefunden hat oder möglich ist, müssen die Begriffe den Erweiterungsraum gewinnen.

Diese Erweiterung ist im übrigen schon in Ansätzen geleistet. Ich greife ein Beispiel heraus, weil es aus mehrfachen Gründen aufschlußreich ist und wir uns mit dem Autor vorstehend schon beschäftigt haben: Althussers Deutung des individuellen Erkenntnisprozesses als »Erkenntnisproduktion« – »Erkenntnis als ein produzieren im eigentlichen Sinne des Wortes«.[10] Es braucht wohl nicht betont zu werden, daß Althusser weiß, wovon er spricht. Doch auch den leisesten Zweifel erspart uns Althusser, indem er diesen Produktionsprozeß nach seinen Eigenheiten hinsichtlich Produktion, Produktionsmittel usw. ausweist.

Um seine Überlegungen in unseren Gedankengang einzuordnen, ist eine kritische Distanz zu Althusser allerdings nötig. Erkenntnis wird bei ihm als Moment eines objektiven Prozesses begriffen; nicht von ungefähr wird das Problem der Struktur*bildung* aber ganz übergangen. Es muß übergangen werden, weil die Untersuchung, »wie« die Erkenntnis gebildet wird, in den Zuständigkeitsbereich einer subjektiven Analyse gehört und nicht abgetrennt werden darf von den anderen Erlebnisprozessen. Der Begriff Interaktionsform soll diese Verklammerung abbilden.

Von der objektiven Seite her gesehen muß die Bildung der Interaktionsform aber *als Produktion* gezeigt werden, und zwar so, wie es im nachfolgenden Zitat gefordert wird:

»Wenn ein Gebrauchswert als Produkt aus dem Arbeitsprozeß herauskommt, gehn andre Gebrauchswerte, Produkte früherer Arbeitsprozesse, als Produktionsmittel in ihn ein. Derselbe Gebrauchswert, der das Produkt dieser, bildet das Produktionsmittel jener Arbeit. Produkte sind daher nicht nur Resultat, sondern zugleich Bedingung des Arbeitsprozesses.«[11]

In »Die Wahrheit . . .«[12] wurde das detailliert nicht als Teil einer subjektiven Analyse, sondern als Aufriß eines Teils objektiver Analyse dargestellt.

Angesichts der verhärteten Fronten von Ökonomisten und Psychologisten und angesichts eines breiten Zwischenlagers, dem nach wie vor der Sinn nach dem System einer Supertheorie steht, ist zu befrüchten, daß die Forderung nach einer Erweiterung der Begriffe im Felde von »Sozialisation als eines besonderen Produktionsbereiches« auch weiterhin mißverstanden wird, und zwar als anthropologisierende Aufweichung der Begrifflichkeit einer kritischen politischen Ökonomie. Aber: nicht von ungefähr stolpern die Ökonomisten immer dort über Marx-Zitate[13], wo sie selbst dogmatisch werden. Der kritische Ausgang von einer Analyse gegenwärtiger Produktionsweise verbietet ja keineswegs eine verständige Abstraktion mit epochenübergreifender Ausweitung der Aussage. Gewiß, die Formulierung wird notwendig inhaltsleerer. Sie muß durch Analysen jeder einzelnen Epoche und in den dafür geeigneten Denkfiguren geleistet werden. Gleichwohl ist eine solche verständige Abstraktion unerläßlich.

Was für einen diachronen Überblick in geschichtlicher Längsentwicklung gerecht ist, sollte für einen synchronen Überblick über die verschiedenen Produktionsbereiche billig sein: die Begrifflichkeit muß in verständiger Abstraktion erweitert werden. Jeder Bereich muß aber seiner eigenen Situation entsprechend ins Wechselspiel zwischen Abstraktem und Konkretem eingehen.

Auch zur Vermittlungsproblematik sollen Skizzen vorgelegt werden. Zunächst die erste Skizze. Verbindet man die Gegenstandbereiche der beiden Analysen in ihrem realhistorischen Zusammenhang, so stößt man auf jene Umsetzungsfelder und Wechselfelder, in denen gesellschaftliche Prozesse in individuelle Strukturen umgesetzt werden. Dies soll Skizze III verdeutlichen.

Diese »reale« Vermittlung möchte ich hier beiseite lassen, um mich ganz auf die Problematik der beiden *Analysen* konzentrieren zu können. Prägen wir uns nochmals ein: die reale

Skizze III

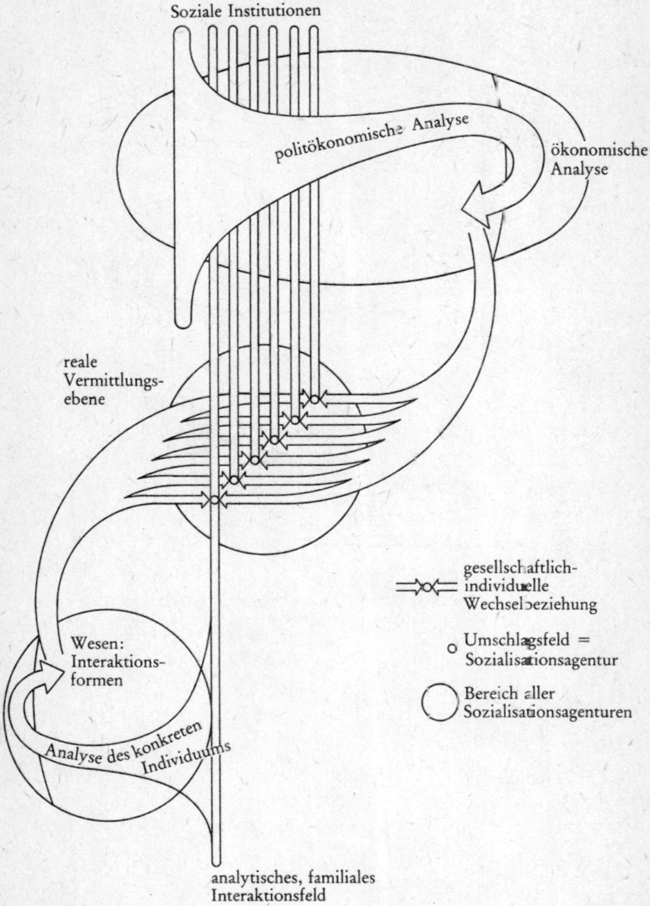

Vermittlung zwischen »gesellschaftlichen und individuellen« Gehalten und Prozessen können wir uns nur zugänglich machen in zwei *übereinandergelagerten Ebenen:* der Ebene subjektiver Analyse und der Ebene objektiver Analyse.

Ausgehend von einer Analyse der objektiven Struktur, der Produktionsweise:

Skizze III A

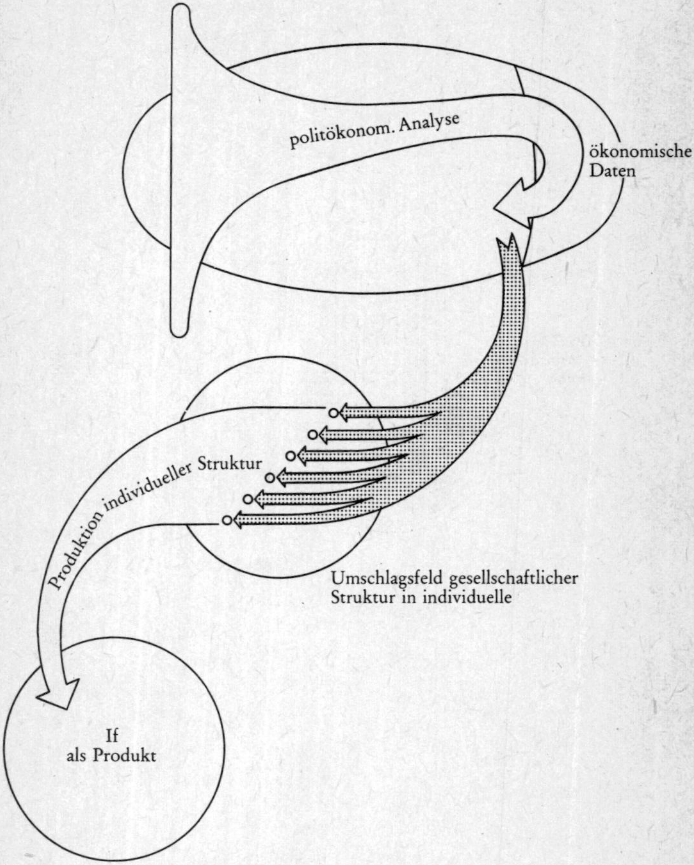

Ausgehend von einer Analyse der individuellen Struktur:

Skizze III a verdeutliche uns den auf den vorigen Seiten schon abgehandelten Produktionsprozeß, dessen Produkt – inhaltsleer gesprochen – die »individuelle Struktur« ist. Wollen wir diesen Begriff mit einem Inhalt füllen, der all das berücksichtigt, was uns eine (sozialisationstheoretisch aufge-

Skizze III B

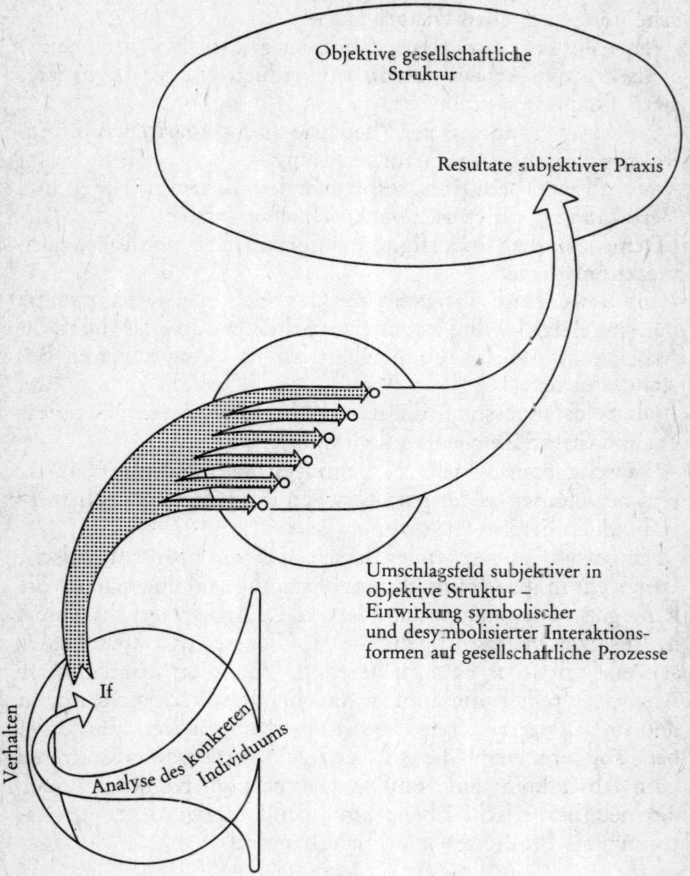

schlossene) Analyse der konkreten Individualität mitteilte, dann ist das Produkt als psychische Struktur zu begreifen, als Gefüge von (symbolischen und desymbolisierten) Interaktionsformen.

Skizze III b lesen wir in entgegengesetzter Richtung. Wir verfolgen die Einwirkung symbolischer und desymbolisierter

Interaktionsformen auf gesellschaftliche Prozesse und begreifen die Resultate subjektiver Praxis in gesellschaftlichen Erscheinungen. Stellen wir gegenüber:

Planvolle Praxis mittels symbolischer Interaktionsformen
– als kreative Arbeit, die, überindividuell-kooperativ organisiert, Phantasie mobilisiert,
– als Aktivierung sozialer Phantasie und solidarischen Kampfes in politischer Auseinandersetzung,
– als allseits bedürfnisentsprechendes Zusammenspiel und Verständigung in zwischenmenschlicher Beziehung.

Demgegenüber Praxisfiguren aufgrund desymbolisierter Interaktionsformen
– als bewußtlose Tätigkeit, die den Gebrauchswert zersetzt hat, zur Befriedigung imputierter Scheinbedürfnisse dient, die Arbeit und Arbeiter einnivelliert hat zu austauschbaren Bestandsstücken,
– als Selbstanpassung, die das eigene Interesse einer kontraemanzipativen Zeichenregulation unterwirft,
– zwischenmenschliche Beziehungen pseudokommunikativ und beziehungslos zur narzißtischen Befriedigung »isolierter« Individuen herabsetzt, usw.

Das »usw.« soll erkennen lassen, daß die programmatische Übersicht in jeder Hinsicht unvollständig und ungenau ist. Sie kann gar nicht genauer sein, denn diese Arbeit ist nicht einmal in Ansätzen in Angriff genommen. Hier ist konkreten Analysen erst noch das Feld zu bereiten. Von Wert können diese Analysen freilich nur sein, wenn ihre Resultate nicht nur in der einen oder anderen Leseart einen ungefähren Sinn ergeben, sondern wenn die notwendige Spanne vom Konkreten zum Abstrakten und vom Abstrakten zum Konkreten auch die metatheoretische Ebene einschließt, auf der »Interaktionsformen als Produkte« identifizierbar sind.

Anmerkungen

1 In: Thomas Leithäuser, Walter R. Heinz (Hrsg.), *Produktion, Arbeit, Sozialisation,* Frankfurt/M. 1976, S. 13 ff.
2 Lucien Sève, *Marxismus und Theorie der Persönlichkeit,* Frankfurt 1972.
3 Karl Marx, *Das Kapital,* Dritter Band, MEW Bd. 25, S. 825.
4 Louis Althusser, Etienne Balibar, *Das Kapital lesen* II, Reinbek bei Hamburg 1972, S. 234.
5 Alfred Lorenzer, *Sprachzerstörung und Rekonstruktion.* Frankfurt (1970) 1973.
6 Alfred Lorenzer, *Wittgensteins Sprachspiel-Konzept in der Psychoanalyse,* in diesem Band S. 15 ff.
7 Persönliche Mitteilung.
8 Birgit Vollmerg, *Kritik der Verfahren psychoanalytischer Textinterpretation,* Dissertation, Bremen 1975.
9 Unveröffentlichtes Manuskript.
10 Althusser-Balibar, a.a.O., S. 95.
11 Karl Marx, *Das Kapital,* Erster Band, MEW 23, S. 196.
12 Alfred Lorenzer, *Die Wahrheit der psychoanalytischen Erkenntnis,* Frankfurt 1974.
13 Klaus Ottomeyer, *Soziales Verhalten und Ökonomie im Kapitalismus,* Gießen 1976.

Quellenverzeichnis

(soweit nicht Originalbeiträge)

Wittgensteins Sprachspiel-Konzept in der Psychoanalyse. Psyche XXVIII, 1974, S. 833 ff.

Antagonistische Interaktionsformen beim »Double-bind«. Erweiterte Fassung eines Vortrags bei der Gütersloher Fortbildungswoche 1975.

Psychoanalyse als kritisch-hermeneutisches Verfahren. Erweiterte Fassung eines Vortrags in Frankfurt und Heidelberg (1975). Erschienen unter dem Titel *»Dr. Freuds besondere Medizin«. Die Wissenschaftlichkeit der psychoanalytischen Theorie* in: Henrich v. Nussbaum (Hrsg.), *Die verordnete Krankheit,* Frankfurt 1977 (geringfügig verändert).

Zum Verhältnis von Natur und Geschichte im Individuum. Erschienen in: H. G. Meissner (Hrsg.), *Leidenschaft der Wahrnehmung,* Psychoanalyse mit ihren Beziehungen zu Psychotherapie, Philosophie und zu den Wirtschafts- und Sozialwissenschaften, Festschrift für Edeltrud Meistermann-Seeger, München 1976 (geringfügig verändert).

Alphabetisches Verzeichnis der suhrkamp taschenbücher wissenschaft